全国高职高专旅游管理专业系列规划教材

旅 游 法 规

主　编　魏　日　陈　明

副主编　吴　筠　周　密　龚小龙

参　编　魏　日　陈　明　吴　筠　周　密　龚小龙

　　　　程丛喜　吕建东　刘　晓　张红云　刘小红

　　　　吴　磊　吴　凯

WUHAN UNIVERSITY PRESS

武汉大学出版社

图书在版编目(CIP)数据

旅游法规/魏日,陈明主编. —武汉:武汉大学出版社,2012.7
全国高职高专旅游管理专业系列规划教材
ISBN 978-7-307-09938-8

Ⅰ.旅…　Ⅱ.①魏…　②陈…　Ⅲ.旅游业—法规—中国—高等职业教育—教材　Ⅳ.D922.296

中国版本图书馆 CIP 数据核字(2012)第 130889 号

责任编辑:柴　艺　　　责任校对:黄添生　　　版式设计:韩闻锦

出版发行:**武汉大学出版社**　　(430072　武昌　珞珈山)
　　　　　(电子邮件:cbs22@whu.edu.cn 网址:www.wdp.com.cn)
印刷:通山金地印务有限公司
开本:787×1092　1/16　　印张:15.25　　字数:348 千字　　插页:1
版次:2012 年 7 月第 1 版　　2012 年 7 月第 1 次印刷
ISBN 978-7-307-09938-8/D·1168　　　　定价:28.00 元

前　言　。

　　本人参与了多次导游资格考试培训，并钻研了导游资格考试出题的方向，而且长期从事旅游法规的教学工作，故在教材编写过程中，充分考虑了准备导游资格考试和广大从业者工作的需要。可以说，本书既能满足广大学生参加导游资格考试的需要，也充分考虑了教师教学的方便，同时适合旅游从业人员掌握工作中所必需的基本法律知识。本书主要有以下几点特色：

　　1. 满足备考导游资格考试的需要

　　在教材编写过程中，我们认真研读了国家旅游局和湖北省旅游局人事教育处所指定的导游资格考试参考书。本书包含导游资格考试的所有考点。同时，每章后都提供了导游资格考试精选试题，这些题目指明了导游资格考试出题的思路和方向，为大家自学提供了便利。所以，本书是备考导游资格考试的一个很好的学习工具。

　　2. 进一步满足广大教师教学的需要

　　本书提供了简单易懂的案例，标出了主要法律条文的出处，并提供了本课程涉及的所有重要法律文件。同时，针对不参加导游资格考试的学生，本书提供了一些日常生活中必须具备的法律知识。

　　3. 满足广大旅游从业者的工作需要

　　本书还精心选择了一些法律基础知识，基本包含了旅游从业人员日常涉及的所有法律知识和问题，相信会成为广大旅游从业者工作的有力帮手。

4. 增加了近年来新颁布或修订的法律法规

近 5 年，随着旅游业大力发展，有关部门颁布和修改了一系列法律法规。现有的教材大多采用了一些已经废止的法律，这给大家工作和学习带来了不便。本书增加了近 5 年来新颁布和修订的所有有关旅游的法律法规，大大方便了大家的学习。

魏日负责本书大纲设计、组织撰写和最后定稿工作，陈明参与了全书的审稿工作，参与本书编写的有程丛喜、吕建东、周密、吴筠、龚小龙、刘晓、刘小红、张红云、吴磊、吴凯。

法学是治国之学，法学是强国之学，法学是正义之学，法学是权利之学。法的终极价值是人权，法的核心价值是正义。可以说，法律和制度是一个行业、一个国家发展进步的灵魂和核心。想想我们一衣带水的邻邦国家——日本，在 19 世纪的时候还是一个非常落后贫穷的岛国，1868 年"明治维新"之后，国家飞速发展，一跃成为世界强国。笔者深深地感到良好的法制和制度给一个国家发展进步带来的无穷力量，所以，在此殷切地提出以下两点期望：一是广大师生和读者要学好、用好旅游行业的法律和制度，在做好本职工作的同时，推进我国旅游业健康、快速和可持续发展；二是广大师生和读者能真正树立法制和制度意识，为推进国家的法制建设贡献自己的力量。只有建立起一整套能团结最大多数国民并激发他们内心力量的国家法制体系和制度，旅游业才能更好更快地发展，国家也才能更好更快地发展，中华民族的伟大复兴之日就会早日到来。我们每个人都应该为这个伟大的事业力所能及地贡献自己的智慧和力量。

在教材编写过程中，国家旅游局政策法规司法规处的领导和武汉大学出版社给予了多方面的支持和帮助，武汉铁路职业技术学院、武汉民政职业学院、武汉工业学院、湖北省旅游学校、长江职业学院、武汉航海职业技术学院、海南科技职业学院、咸宁职业技术学院也给予了大力的支持和帮助，各位高校同仁付出了辛勤的劳动，在此，送上本人衷心的感谢！

借此机会，我要向我的导师——武汉大学环境法研究所王树义教授，送上我崇高的敬意和衷心的感谢！我攻读法学研究生时，他在百忙之中对我谆谆教导，为我开启了修读法学之门；在生活中，他无私地关心我、爱护我。他对学术孜孜不倦的钻研精神和诲人不倦的学者风范永远激励我在人生的道路上勇往直前。另外，在本书编写过程中，武汉工业学院程丛喜教授和武汉民政职业学院陈明教授提供了很多帮助和良好的建议，并参与了全书大纲的设计，在此向他们表示我衷心的谢意！

由于我们对法律掌握的深度不够，加之时间仓促，书中难免有欠缺之处，恳请广大业界同仁提供宝贵的意见和建议。本书配有相应的电子课件，需要者请和武汉大学出版社联系（E-mail：charcoalchai@126.com）。

魏　日

2012 年 5 月 13 日于武汉光谷寓所

目 录 。

绪论 ················· 001

第 1 章

导游管理法律制度 ················· 005
第一节　导游人员概述 ················· 005
第二节　导游证与导游资格证管理 ················· 009
第三节　导游人员管理制度 ················· 012

第 2 章

职业道德与规范 ················· 019
第一节　社会主义荣辱观 ················· 019
第二节　旅游职业道德 ················· 024
第三节　导游职业规范 ················· 030

第 3 章

旅行社管理法律制度 ················· 036
第一节　旅行社概述 ················· 036
第二节　旅行社的设立 ················· 038
第三节　旅行社的分支机构 ················· 039

第四节　旅行社的权利、义务与法律责任　……………………… 040

第五节　旅行社管理制度　………………………………………… 044

第 4 章

旅游合同法律制度　……………………………………………… 053

第一节　旅游合同概述　…………………………………………… 053

第二节　旅游合同的订立　………………………………………… 056

第三节　旅游合同的效力　………………………………………… 062

第四节　旅游合同的履行　………………………………………… 064

第五节　旅游合同的变更、转让和终止　………………………… 066

第六节　违约责任　………………………………………………… 067

第 5 章

旅游保险法律制度　……………………………………………… 082

第一节　旅游保险概述　…………………………………………… 083

第二节　旅行社责任保险　………………………………………… 086

第三节　旅游保险合同　…………………………………………… 088

第四节　旅游保险的理赔　………………………………………… 092

第 6 章

出入境管理法律制度　…………………………………………… 098

第一节　出入境证件管理　………………………………………… 098

第二节　外国旅游者旅行和居留的管理　………………………… 104

第三节　我国的入出境检查制度　………………………………… 108

第四节　中国公民出国旅游管理制度　…………………………… 114

第 7 章

旅游交通管理法律制度　………………………………………… 120

第一节　旅游交通管理概述　……………………………………… 120

第二节　承运人的权利和义务　…………………………………… 123

第三节　航空和铁路企业的责任　………………………………… 127

第四节　旅客的主要权利和义务　………………………………… 132

第五节　国际航空协定的主要内容　……………………………… 135

第 *8* 章

旅游资源管理法律制度 ··· 139

第一节　旅游资源管理概述 ··· 139

第二节　文物保护法律制度 ··· 143

第三节　风景名胜区保护 ··· 149

第四节　其他相关资源的保护 ····································· 152

第五节　旅游景区质量等级评定管理 ························· 156

第 *9* 章

旅游住宿管理法律制度 ··· 160

第一节　旅馆的权利和义务 ··· 161

第二节　旅游饭店星级评定制度 ································· 167

第三节　旅馆的法律责任 ··· 171

第 *10* 章

旅游安全管理法律制度 ··· 176

第一节　旅游安全管理概述 ··· 176

第二节　旅游安全事故处理 ··· 178

第 *11* 章

旅游消费者权益保护法律制度 ····································· 184

第一节　旅游者权益与经营者义务 ····························· 185

第二节　旅游消费者权益的保护 ································· 189

第 *12* 章

旅游投诉处理法律制度 ··· 193

第一节　旅游投诉概述 ··· 193

第二节　旅游投诉管辖 ··· 197

第三节　旅游投诉处理程序 ··· 200

附录 ·· 210

《旅行社条例》 ··· 210

《旅行社条例实施细则》 ··· 216

《导游人员管理条例》 ··· 223

《导游人员管理实施办法》 ··· 225

导游人员等级考核评定管理办法（试行） ……………………… 227

《导游证管理办法》 …………………………………………… 228

《中国公民出国旅游管理办法》 …………………………………… 230

参考文献 ………………………………………………………… 234

绪　论。

【学习重点】

✎　旅游法规的含义
✎　旅游法规的构成

改革开放以后，我国旅游业获得了迅猛的发展。如今，旅游已成为人们日常生活中的重要组成部分，旅游业已成为我国国民经济的重要产业，我国已经从旅游资源大国发展成为世界旅游大国。

随着我国旅游业的迅猛发展，我国的旅游法规也逐步建立和完善。如今，旅游法规课程已成为我国各级各类院校旅游专业的一门重要课程，并逐渐成为法学界越来越重视的一门学科。

一、旅游法规的含义

旅游法规是调整旅游活动领域中各种社会关系的法律规范的总称，这一概念包括如下两层含义：

（一）旅游法规调整的是旅游活动中形成的带有旅游或体现旅游活动特点的社会关系

这种特定的社会关系主要包括：

（1）国家行政管理部门之间的关系，如旅游行政管理部门之间的关系，旅游行政管理部门与文物、工商、建设、外汇等行

001

政管理部门之间的关系。

（2）国家行政管理部门与旅游经营者之间的关系，如旅游、工商、税务、外汇、物价等行政管理部门与旅游经营者之间的关系。

（3）国家行政管理部门与旅游者之间的关系，如旅游行政管理部门与旅游者之间的关系，工商、公安、海关、园林等行政管理部门与旅游者之间的关系。

（4）旅游经营者相互之间、旅游经营者与相关部门之间的关系，如作为旅游经营者的旅行社、宾馆饭店、旅游车船公司等相互之间的关系，旅游经营者与民航、铁路、餐饮等部门的关系。

（5）旅游经营者与旅游者之间的关系，如旅游者在游览、住宿、乘坐交通工具、购物、参加娱乐活动等环节与旅游经营者之间产生的权利和义务关系。

（6）中国旅游经营者与外国旅游经营者在业务交往中所产生的关系。

（二）旅游法规是一系列法律规范的总称

旅游法规不是某一特定的法律或法规，而是某些特定法律规范的总称。它主要是指中华人民共和国国务院（以下简称国务院）及其旅游主管部门颁布的单行旅游行政法规和部门规章，还包括散见于其他法律之中的与旅游有关的法律规定。

二、旅游法规的构成

随着我国旅游业的发展，我国的旅游法制建设也在不断地向前推进与完善。到目前为止，我国的旅游法规主要由以下部分构成：

（一）国务院行政法规

行政法规是国务院为领导和管理国家各项行政工作，根据宪法和法律，按照有关程序制定发布的政治、经济、教育、科技、文化、外事等各类法规的总称。

行政法规的效力低于宪法和法律，高于地方性法规、规章和有普遍约束力的行政决定、命令。我国《宪法》第八十九条规定，作为最高国家行政机关，国务院可以根据宪法和法律，规定行政措施，制定行政法规，发布决定和命令。2000 年公布的《立法法》和 2001 年公布的《行政法规制定程序条例》，是目前规范行政法规制定行为的主要根据。

行政法规的具体名称有条例、规定和办法。对某一方面的行政工作作比较全面、系统的规定，称"条例"；对某一方面的行政工作作部分的规定，称"规定"；对某一项行政工作作比较具体的规定，称"办法"。

旅游方面的行政法规主要有《旅行社条例》、《导游人员管理条例》、《中国公民出国旅游管理办法》等。

☞ **知识拓展**

法律有广义和狭义之分。广义的法律是指所有的规范性法律文件；狭义的法律专指拥有立法权的国家权力机关依照立法程序制定的规范性文件。我国的主要部门法为：宪法、行政法、民商法、刑法、经济法、诉讼法、劳动与社会保障法、环境法、军事法。

（二）旅游部门规章

旅游部门规章是指由国家旅游行政管理部门制定的规范旅游服务和管理行为的规定与技术性规范，如《旅行社条例实施细则》、《导游人员管理实施办法》、《导游证管理办法》等。

☞ 知识拓展

行政规章分为中央规章和地方性规章两类。中央规章是指国务院各部、委（包括审计署、中国人民银行）和直属机构制定的规章，又称部门规章。地方性规章是有关地方人民政府，包括省、自治区、直辖市人民政府和较大市的人民政府（包括省、自治区所在地的市人民政府、经济特区所在地的市人民政府和经国务院批准的较大市的人民政府）制定的规章。《规章制定程序条例》规定，规章的名称一般称"规定"、"办法"，但不得称"条例"。

（三）地方旅游法规

地方旅游法规是指由地方人民代表大会制定的综合性旅游法规。1995 年 6 月，海南省人民代表大会通过了《海南省旅游管理条例》，这是我国第一部地方旅游法规。

（四）其他相关法律、法规

旅游业是一项综合性产业，涉及许多领域。在我国的法律、法规体系中，有许多法律、法规的内容都与旅游业密切相关，它们也是我国旅游立法体系的重要组成部分。

这些法律、法规主要有《文物保护法》、《民法通则》、《环境保护法》、《中国公民出境入境管理法》、《外国人入境出境管理法》、《海关法》、《公司法》、《反不正当竞争法》、《价格法》、《消费者权益保护法》、《食品安全法》、《合同法》、《保险法》、《公路法》、《铁路法》、《民用航空法》、《风景名胜区条例》、《自然保护区条例》等。

三、法律基础概念

（一）民法

民法是调整平等主体的自然人、法人和其他组织之间的财产关系与人身关系的法律规范的总和。

（二）法人

法人是指具有民事权利能力和民事行为能力，依法独立享有民事权利和承担民事义务的组织。

（三）法律行为

法律行为是指以法律主体的意志或意识为要素的，能够引起一定法律效果的法律事实，它不仅包括合法行为，还包括各种违法行为。

民事法律行为是指公民或法人以设立、变更、终止民事权利和民事义务为目的的具有法律约束力的合法民事行为。

（四）法律溯及力

法律溯及力是指法律生效后，对于其生效以前未经审判或者判决尚未确定的行为是否适用的问题。如果适用，就是有溯及力；如果不适用，就是没有溯及力。有溯及力又可以叫做溯及既往。

（五）法律原则

法律原则是指可以作为法律规则的思想基础或政治基础的综合性、稳定性的原理和准则，如民法中的自愿、平等、等价有偿的原则；刑法中的罪行法定、罪行相适应的原则。

（六）法律责任的主要分类

1. 违宪责任

主要指撤销同宪法相抵触的法律、行政法规、地方性法规，罢免国家机关的领导人员。

2. 刑事责任

主刑：管制、拘役、有期徒刑、无期徒刑、死刑。

附加刑：罚金、剥夺政治权利、没收财产。

3. 行政责任

惩罚性行政责任：通报批评、行政处分、行政处罚。

补救性行政责任：承认错误、赔礼道歉、恢复名誉、消除影响、履行职务、行政赔偿、返还权益等。

4. 民事责任

主要指停止侵害、排除妨碍、消除危险、返还财产、恢复原状、修理、重作、更换、赔偿损失、消除影响、恢复名誉等。

☞ 知识拓展

法学的品格：法学是治国之学，法学是强国之学，法学是正义之学，法学是权利之学。

第 *1* 章
导游管理法律制度

【学习重点】

- ✎ 导游人员的条件
- ✎ 导游人员的权利和义务
- ✎ 导游证与导游资格证书
- ✎ 导游人员的管理

为进一步提高导游人员的素质，加强对导游人员的管理，保障旅游者和导游人员的合法权益，促进旅游业的健康发展，国务院于 1999 年 5 月 14 日发布了《导游人员管理条例》，并于同年 10 月起施行。国家旅游局又先后发布了《导游人员管理实施办法》(2001 年 12 月 27 日)、《导游人员等级考核评定管理办法(试行)》(2005 年 6 月 3 日) 等一系列规章和制度。

第一节　导游人员概述

一、导游人员的定义

导游人员简称为导游，是指依照《导游人员管理条例》的规定取得导游证，接受旅行社委派，为旅游者提供向导、讲解及相关旅游服务的人员。导游具有如下特征：

（1）特定的程序。导游是依法取得导游证的人员。有无合法的导游证是区别法定的导游和日常生活中泛称的导游的标志。

（2）特定的委派。导游是接受旅行社指派的人员。

（3）特定的工作。导游是为旅游者提供向导、讲解及相关旅游服务的人员。

二、导游人员的条件

我国《导游人员管理条例》规定，导游人员应具备以下条件：

（1）必须是中华人民共和国公民。公民是具有一国国籍的人。外国人和无国籍人士不能成为我国的导游。

（2）通过导游人员资格考试并获得资格证书。导游人员资格证书由国家旅游局统一印制，在中华人民共和国全国范围内使用，其他地方各级人民政府旅游行政管理部门都不能印制导游人员资格证书。我国从 1988 年开始在全国开展导游人员资格考试，国务院旅游行政管理部门负责制定全国导游人员资格考试的政策、标准和对各地考试工作的监督管理，省级旅游行政管理部门负责组织、实施本行政区域内导游人员资格考试工作。

☞ 知识拓展

导游人员资格考试有关规定

考中文导游需要准备的资料有导游执业规范、导游基础知识、导游实务。考试分两个阶段，第一阶段是导游综合知识测试（笔试），第二阶段是导游服务能力测试（面试）。笔试考试科目为"导游专业知识"（包括导游基础知识和导游实务）和"导游相关知识"（包括导游执业规范和时事政治），一般只要两科总分达到 120 分以上就可以通过了。

（3）应具有相应的学历。一般应具有高级中学、中等专业学校或者以上学历，香港居民须具有中五毕业及以上学历，澳门居民须具有中六毕业及以上学历。

（4）具有丰富的导游知识和较好的语言表达能力。导游人员知识面要广，要具有旅行知识，心理学和美学知识，政策与法规知识，史地知识，政治、经济、文化和国际知识。在语言表达方面，导游人员要做到语言准确，清楚流畅，生动活泼，幽默风趣，能扣人心弦，启迪人们的美感，消除人们的旅途疲劳。涉外导游人员至少应掌握并熟练使用一门外语，最好掌握两至三门外语。

（5）身体健康，能适应工作的需要。

（6）与旅行社订立劳动合同或在导游服务公司登记，并领取导游证。导游人员取得导游人员资格证书以后，经与旅行社订立劳动合同或在导游服务公司登记，方可持所订立的劳动合同或登记证明材料，向所在地旅游行政管理部门申请办理导游证。所在地旅游行政管理部门是指直辖市、计划单列市、副省级旅游行政管理部门以及有相应的导游规模、相应的导游管理服务机构、稳定的执法队伍的地市级以上旅游行政管理部门。

三、导游人员的分类

从我国有关法律规定和旅游业务的实践来看，对导游人员可作如下分类：

（一）按导游语言分类

（1）少数民族导游，如使用藏语、维吾尔语、蒙古语等少数民族语言提供导游服务的导游人员。

（2）汉语普通话导游，即使用汉语普通话提供导游服务的导游人员。我国大部分地区由普通话导游接待旅游者。

（3）中国地方语导游，如使用广东话、闽南话等方言提供导游服务的导游人员。

（4）外语导游，即使用外语为外国旅游者提供导游服务的导游人员。目前，我国主要有英、法、日、俄、德、西班牙、阿拉伯、朝鲜、泰、越等语种的导游人员。

（二）按导游的服务范围分类

（1）定点陪同导游，是指受旅行社委派或聘用，在某个参观游览点为旅游者提供导游服务的导游人员。

（2）地方陪同导游，是指受旅行社委派或聘用，在本省、自治区、直辖市范围内为旅游者提供导游服务的导游人员。地方陪同导游一般由某省或地区的旅行社委派。

（3）全程陪同导游，一般由与外国旅行社或者旅游者直接签订合同的旅游接待部门委派，负责外国旅游者从入境到出境、国内旅游者从组团到离团，一直陪伴旅游者（团）并为其安排旅行和游览事项，提供向导、讲解等旅途服务。

（4）海外领队，是指经国家旅游行政管理部门批准，由可以经营出境旅游业务的旅行社委派，全权代表该旅行社带领旅游团从事出境旅游活动的导游人员。

（三）按隶属关系分类

（1）专职导游，是与旅行社签订劳动合同的正式员工，其任务主要是从事接待、导游工作。

（2）业余导游，又称兼职导游，是旅行社从社会其他单位聘请的导游人员，业余导游除行政隶属关系不在旅行社外，职责与专职导游完全相同。

四、导游人员的权利和义务

（一）导游人员的权利

1. 导游人员的人格尊严和人身安全不受侵犯

《导游人员管理条例》第十条规定："导游人员进行导游活动时，其人格尊严应当受到尊重，其人身安全不受侵犯。导游人员有权拒绝旅游者提出的侮辱其人格尊严或者违反其职业道德的不合理要求。"

人格权是导游人员作为法律关系的主体所享有的一种权利。作为民事主体从事民事活动所必须具备的条件，人格权包括生命健康权、姓名权、肖像权、名誉权、人身自由权、自尊权、自爱心等做人的尊严。在旅游活动中，个别旅游者谩骂甚至殴打导游人员，或者对导游人员提出一些有辱其人格尊严和违反其职业道德的不合理要求，如在出境旅游中，要求导游人员带其到色情场所等，都违反了我国法律的规定，严重侵犯了导游人员的人格权。

2. 导游人员在紧急情形下，有调整或者变更接待计划的权利

《导游人员管理条例》第十三条规定："导游人员在引导旅游者旅行、游览过程中，遇有可能危及旅游者人身安全的紧急情形时，经征得多数旅游者的同意，可以调整或者变更接待计划，但是应当立即报告旅行社。"

导游人员在行使这一权利时，必须符合以下法定条件：①必须是在进行导游活动的过程中。②必须遇到有可能危及旅游者人身安全的紧急情形，如遇到台风、暴雪、山崩、泥石流等自然灾害。③必须征得多数旅游者的同意。④调整或变更计划后，必须立即向旅行社报告。

3. 导游人员对旅游行政处罚不服，依法享有申请复议和行政诉讼的权利

《导游人员管理条例》对导游人员违反条例的行为规定了具体的处罚措施，同时，法律也授予导游人员对旅游行政机关作出的行政处罚不服时向上一级旅游行政机关申请复议的权利。同时，导游人员如对旅游行政部门作出处罚的具体的行政行为不服，有权按照《行政诉讼法》规定的程序向人民法院提起行政诉讼。具体规定见《导游人员管理条例》第十七条至第二十五条。

（二）导游人员的义务

1. 维护旅游者的正当权益

《导游人员管理条例》第十四条规定："导游人员在引导旅游者旅行、游览过程中，应当就可能发生危及旅游者人身、财物安全的情况，向旅游者作出真实说明和明确警示，并按照旅行社的要求采取防止危害发生的措施。"

《导游人员管理条例》第十五条规定："导游人员进行导游活动，不得向旅游者兜售物品或者购买旅游者的物品，不得以明示或者暗示的方式向旅游者索要小费。"导游向旅游者兜售或者购买物品，很容易造成交易的不公平和不公正，从而侵害旅游者的合法权益，损害导游人员的职业形象和旅行社的声誉，还会造成不应有的旅游纠纷。以明示或暗示的方式向旅游者索要小费，一直是我国旅游法律规范所禁止的。明示的方式是指导游人员以明确语言、文字或者其他直接表示意思的方式向旅游者索取小费，而暗示的方式是指导游人员以含蓄的语言、文字或示意性的举动间接表达意思的方式向旅游者索要小费。如违反上述规定，由旅游行政部门责令改正，处 1000 元以上 3 万元以下的罚款；有违法所得的，并处没收违法所得；情节严重的，由省、自治区、直辖市人民政府旅游行政部门吊销导游证并予以公告；对委派该导游人员的旅行社给予警告直至责令停业整顿。

《导游人员管理条例》第二十四条规定："导游人员进行导游活动，欺骗、胁迫旅游者消费或者与经营者串通欺骗、胁迫旅游者消费的，由旅游行政部门责令改正，处 1000 元以上 3 万元以下的罚款；有违法所得的，并处没收违法所得；情节严重的，由省、自治区、直辖市人民政府旅游行政部门吊销导游证并予以公告；对委派该导游人员的旅行社给予警告直至责令停业整顿；构成犯罪的，依法追究刑事责任。"欺骗，是指导游人员或者导游人员与经营者串通，故意告知旅游者虚假情况或故意隐瞒事实真相，

诱使旅游者作出错误消费的意思表示的行为。例如在旅游消费中，导游人员明知是假冒伪劣商品，却告知旅游者是货真价实的商品，诱使旅游者作出购买该商品的错误选择。胁迫是指导游人员个人或其与经营者串通起来，以对旅游者及其亲属的名誉、财产乃至生命健康造成损害为要挟，迫使旅游者作出违背真实消费意思表示的行为。

2. 维护国家利益和民族尊严

《导游人员管理条例》第二十条规定："导游人员进行导游活动时，有损害国家利益和民族尊严的言行的，由旅游行政部门责令改正；情节严重的，由省、自治区、直辖市人民政府旅游行政部门吊销导游证并予以公告；对该导游人员所在的旅行社给予警告直至责令停业整顿。"

3. 接受旅行社委派并严格按旅行社确定的接待计划安排旅游者的旅行、游览活动

《导游人员管理条例》第十九条规定："导游人员未经旅行社委派，私自承揽或者以其他任何方式直接承揽导游业务，进行导游活动的，由旅游行政部门责令改正，处1000 元以上 3 万元以下的罚款；有违法所得的，并处没收违法所得；情节严重的，由省、自治区、直辖市人民政府旅游行政部门吊销导游证并予以公告。"

旅行社确定的接待计划涉及旅游者乘坐的交通工具、游览的景点、住宿标准、餐饮标准、娱乐标准、购物次数等各个方面。导游人员在执行接待计划的过程中，若遇到某种特殊情况，暂时中断旅游活动的，待该种情况消失后，应及时恢复旅游活动。《导游人员管理条例》第二十二条规定，导游人员有下列情形之一的，由旅游行政部门责令改正，暂扣导游证 3～6 个月；情节严重的，由省、自治区、直辖市人民政府旅游行政部门吊销导游证并予以公告：擅自增加或者减少旅游项目；擅自变更接待计划；擅自中止导游活动。

4. 遵守职业道德，尊重旅游者

导游人员在进行导游活动时，应当遵守职业道德，着装整洁，礼貌待人，尊重旅游者的宗教信仰、民族习俗和生活习惯；但不得迎合个别旅游者的低级趣味，不得在讲解中掺杂庸俗下流的内容。

第二节　导游证与导游资格证管理

一、导游证

(一) 导游证的类别

导游证既是导游人员的资格证件，也是国家准许从事导游工作的职业证件，还是导游人员执行导游任务的工作证件。《导游人员管理条例》规定，导游证可分为正式导游证和临时导游证。

1. 正式导游证

正式导游证是指参加导游人员资格考试并合格，取得导游人员资格证书的人员，经与旅行社订立劳动合同或者在导游服务公司登记，由地市级以上旅游行政管理部门颁发的导游证。持有正式导游证的人员，可以是专职的导游人员，也可以是兼职的导游人

员；可以是旅行社的正式员工，也可以是旅行社的聘用人员。

2. 临时导游证

临时导游证是指具有特定语种语言能力的人员，虽未取得导游人员资格证书，但因旅行社需要聘请其临时从事导游活动，由旅行社向省、自治区、直辖市人民政府旅游行政管理部门申请领取的导游证。领取临时导游证的条件，一是具有某种特定语种语言能力；二是旅行社需要聘请其临时从事导游活动。

3. 正式导游证与临时导游证的区别

（1）有无取得导游人员资格证书。正式导游证持有者是经过导游人员资格考试并合格、取得导游人员资格证书者；临时导游证的持有者是没有经过导游人员资格考试、没有取得导游人员资格证书者。

（2）领取导游证的程序不同。正式导游证是由申请领取者个人向旅游行政管理部门申请领取，而临时导游证则是由旅行社根据需要向旅游行政管理部门申请领取。

（3）有无特定语种语言能力限制。正式导游证的持有者无特定语种语言能力的限制，可以是具有特定语种语言能力的人员，也可以是不具有特定语种语言能力的人员；临时导游证的持有者必须是具有特定语种语言能力的人员。

（4）有效期限不同。正式导游证的有效期限为 3 年，临时导游证的有效期限既可以是数天，也可以是 1 个月或 2 个月，但最长不得超过 3 个月并不得延期。此外，正式导游证有效期满后，可以申请办理换发导游证手续，而临时导游证有效期限届满后不得展期。如需继续聘请，则必须由旅行社重新向旅游行政管理部门申请领取。

（二）导游证的管理机关

《导游人员管理条例》规定，颁发正式导游证和临时导游证的部门是省、自治区、直辖市人民政府旅游行政管理部门，亦即省、自治区、直辖市旅游局，而正式导游证和临时导游证的样式规格，由国务院旅游行政管理部门规定，亦即由国家旅游局规定。目前，导游证统一由国务院旅游行政管理部门制作，各地根据需要申领。

（三）新版导游证

为贯彻《导游人员管理条例》和《导游人员管理实施办法》，国家旅游局决定从 2003 年 4 月 1 日起在全国实行新版导游证。

国家旅游局公告（2002 年第 4 号）对导游证的式样及有关问题作了明确的规定：新版导游证为 IC 卡式，卡长 8.6cm、宽 5.4cm，正面设置中英文对照的"导游证（CHINA TOUR GUIDE）"、导游等级、编号、姓名、语种等项目，中间为持证人近期免冠 2 寸正面照片。导游证等级以 4 种不同的颜色加以区分：初级为灰色、中级为粉米色、高级为淡黄色、特级为金黄色。卡背面设置有黄色金属芯片，并印有注意事项和卡号。导游证内储存了导游的姓名、性别、民族、学历、语种、出生年月、家庭住址、身份证号码、导游证编号、导游资格证号等基本情况和违规计分情况，可凭借手持读卡机等电子设备读取其内容。

二、导游证与导游人员资格证书的区别

导游人员资格证书是取得导游证的必要前提。当然，取得导游人员资格证书并不意

味着必然取得导游证。二者的区别如下：

（一）领取程序不同

导游人员资格证书是参加导游人员资格考试并合格后，向旅游行政管理部门领取；而导游证则必须是取得导游人员资格证书，并与旅行社订立劳动合同或者在导游服务公司登记后，方可向旅游行政管理部门领取。

（二）颁证机构不同

导游人员资格证书是由国务院旅游行政管理部门或国务院旅游行政管理部门委托的省、自治区、直辖市人民政府旅游行政管理部门颁发，而导游证则是由省、自治区、直辖市人民政府旅游行政管理部门或所在地市级以上旅游行政管理部门颁发。

（三）性质不同

导游人员资格证书是标志某人具备从事导游职业资格的证书，表明具备导游职业的资格；而导游证则是标志国家准许某人从事导游职业的证书，表明获准从事导游职业。

（四）作用不同

导游人员资格证书仅仅表明持证人具备了从事导游职业的资格，但并不能实际从事导游职业；而导游证则表明持证人可以实际从事导游职业，是从业的许可。

（五）期限不同

导游人员资格证书没有期限规定。导游证的有效期限为 3 年，导游证持有人在有效期满后继续从事导游活动的，应当在有效期限届满 3 个月前，向省、自治区、直辖市人民政府旅游行政管理部门申请办理换发导游证手续。

三、不得颁发导游证的情形

根据《导游人员管理条例》的规定，有下列情形之一的，不得颁发导游证：

（1）无民事行为能力或限制民事行为能力。所谓民事行为能力是指公民通过自己的行为取得民事权利和承担民事义务的资格。我国民事法律规范将公民的民事行为能力分为完全民事行为能力、限制民事行为能力和无民事行为能力三种。在我国，不满10 周岁的未成年人和不能辨认自己行为的精神病人是无民事行为能力人，10 周岁以上的未成年人和不能完全辨认自己行为的精神病人是限制民事行为能力人，他们不得担任导游。只有具备完全民事行为能力的公民，才能申请领取导游证，从事导游职业。

（2）受过刑事处罚，过失犯罪除外。刑事处罚是指国家司法机关对触犯国家刑事法律规范的犯罪人依法追究刑事责任，处以刑罚。我国刑法根据犯罪主体对其危害行为和危害结果所抱的心理态度，将犯罪分为故意犯罪和过失犯罪。故意犯罪是行为人明知自己的行为会发生危害社会的结果，并且希望或者放任这种结果的发生所进行的犯罪。过失犯罪是行为人应当预见自己的行为可能发生危害社会的结果，因为疏忽大意而没有预见或者已经预见而轻信能够避免的心理状态下进行的犯罪。

（3）患有传染性疾病。所谓传染性疾病是指我国《传染病防治法》中所讲的肺结核、麻风病、伤寒、病毒性肝炎等由病原体传染引起的疾病。

（4）被吊销导游证。

第三节　导游人员管理制度

一、导游人员的管理部门及其权限

（一）旅游行政管理部门的管理及权限

国务院旅游行政管理部门负责全国导游人员的管理工作；省、自治区、直辖市人民政府旅游行政管理部门根据国务院旅游行政管理部门的委托行使相应的管理权；所在地旅游行政管理部门具体负责组织实施对导游人员的管理。旅游行政管理部门负责制定导游人员管理的有关政策、法规；依法行使国家权力，接受投诉，处罚违法导游人员；依法保护导游人员的合法权益，并通过导游人员资格考试制度、导游证制度、导游人员等级考核制度等管理导游人员。

（二）对景区（点）导游人员的管理

景区（点）导游人员，是指在旅游景区（点）的范围内为旅游者提供向导、讲解服务的人员。对这部分导游人员的管理办法，由省、自治区、直辖市人民政府参照《导游人员管理条例》制定。

（三）旅行社的管理及权限

《旅行社条例》第三十二条规定："旅行社聘用导游人员、领队人员应当依法签订劳动合同，并向其支付不低于当地最低工资标准的报酬。"《导游人员管理条例》第四条规定："在中华人民共和国境内从事导游活动，必须取得导游证。取得导游人员资格证书的，经与旅行社订立劳动合同或者在导游服务公司登记，方可持所订立的劳动合同或者登记证明材料，向省、自治区、直辖市人民政府旅游行政部门申请领取导游证。"这表明，我国旅行社对导游人员的管理主要是通过订立劳动合同来实现的。

二、导游人员的年审管理

《导游人员管理实施办法》第二十二条规定："国家对导游人员实行年度审核制度。导游人员必须参加年审。国务院旅游行政管理部门负责制定全国导游人员年审工作政策，组织实施并监督检查。省级旅游行政管理部门负责组织、指导本行政区域内导游人员年审工作并监督检查。所在地旅游行政管理部门具体负责组织实施对导游人员的年审工作。"

（一）年审的内容和考评等级

年审以考评为主，考评的内容应包括当年从事导游业务情况、扣分情况、接受行政处罚情况、游客反映情况等。考评等级为通过年审、暂缓通过年审和不予通过年审三种。

（二）年审培训

导游人员必须参加所在地旅游行政管理部门举办的年审培训。培训时间应根据导游业务需要灵活安排。每年累计培训时间不得少于 56 小时。

（三）年审的内部管理

旅行社或导游管理服务机构应为注册的导游人员建立档案，对导游人员进行工作培训和指导，建立对导游人员工作情况的检查、考核和奖惩的内部管理机制，接受并处理对导游人员的投诉，负责对导游人员年审的初评。

三、导游人员的计分管理

《导游人员管理实施办法》规定从 2002 年 4 月 10 日起在全国范围内对导游人员实行计分制管理。导游人员计分办法实行年度 10 分制。《导游人员管理实施办法》第二十四条规定："一次扣分达到 10 分，不予通过年审。累计扣分达到 10 分的，暂缓通过年审。一次被扣 8 分的，全行业通报。一次被扣 6 分的，警告批评。暂缓通过年审的，通过培训和整改后，方可重新上岗。"具体扣分规定请参看附录《导游人员管理实施办法》第三章。

四、导游人员的等级评定与考核

国家旅游局相继发布了《关于对全国导游员实行等级评定的意见》、《导游员职业等级标准》、《导游人员管理条例》以及《导游人员管理实施办法》，明确规定"国家对导游人员实行等级考核制度"。2005 年 6 月 3 日，国家旅游局发布《导游人员等级考核评定管理办法（试行）》，使导游人员的等级评定成为一项法定制度。

导游人员的等级分为外语导游员和中文导游员两个系列与特级导游员、高级导游员、中级导游员和初级导游员四个级别。初级导游员和中级导游员考核由省级旅游行政管理部门或其委托的地市级旅游行政管理部门组织评定；高级导游员和特级导游员由国务院旅游行政管理部门组织评定。

（一）导游员职业等级标准

根据导游员职业等级标准的规定，各个等级的导游员必须符合的要求是：拥护中国共产党的领导，热爱祖国，遵纪守法，忠于职守，钻研业务，宾客至上，优质服务，遵守职业道德，身心健康。

1. 初级导游员等级标准

（1）知识要求：了解我国的大政方针和旅游及其有关的政策法规；掌握当地主要游览点的导游知识；了解我国主要旅游景点和线路的基本知识；了解与业务有关的我国政治、经济、历史、地理、宗教和民俗等方面的基本知识；了解主要客源市场的概况和习俗；掌握导游工作规范；外语导游员基本掌握一门外语，达到外语专业大学三年级水平；中文导游员掌握汉语言文学基础知识，达到高中毕业水平。

（2）技能要求：能独立完成导游接待工作；能与旅游者建立良好的人际关系；能独立处理旅行中发生的一般问题；能与有关业务单位和人员合作共事；导游语言正确、通顺，外语导游员的外语表达基本正确，语音、语调较好，中文导游员的普通话表达清楚、流畅，语音、语调正确、亲切；导游仪态大方得体；能准确填写业务所需的各种票据；能起草情况反映、接待简报等有关应用文。

（3）业绩要求：完成企业要求的工作；无服务质量方面的重大投诉，游客反映良好率不低于 85%。

（4）学历要求：外语导游员具有外语专业大专或非外语专业本科及其以上学历，中文导游员具有高中及其以上学历。

（5）资历要求：取得导游人员资格证书后工作满一年。

2. 中级导游员等级标准

（1）知识要求：熟悉我国的大政方针，掌握旅游及其有关的政策法规；全面掌握当地主要游览点的导游知识；了解我国主要旅游景点、线路的有关知识；掌握与业务有关的我国政治、经济、历史、地理、社会、宗教、艺术和民俗等方面的基本知识；熟悉主要客源市场的概况和特点；熟练掌握导游工作规范；外语导游员掌握一门外语，达到外语专业本科毕业水平；中文导游员掌握汉语言文学的有关知识，达到大专毕业水平。

（2）技能要求：能接待不同性质、类型和规模的旅行团，有比较娴熟的导游技能；能独立处理旅行中发生的疑难问题；能正确理解旅游者的服务要求，有针对性地进行导游服务；能与旅游者、有关业务单位和人员密切合作，有较强的公关能力；导游语言流畅、生动，语音、语调比较优美，讲究修辞；外语导游员的外语表达正确，中文导游员能使用标准的普通话，并能基本听懂一种常用方言（粤语、闽南话或客家话）；能培训和指导初级导游员。

（3）业绩要求：工作成绩明显，为企业的业务骨干；无服务质量方面的重大投诉，游客反映良好率不低于 90%。

（4）学历要求：外语导游员的学历要求与初级导游员相同，中文导游员具有大专及其以上学历。

（5）资历要求：取得初级导游员资格两年以上。

3. 高级导游员等级标准

（1）知识要求：全面掌握我国的大政方针和旅游及其有关的政策法规；全面、深入地掌握当地游览内容；熟悉我国有关的旅游线路和景点知识；有比较宽广的知识面；掌握有关客源市场的重要知识及其接待服务规律；熟练掌握导游工作规范；外语导游员熟练掌握一门外语，初步掌握一门第二外语；中文导游员熟练掌握汉语言文学的有关知识，初步掌握一种常用方言（粤语、闽南话或客家话）。

（2）技能要求：有娴熟的导游技能，并有所创新；能预见并妥善处理旅行中发生的特殊疑难问题；有一定的业务研究能力；能创作内容健康、语言优美的导游词；外语导游员能用一门外语自如、准确、生动、优美地表达思想内容，并能胜任一般场合的口译工作；中文导游员能用标准的普通话和一种常用方言（粤语、闽南话或客家话）工作，语言准确、生动、形象；能培训和指导中级导游员。

（3）业绩要求：工作成绩突出；无服务质量方面的重大投诉，游客反映良好率不低于 95%；在国内外同行和旅行商中有一定影响，通过优质服务能为所在企业吸引一定数量的客源，有较高水平的导游工作研究成果（论文、研究报告等）。

（4）学历要求：与中级导游员相同。

（5）资历要求：取得中级导游员资格四年以上。

4. 特级导游员等级标准

（1）知识要求：对有关的方针、政策和法规有全面、深入和准确的理解；对当地游览内容有独到的认识；全面掌握我国有关旅游线路各景点的知识；有宽广的知识面，在与业务有关的某一知识领域有较深的造诣；掌握有关客源市场的知识，全面、准确、具体地了解其特点和接待服务规律；熟练掌握导游工作规范；外语导游员精通一门外语，基本掌握一门第二外语；中文导游员掌握汉语言文学知识，基本掌握一种常用方言（粤语、闽南话或客家话）。

（2）技能要求：导游技能超群，导游艺术精湛，形成个人风格；能预见和妥善解决工作中的突发事件；能通过优质服务吸引客源；有较强的业务研究能力；有很高的语言表达能力，外语导游员能胜任旅游专业会议及其他重要场合的口译工作，中文导游员能胜任某一有关专业（如重点寺庙、古建筑或博物馆）的解说；能创作富有思想性、艺术性和立论确凿的导游词；能培训和指导高级导游员。

（3）业绩要求：职业道德高尚，工作成绩优异，有突出贡献，在国内外同行和旅行商中有较大的影响；无服务质量方面的重大投诉，游客反映良好率不低于98%；有一定数量高水平并正式发表的导游工作研究成果。

（4）学历要求：与高级导游员相同。

（5）资历要求：取得高级导游员资格五年以上。

（二）导游人员等级考核评定办法

《导游人员等级考核评定管理办法（试行）》规定，导游人员等级考核评定工作，按照"申请、受理、考核评定、告知、发证"的程序进行。中级导游员的考核采取笔试方式。其中，中文导游员考试科目为"导游知识专题"和"汉语言文学知识"；外语导游员考试科目为"导游知识专题"和"外语"。高级导游员的考核采取笔试方式，考试科目为"导游案例分析"和"导游词创作"。特级导游员的考核采取论文答辩方式。参加省部级以上单位组织的导游技能大赛获得最佳名次的导游人员，报全国导游人员等级考核评定委员会批准后，可晋升一级导游人员等级。一人多次获奖只能晋升一次，晋升的最高等级为高级。

（三）导游人员等级考核评定的组织管理

《导游人员等级考核评定管理办法（试行）》规定，国家旅游局负责导游人员等级考核评定标准、实施细则的制定工作，负责对导游人员等级考核评定工作进行监督检查。国家旅游局组织设立全国导游人员等级考核评定委员会。全国导游人员等级考核评定委员会组织实施全国导游人员等级考核评定工作。省、自治区、直辖市和新疆生产建设兵团旅游行政管理部门组织设立导游人员等级考核评定办公室，在全国导游人员等级考核评定委员会的授权和指导下开展相应的工作。导游员等级证书由全国导游人员等级考核评定委员会统一印制。导游人员获得导游人员资格证书和中级、高级、特级导游员证书后，可向省、自治区、直辖市和新疆生产建设兵团旅游行政管理部门申请办理相应等级的导游证。

五、导游服务质量管理

为提高导游服务质量，促进中国旅游事业的发展，国家旅游局1995年提出了中华人民共和国国家标准《导游服务质量》（GB/T 15971—1995），国家技术监督局1995年12月22日批准，自1996年6月1日起实施，对导游服务的质量要求和导游服务过程中若干问题的处理原则作了明确规定。

六、导游人员的诚信管理

为进一步加强导游人员管理，提高导游人员的诚信度，引导旅游者选择诚信度高的导游人员，加强社会监督，将导游人员推向市场，促使导游人员严格自律，许多地方建立了导游人员诚信档案系统，实行导游人员诚信记录制度、诚信评价制度、诚信激励和惩罚制度、诚信信息发布制度、诚信得分与等级评定挂钩制度，做到诚信得分，失信扣分，使导游人员的诚信服务水平上了一个新台阶。

【导游考试典型试题】

1. 申请领取导游证的前提条件是（A）。
   A. 取得导游人员资格证　　　　　　　　B. 与旅行社订立劳动合同
   C. 取得导游人员资格证满1年　　　　　　D. 取得导游人员资格证后工作满1年

2. 获得导游人员资格证，（C）未从业的，资格证自动失效。
   A. 1年　　　　　B. 2年　　　　　C. 3年　　　　　D. 5年

3. 对因自身原因漏接漏送旅游团的导游人员，应（D）。
   A. 不予通过年审　　　　　　　　　　　B. 暂缓通过年审
   C. 全行业通报　　　　　　　　　　　　D. 警告批评

4. 中文系列的中级导游员要求具有（C）。
   A. 初中及其以上学历　　　　　　　　　B. 高中及其以上学历
   C. 大专及其以上学历　　　　　　　　　D. 本科及其以上学历

5. 导游人员违反《导游人员管理条例》，由（D）予以处罚。
   A. 所属旅行社　　　　　　　　　　　　B. 旅游景点管理部门
   C. 工商行政管理部门　　　　　　　　　D. 旅游行政管理部门

6. 《导游人员管理条例》规定，导游人员应当不断提高自身的（C），这是导游人员的法定职责。
   A. 服务意识和职业道德水平　　　　　　B. 政治意识和服务意识
   C. 业务素质和职业技能　　　　　　　　D. 服务意识和职业技能

7. 正式导游证由（A）向旅游行政管理部门申请领取。
   A. 个人　　　　　　　　　　　　　　　B. 旅行社
   C. 所在地派出所　　　　　　　　　　　D. 任何人

8. 小王是某旅行社兼职导游人员，在从事导游活动时，有损害国家利益和民族尊严的言行，根据《导游人员管理条例》的规定，应（C）。

  A. 处罚小王   B. 处罚委派小王的旅行社

  C. 处罚小王和旅行社   D. 处罚小王或旅行社

9. 导游出境带团的上岗证明是（D）。

  A. 初级外语导游证   B. 中级外语导游证

  C. 高级外语导游证   D. 领队证

10.《导游人员管理条例》规定，（ADE）不得领取导游证。

  A. 长期在中国定居的美籍外企管理人员

  B. 在私营企业打工年满 18 周岁的小李

  C. 曾因过失犯罪而受到刑事处罚的刘某

  D. 年满 16 周岁的旅游学校在校生

  E. 患有传染性疾病的 24 岁的王某

11. 导游人员（CD），年审时将被全行业通报。

  A. 仪表、着装不整洁的   B. 在带团过程中谩骂游客的

  C. 擅自中止导游活动的   D. 在讲解中掺杂庸俗内容的

12. 导游人员进行导游活动时，有以下行为，由旅游行政管理部门对该导游和该导游所在的旅行社予以处罚。（ABD）

  A. 言行损害国家利益和民族尊严   B. 以欺诈手段诱使旅游者消费

  C. 私自承揽或直接承揽导游业务   D. 向旅游者索要小费

13. 下列人员可以参加导游人员资格考试的是（AC）。

  A. 取得我国国籍的荷兰人   B. 初中毕业的小李

  C. 高中毕业后在家待业的小张   D. 头脑灵活但略有结巴的小王

14. 导游徐某受国际旅行社委派，为法国一来华旅游团担任导游。在旅游过程中，徐某见某游客携带的相机小巧玲珑，功能齐全，经询问，该相机在法国的售价比中国便宜，遂与该游客商量，购买了该相机。下面有关徐某的行为说法正确的是（ABC）。

  A. 根据《导游人员管理条例》，应扣 6 分

  B. 由旅游行政管理部门责令改正，处 1000 元以上 3 万元以下的罚款

  C. 对委派该导游的旅行社予以警告

  D. 吊销导游证

15. 导游存在下列行为，情节严重的需要吊销导游证。（ABCD）

  A. 在导游活动中，有损害国家利益和民族尊严的言行

  B. 向旅游者兜售物品或购买旅游者的物品

  C. 以明示或暗示方式索要小费

  D. 与经营者串通，欺骗消费者消费

16. 导游人员进行导游活动时，有下列行为，由省、自治区、直辖市人民政府旅游行政管理部门对该导游人员所在的旅行社给予警告直至责令停业整顿。（ABC）

  A. 有损害国家利益和民族尊严的言行

  B. 向旅游者兜售物品或者购买旅游者的物品，或者以明示或暗示的方式向旅

游者索要小费

C. 欺骗、胁迫旅游者消费或者与经营者串通欺骗、胁迫旅游者消费

D. 擅自增加或者减少旅游项目，或者擅自变更接待计划，或者擅自中止导游活动

E. 未佩戴导游证

17. 以下属于导游人员人格权的是（ABCD）。

A. 生命健康权 　　　　　　　　　　B. 自尊权

C. 人身自由权 　　　　　　　　　　D. 自爱心

18. 取得特级导游员证书至少需要（B）年。

A. 10 　　　　　　B. 12 　　　　　　C. 13 　　　　　　D. 14

19. 曾有乙肝病史的人可以带团。（正确）

20. 聋哑人不能报考导游证。（正确）

21. 孕妇可以报考导游证，但不可以取得导游证。（错误）

第 2 章
职业道德与规范

学习重点

✎ 社会主义荣辱观的主要内容
✎ 旅游职业道德的内容
✎ 导游行为规范

第一节　社会主义荣辱观

一、社会主义荣辱观的提出

（一）社会主义荣辱观

荣或辱不仅是指人们进行自我评价时产生的自尊或自愧的心理体验，而且是指社会对人们的思想行为进行评价时形成的褒奖或贬斥。荣辱观是人们在依据一定的思想道德标准进行自我评价和社会评价活动中逐渐形成的关于荣辱观念的总和。

在我国全面建设小康社会、加快推进社会主义现代化的新的发展阶段，胡锦涛同志把社会主义荣辱观概括为"八荣八耻"，"八荣八耻"代表了先进文化的前进方向，体现了社会主义基本道德规范的本质要求，体现了依法治国与以德治国相结合的治国方略，是中国共产党关于社会主义思想道德建设的继承和发展，是进一步推进精神文明建设的重要指导方针。

（二）社会主义荣辱观提出的历史背景

1. 社会主义荣辱观的提出，有着深刻的理论背景

社会主义荣辱观是中国共产党继科学发展观、构建社会主义和谐社会、加强党的执政能力建设和先进性建设、建设创新型国家、建设社会主义新农村等一系列重大创新理论后发表的又一重要理论。科学发展和构建社会主义和谐社会都需要发展社会主义先进文化。社会主义荣辱观是发展社会主义先进文化的重要指导方针，起着明确指导思想、统一意志、增强凝聚力、打牢全国人民团结奋斗的共同思想基础的重要作用。

2. 社会主义荣辱观的提出，有着深刻的社会背景

首先，近年来社会意识形态领域呈现出各种不同思想文化相互交错、相互激荡的复杂局面。一方面，热爱祖国、开拓创新、锐意进取、科学文明、团结互助的良好风尚已成为社会精神风貌的主流。另一方面，一些人的价值观念发生混乱，受到个人主义、功利主义、实用主义的侵蚀，金钱、权力、地位成为他们追逐的目标。在这种情况下，许多优秀的传统价值观念被模糊或消解，社会主义价值观和道德观受到严重冲击。因此，树立社会主义荣辱观，明确多元时代的社会价值导向，确立正确的社会道德标准，就成为当代中国道德建设的当务之急。

其次，市场经济自身的弊端，诱发了拜金主义、极端个人主义、享乐主义等形形色色的腐朽思想，一些经济领域中的不道德现象、违法行为时有发生，甚至有蔓延之势。胡锦涛同志适时提出的社会主义荣辱观，明确了道德在经济活动中的地位，倡导了平等、诚实、信用、公平的经济伦理准则，对于维护社会主义市场经济秩序、促进公平竞争提供了思想保证。

二、树立社会主义荣辱观的意义

（一）知荣明耻，人之根本

1. 荣辱观是世界观、人生观和价值观的具体体现

荣辱观是由世界观、人生观、价值观所决定的。世界观是人们对客观世界总的看法和根本观点。世界观是支配人们思想和行为的最基本的观点。人们在现实生活中决定与处理一切问题的具体看法和观点，都是由他们的世界观决定的。人生观是人们对人生目的、价值、道路以及生活态度等的根本看法和信念。它回答人是什么、人为什么活着、人应该怎么度过自己的一生等问题，是一定世界观在人生问题上的表现。人生观决定着一个人的人生发展走向。人们的思想和行动，不论自觉与不自觉，总是受着某种人生观的指导。价值观是人们衡量不同事物价值标准的基本看法。在上述"三观"中，世界观具有根本性，对人生观、价值观有着重大和关键性影响。有什么样的世界观，就会有什么样的人生观，从而形成对人生的理想、态度、道路等问题的基本看法。可见，世界观、人生观、价值观，是一个人对世界、对人生的基本看法和根本观点，是人们最基本、最重要的精神支柱。三者相互渗透、相辅相成，决定着人们的理想信念，影响着人们的思想境界，指导着人们的行为选择，关系着人们的价值判断。

不同的荣辱观是不同世界观、人生观、价值观的具体反映。在马克思看来，特定的生产关系和政治制度决定了每个社会集团有自己的荣辱观。社会主义荣辱观把人民的利

益、祖国的利益放在首位，以全心全意为人民服务、促进社会的进步为最高荣誉，以祖国和人民的荣誉为最大荣誉；把为个人或少数集团的私利而损害大多数人的利益、损害集体的利益、损害社会主义和共产主义事业，看做最大的耻辱，应遭到社会的谴责和唾弃。

2．"八荣八耻"是传统美德和时代精神的升华与表达

荣辱观与民族精神和民族传统有着密切的内在联系，是中华传统伦理学中最基本的道德范畴。先秦儒家在 2000 多年前就提出了以"仁"、"义"为标准的荣辱观，战国末期的思想家荀子认为，不知荣辱乃不能成人。古人还提出了诸如"宁可毁人，不可毁誉"，"宁可穷而有志，不可富而失节"，"立大志者，贫贱不能移，富贵不能淫，威武不能屈"等有关荣辱的格言。这些折射着中华民族精神的荣辱观，是中国人所共同遵循的最基本的为人之道。

以"八荣八耻"为核心的社会主义荣辱观继承了中华民族的民族精神和传统美德。近年来，我国在公民道德建设方面倡导"爱国守法、明礼诚信、团结友善、勤俭自强、敬业奉献"这 20 字公民基本道德规范，把弘扬民族精神和时代精神贯穿于国民教育的全过程，贯穿于精神文明建设全过程。

3．"八荣八耻"是社会价值导向的标尺

社会风气是社会文明程度的重要标志，是社会价值导向的集中体现。树立良好的社会风气是广大人民群众的强烈愿望，也是经济社会顺利发展的必然要求。社会风气直接反映了人们的思想观念和行为方式，是社会关系最外在的表现形式。"八荣八耻"是一把社会价值导向的标尺，为整个社会确定了"提倡什么、反对什么"的基本衡量标准。树立良好社会风气的关键，在于分清是非、善恶、美丑的界限，在于旗帜鲜明地坚持爱国主义、集体主义、社会主义思想，反对奢侈腐朽、没落颓废的社会风气，倡导社会主义基本道德规范，大力弘扬助人为乐、无私奉献的公民道德，以社会主义荣辱观来规范和约束每个人的言行。

（二）明辨荣辱，国之大策

1．社会主义荣辱观是塑造社会主义公民的精神指导

当代中国社会最严重的价值危机是中国文化中公民底线伦理有崩溃之虞。"八荣八耻"不仅点出了中国社会目前思想道德建设的要害，也为重构中华民族的荣辱观、塑造具有良好道德修养的社会主义公民、促进良好社会风气的形成和发展指明了方向。社会主义荣辱观是社会主义价值观的集中体现，是全体公民为人处世的精神指南。

2．社会主义荣辱观是建设和谐社会的内在要求

社会主义荣辱观是构建社会主义和谐社会的重要道德文化根基，牢固树立社会主义荣辱观是实现社会和谐的内在要求。社会主义荣辱观要求在建设社会主义和谐社会的进程中，全社会在关注经济社会发展的同时，要高度关注人的全面发展，主要是人的素质的全面提高。"八荣八耻"就是要求我们在搞好经济建设的同时，高度重视道德文化基础的建设，促进良好社会风气的形成和发展，为建设社会主义和谐社会提供强大的精神动力。

（三）存荣弃辱，共创和谐

1. 树立社会主义荣辱观需要全社会共同努力

牢固树立社会主义荣辱观是一项社会系统工程，必须依靠全社会的共同努力，才能收到良好的效果。"八荣八耻"首先是领导干部和党员的一把道德标尺。只有领导干部、党员以身作则，率先垂范，社会主义荣辱观才能落实。

2. 树立社会主义荣辱观需要先进文化来引导

文化决定我们的价值观，价值观决定我们的荣辱观，加强荣辱意识教育，是发展社会主义先进文化的重要内容。先进文化对于牢固树立社会主义荣辱观有三重支撑作用：一是科学认知的导向作用；二是高尚道德的熏陶作用；三是健康感情的启迪作用。

3. 树立社会主义荣辱观需要从我做起

"八荣八耻"为我们树立了具体的道德行为标准，而践行这一标准最为关键。荣辱观不仅是对建设社会道德风尚的指导，也是每个公民从身边做起、从小事做起的道德修养指南。实践荣辱观应从我做起，在行的过程中体验道理，不断提高做人的道德水平。

三、社会主义荣辱观的主要内容

（一）以热爱祖国为荣，以危害祖国为耻

"以热爱祖国为荣、以危害祖国为耻"作为"八荣八耻"之首，是社会主义荣辱观中最基本、最核心、最具鲜明特色的内涵和要求，是人们判别是非荣辱的最高的道德准则。

国格总是由人格来体现的。"以热爱祖国为荣，以危害祖国为耻"，是健康、高尚人格的核心。当代中国人要有"爱国当自强"的良知和骨气，"志不可移，节不可改"的民族自尊心，"穷且益坚，不坠青云之志"的坚强意志，"剖心非痛，害国为痛"的爱憎之情，"苟利国家生死以，岂因祸福避趋之"的凛然正气，"人生自古谁无死，留取丹心照汗青"的赤胆忠心。

（二）以服务人民为荣，以背离人民为耻

"为人民服务"是社会主义道德的核心，也是社会主义荣辱观的核心，是社会主义荣辱观同一切非社会主义荣辱观的分水岭。"以服务人民为荣，以背离人民为耻"的思想，有着丰富而深刻的内涵，它既是政治观，也是道德观。

服务人民，是社会主义道德要求的集中体现。坚持为人民服务的宗旨，树立"以服务人民为荣，以背离人民为耻"的社会主义荣辱观，重要的就是要将其贯彻和体现在自己的职业活动中。我们贯彻落实社会主义荣辱观，就应该在自己的职业活动中，在践行"以服务人民为荣，以背离人民为耻"上下工夫。

（三）以诚实守信为荣，以见利忘义为耻

"言必信，行必果"、"一言既出，驷马难追"这些古话，形象地表达了中华民族诚实守信的品质。"以诚实守信为荣，以见利忘义为耻"，是对中华民族传统美德与时俱进的精辟概括。诚实，就是忠诚正直、言行一致、表里如一。守信，就是遵守诺言、不虚伪欺诈。诚实守信，是文明社会不可缺少的道德规范，是每个公民应该达到的基本道德水准。

诚实守信是社会主义市场经济的必然要求。市场经济的本质是建立在相互信任和诚实履行合同的基础上的信用经济。缺乏注重诚信的社会氛围和道德约束，市场经济就不可能顺利高效运行。

（四）以遵纪守法为荣，以违法乱纪为耻

"以遵纪守法为荣，以违法乱纪为耻"，是社会主义荣辱观的重要组成部分，具有深刻的内涵和重大的现实意义。法治和责任理念是现代社会得以建立和维系的观念基础。遵纪守法也是建设社会主义和谐社会的基本要求和前提条件。可以说，遵纪守法本身就是对社会主义法治和现代化建设事业的贡献。

（五）以崇尚科学为荣，以愚昧无知为耻

科学是推动社会进步的有力杠杆。崇尚科学，铲除愚昧，是民族翻身解放的必要条件。崇尚科学，追求真理，一直是中华民族的优良传统。邓小平理论提出"科学技术是第一生产力"，党制定了科教兴国的战略，使经济社会发展突飞猛进。

崇尚科学，反对愚昧，就要牢固树立马克思主义的世界观和方法论。社会主义是建立在科学的理论基础之上的，马克思主义的辩证唯物主义和历史唯物主义是人类哲学思想与科学知识发展的结晶，是共产党人科学的世界观。科学发展观就是科学世界观方法论的集中体现。民族要振兴，国家要强盛，归根结底要依靠科学思想和知识。

（六）以辛勤劳动为荣，以好逸恶劳为耻

热爱劳动是中华民族的传统美德。要牢固树立劳动光荣的观念。从马克思主义的价值观来看，对劳动持什么态度，是衡量人们道德水平的重要尺度，即劳动具有鲜明的道德意义。尊重劳动和创造是社会和谐的基础。马克思主义劳动价值论认为，劳动创造价值，是一切社会赖以生存和持续发展的基础。

（七）以团结互助为荣，以损人利己为耻

"以团结互助为荣，以损人利己为耻"，是现实条件下构建社会主义和谐社会和建立社会主义新型人际关系的基本行为指针。社会主义人际关系是一种平等、合作、团结、友爱、互助的新型人际关系。团结互助是社会主义人际关系的基本准则。提倡团结互助，就是要培育和形成社会主义的、集体主义的道德观。

"以团结互助为荣，以损人利己为耻"，核心就是发扬集体主义精神。集体主义是社会主义在思想道德领域最基本的价值导向，集体主义原则反映了个人和集体之间的双向价值关系，不仅要求个人利益服从集体利益，提倡个人对集体的责任和贡献，而且也包括集体对个人利益的尊重和满足。

（八）以艰苦奋斗为荣，以骄奢淫逸为耻

艰苦奋斗是中华民族的传统美德，是中国共产党的优良传统和作风。在社会安定、国家繁荣富强的今天，艰苦奋斗的精神更多地囊括了顽强拼搏、百折不挠、自强不息、勇往直前、不怕牺牲、无私奉献、不懈追求、埋头苦干、勤勤恳恳、常怀忧患、居安思危的情操。我们不仅要勤俭节约，不铺张浪费，不贪图享乐，更要有坚强的毅力，有不达目的不罢休的精神。

第二节　旅游职业道德

职业是人们在社会生活中对社会所承担的特定职责和从事的专门业务，并以此作为主要生活来源的社会活动。职业道德就是指从事一定职业的人们，在工作或劳动过程中所应遵循的与其职业活动紧密联系的行为规范和准则的总和。职业道德是一个社会精神文明发展程度的突出标志，是公民道德建设体系的重要组成部分。

旅游职业道德是旅游从业人员在旅游职业活动中所形成的道德观念、道德情操、道德品质以及所应该遵循的与其特定职业活动相适应的道德规范，是适应旅游业的要求而必然产生的道德规范，是旅游从业人员在履行本职工作过程中所应遵循的行为规范和准则的总和。它规定旅游从业人员在旅游活动过程中"应该"做什么，"不应该"做什么；"应该"怎样做，"不应该"怎样做。

旅游职业道德规范是社会主义道德的基本要求在旅游职业活动中的具体表现，是旅游职业道德基本原则的具体化。它既是每个旅游工作者在职业活动中必须遵循的行为准则，又是人们评价和判断每个旅游工作者职业道德行为的标准。

一、旅游职业道德的内容

（一）旅游职业道德的基本要求

1. 热爱旅游事业

热爱本职工作，是一切职业道德最基本的要求。

第一，要正确认识旅游事业的性质和任务。我国的旅游事业，既是经济事业，又是外事工作的一部分。

第二，要培养敬业、乐业的道德情感。敬业是指敬重自己所从事的职业，有职业荣誉感。首先，要认识到劳动是每个社会成员的职责和义务，并将劳动看成是一种美德；其次，要把任何一种对社会有益的劳动都看成是光荣的；再次，劳动是衡量每一个人社会价值的尺度。乐业是指以主人翁的姿态，热爱自己从事的职业，乐于为广大人民服务，并且以做好本职工作作为自己最大的快乐，产生职业幸福感。乐业精神体现在职业活动中就是能够正确对待苦与乐、劳动与报酬等问题。

第三，要树立勤业、创业的精神。勤业，就是要为发展中国的旅游事业而刻苦学习，勤奋工作；在平凡的旅游服务过程中，兢兢业业，尽职尽责；在职业活动中，养成忠于职守、克勤克俭的良好习惯。创业，就是以高度的主人翁精神，进行创造性的劳动，积极参与各方面的工作，推动旅游事业的发展。

2. 全心全意为旅游者服务

全心全意为旅游者服务，是我国旅游业的根本宗旨，也是我国旅游工作者职业道德的集中体现。

第一，要热心为旅游者服务。热心为旅游者服务，关心和爱护每一位旅游者，尽可能满足他们的合理要求，是旅游从业人员热爱旅游业和本职工作的具体表现。

第二，要加强职业责任心和道德义务感。职业责任心是个人对职业所持的态度，这种态度源于人们对道德责任的认识。道德义务感主要取决于人们对人生价值的理解。

第三，改善服务态度，提高服务质量。服务态度一般是指为集体或他人工作时的看法及其在言行中的表现。旅游从业人员的服务态度是指在接待服务过程中，对所从事工作的认识、理解以及在行为中的表现。服务质量是反映服务满足旅游者需要能力的特征和特性的综合。

3. 发扬爱国主义精神

第一，旅游从业者要成为一个坚定的爱国主义者，应自觉地培养自己的爱国主义情感。

第二，发扬爱国主义精神，要求旅游从业人员做到：一是坚持祖国利益高于个人的一切；二是自觉维护祖国的独立、完整、统一和尊严；三是自觉维护祖国各族人民的安定团结；四是自觉为祖国的繁荣昌盛奋发进取；五是有民族自尊心和自信心；六是尊重、关心和支持来自其他国家和地区的客人。

（二）旅游职业道德规范

旅游职业道德规范是旅游职业道德基本要求的具体化，是旅游行业每位从业人员在职业活动中必须遵循的行为准则，也是人们评价和判断每位旅游从业人员职业道德行为的标准。1996 年 11 月 20 日，国家旅游局制定下发了《关于加强旅游行业精神文明建设的意见》，明确提出了"旅游企业一线员工职业道德规范"，具体如下：

爱国爱企	自尊自强	遵纪守法	敬业爱岗	公私分明　诚实善良
克勤克俭	宾客至上	热情大度	清洁端庄	一视同仁　不卑不亢
耐心细致	文明礼貌	团结服从	不忘大局	优质服务　好学向上

这个规范是旅游行业对于一线员工的职业道德要求，同样也适用于旅游行业的管理人员和其他从业者。它反映了旅游从业人员处理各种关系的基本要求。

（1）爱国爱企，敬业爱岗。这是旅游职业道德体系中最重要最基本的规范，它反映的是个人与国家、个人与企业、个人与岗位的一种职业要求，也是各个行业的从业人员都应当共同遵守的基本道德规范。

（2）热情大度，清洁端庄，耐心细致，文明礼貌，优质服务，宾客至上。这是旅游行业处理好客我关系的一种道德规范。旅游行业的从业人员要树立全心全意为客人（旅游者）服务的宗旨。尽力为客人服务，既是旅游工作的出发点，也是旅游工作的归宿。

（3）遵纪守法，公私分明。这八个字反映的是法制观念和公私关系，是处理个人与集体、国家利益关系的行为准则。

（4）自尊自强，不卑不亢，一视同仁。这是民族自尊心、自信心以及国格、人格的体现，是爱国主义精神在旅游职业道德规范方面的具体展示。它首先强调的是人人平等，既反对民族自卑感，也反对大国沙文主义。既要谦虚谨慎，又不妄自菲薄；既要学习先进，又不盲目崇洋；既要热爱祖国，又不妄自尊大。

（5）公平守信，克勤克俭，诚实善良。公平守信是反映企业与企业之间交易关系、企业、服务人员与旅游者之间商业关系的一种道德规范。克勤克俭要求本着节约的原则为旅游者提供服务。诚实善良则要求旅游从业人员讲究诚信道义，与人为善，特别是在提供旅游服务的过程中要诚实可靠，信誉第一。具体体现为：按质论价，收费合理；履行合同，诚信为本；遵守时间，讲究效率。

（6）团结服从，不忘大局。这是一种处理旅游业内部同事之间、部门之间、行业之间相互关系的道德行为准则，是旅游业发展的可靠保证。它要求旅游从业人员服从整体利益和目标，顾全大局，以大局为重，组成良好的工作团队。

（7）好学向上，钻研业务。这要求旅游从业人员积极进取，努力学习，不断提高职业技能。学习要掌握方法，一是通过书本和资料学习；二是向周围的老师、同事和领导学习；三是向旅游发达国家学习，吸收先进经验。

二、旅游职业道德的作用

旅游职业道德的作用是职业道德的功能和作用在旅游业中的具体体现。旅游职业道德的具体作用有其自身的特点。

（1）有利于提高旅游从业人员的素质。旅游从业人员的良好素质是德、智、体、美全面发展的统一，其目标是成为有理想、有道德、有文化、有纪律的社会主义旅游工作者。"德"是素质中第一位的，它包含政治素质和品德素质，而品德素质是对一个合格的旅游工作者的基本要求。

（2）有利于改善服务态度和提高服务质量。

（3）有利于改善旅游企业的经营管理。

（4）有利于推动良好社会风气的形成。

三、旅游职业道德的评价

旅游职业道德评价是根据一定的职业道德标准和规范，通过社会舆论、传统习惯、内心信仰及考核评比等方式，对他人或自己的职业道德行为进行善恶评价，表明褒贬态度的一种评判活动。旅游职业道德评价可以是服务对象、社会或他人对旅游从业人员职业道德行为的评价，也可以是旅游从业人员对自己职业道德行为的自我评价。

建立评价体系的基本原则有三个。首先，实用性原则，要求体系构建从实际出发，选择恰当的评价因素与正确的评价方法，使评价结果能直接作用于旅游从业人员的工作，提高评价的应用价值。其次，标准化原则，标准化的作用在于能统一评价因素，保证评价工作的规范化和结果的可比性，提高评价结果的科学性。最后，优化原则，所谓优化，就是按照规定的评价因素，寻求最适合的评价方法。

（一）旅游职业道德评价的类型

按照行为主体和客体的关系，旅游职业道德评价可以分为两种最基本的类型，即社会（他人）评价和自我评价。

1. 社会（他人）职业道德评价

所谓社会（他人）职业道德评价，是指社会、集体或他人对职业者的职业道德行为进行善恶、好坏判断，表明其倾向性态度。在旅游职业道德评价过程中，评价主体是职业者的服务对象，即宾客，而行为主体是旅游从业人员。这种评价一般通过社会舆论和传统习惯，从外部传递给旅游从业人员，带有一定"强制"作用，是职业道德他律的一种方式。

2. 自我职业道德评价

所谓自我职业道德评价，是指职业者对自己履行职业责任的行为进行善恶、好坏的判断，形成倾向性态度。在这种评价过程中，旅游从业人员既是行为的主体，又是评价的主体。

3. 社会评价和自我评价的联系

旅游从业人员职业道德的自我评价，要受到社会评价制约；而旅游从业人员职业道德的社会评价，只有为旅游从业人员所认同，才能产生有效的作用。社会评价只有和自我评价大体一致时，才产生作用。二者统一的关键，在于自我评价、社会评价是否反映了"时代精神"，是否反映了"时代最本质的东西"。两种评价，必须以时代的"精神"和"本质"为依据，以社会发展的客观需要为准则。

(二) 旅游职业道德评价的形式

职业道德评价的形式多种多样，主要包括社会舆论、传统习惯、内心信念及考核评比记分四种。这几种形式是相互联系、相互渗透、相互补充的。

1. 社会舆论

社会舆论就是公众议论，是众人对某种社会现象、事件或行为正式传播或自发流行的情绪、态度和看法。社会舆论一般以自发和自觉两种形式出现。

所谓自发的社会舆论，是指从业人员在实际道德生活中，在已有传统的基础上，经过不自觉的互相传播、互相取舍而形成的社会精神力量，是人们对共同的社会道德关系及道德现象的直接反映。这种社会舆论不具有明确的目的，没有正式的表达工具和机构，没有系统性的内容，以群众自发评议为主。

所谓自觉的社会舆论，是党和政府有领导、有组织、有目的地运用各种舆论工具，向人民广泛宣传某种思想和观点，人民认为是合理的并且愿意接受之后，形成的一种普遍的舆论。

这里所说的社会舆论，主要是指人们依据社会主义旅游职业道德的评价标准，对旅游从业人员的行为进行褒贬。以上两种形式的社会舆论同时存在，相互影响，共同发挥作用。

2. 内心信念

内心信念是旅游从业人员发自内心的对本行业职业道德原则、规范体系的真诚信奉和自觉履行职业道德义务的责任心，是旅游从业人员在学习和工作实践中的道德认识、道德情感、道德意志的统一。它是"真正深入到我们血肉里去"的道德意识和行为准则，也是职业道德评价的重要手段。

在旅游职业道德生活中，内心信念是从业人员对自身行为进行善恶评价的精神力量，它通过职业"良知"来实现道德评价的作用。主要表现在：第一，内心信念是旅游从业人员进行职业道德评价的内在的直接的标准。旅游从业人员在工作、生活中，总是受到一定的职业道德观念和内心信念支配，来衡量和评价自己的职业行为，判断自己的职业行为哪些是道德的，是应该做的；哪些是不道德的，是不应该做的。第二，内心信念是从业人员进行善恶评价的内在驱动力。一个人一旦形成了坚定的内心信念，就会在内心信念的支配和驱使下，以强烈的道德责任感，对自己的道德行为进行自我评判，从而促使自己自觉履行道德义务。

3. 传统习惯

传统习惯是指人们在长期的社会职业生活中逐步形成的一种稳定的、习以为常的职业道德倾向和评价方式。各行各业通常把职业道德习惯作为最起码的善恶标准。旅游从业人员的传统习惯，是长期以来按照旅游行业的工作秩序形成的、习以为常的职业行为倾向，表现为一定的工作情绪和传统的工作方式。

社会风俗和传统习惯是人们在社会生活中长期形成的，因此，职业道德传统习惯对成文的职业道德规范起补充和制约的作用，它是职业道德行为善恶评价不可忽视的一种手段或力量。在旅游职业道德评价中，传统习惯评价是一种重要的形式。这是因为：首先，它是评价旅游职业道德行为善恶价值最起码的标准；其次，它是评价旅游职业道德行为总体善恶的重要依据；最后，它对旅游职业道德评价成果成为行为当事人的日常生活习惯、形成一定社会的职业道德风尚甚有功效。

4. 考核评比记分

旅游职业道德评价表见表 2-1，从不同角度对旅游职业道德进行了考评。

表 2-1   **旅游职业道德评价表**

项目	项目标准	检查分数	实际得分			
			优	良	中	差
仪表仪容	服装整洁、干净，姿态规范、标准	10	10	9	7	5
文明礼貌	礼貌周到、端庄大方、规范标准、主动热情	20	20	16	12	9
纪律性	无擅自离岗、串岗或做与工作无关的事	20	20	18	16	10
学习能力	参加学习、培训的态度好，成绩优	15	15	12	9	6
服务能力	服务质量高、态度好、效率高、主动、安全、周到、准确	20	20	18	16	12
工作能力	业务水平高，完成任务优，有创新意识和团结协作精神	15	15	12	9	6
评比、获奖情况		国际：5分；全国：3分 省级：2分；市县：1分				
宾客意见情况	表扬	3分、2分、1分				
	投诉	−5分、−3分、−2分				

（三）旅游职业道德评价的作用

旅游职业道德评价对旅游职业道德风气的形成和个人职业道德品质的培养，具有十分重要的作用。

1. 对旅游职业道德行为的善恶起裁决作用

在旅游职业道德的评判中，善与恶就是在宏观上对旅游从业人员进行好与坏裁决的标准。善恶标准，具体化为一定的职业道德规范标准，因而在具体的职业道德评价中，行为的善恶，首先是要看它是否符合一定的旅游职业道德规范。旅游职业道德的评价尺度是具体裁决善恶好坏的重要标准。旅游职业道德评价中这种善恶的裁决评判作用，是通过社会舆论等方式进行信息传递的。在个人的职业生活中，职业道德评价通过个人内心信念的力量，使旅游职业道德原则和规范深入内心世界，使道德他律向道德自律转化。

2. 旅游职业道德评价有深刻的教育作用

旅游职业道德评价的教育作用，是指它能够凭借自身特有的权威性，影响旅游业的社会风尚，以及旅游从业人员的职业道德、理想和行为。职业道德评价既培养旅游从业人员的道德品质，也向他们提出了行为的价值目标和行为准则。但是，这些目标和准则在未深入从业人员内心世界并被认可之前，尚属于他律。要使职业道德原则、规范变成行为者的内心信念，实现从他律向自律的转化，实现知与行的统一，就必须通过职业道德评价进行教育。旅游职业道德评价的过程，就是向旅游从业人员推行、宣传、灌输职业道德原则和规范的过程，也是他们接受一定职业道德要求的过程。这种教育过程将贯穿职业活动的始终。

3. 旅游职业道德评价有突出的调节作用

旅游职业道德评价的调节作用，是指职业道德评价可借助于社会舆论、内心信念、传统习惯和良心等，指导或纠正从业人员的职业道德行为，以协调从业人员之间、个人与集体之间的关系。职业道德评价是调节道德原则和规范并使之发生作用的"杠杆"，也是使职业道德原则、规范转化为个人职业道德行为的"杠杆"，是实现知与行统一的调节器。它可以帮助从业人员解决问题和处理矛盾。职业道德评价的调节与法律的调节是根本不同的。职业道德评价在调节从业人员道德行为时，能够深入他们的精神世界，作用于他们的道德情感。"道德法庭"广泛存在于社会舆论和职业者的内心信念之中，它的制裁和控制作用，是法律调节所不能达到的。

在旅游行业中，职业道德控制是通过职业道德评价实现的由内部到外部的控制。所谓职业道德控制，是指在旅游行业中，通过物质和精神的手段，运用一定的措施引导从业人员接受与实践旅游职业道德原则和规范的调控体系。内部控制是以职业道德教育为主要途径，通过道德主体——从业人员的道德认识的提高以及道德人格的制约力量，在道德自律的基础上自觉地遵守和实践职业道德规范；同时它还以道德主体自觉的道德理性认识为前提，通过道德的自律发挥作用。所以，内部控制要取得一定的控制效果，需要周期较长，但控制效果较为稳定、持久。从业人员的行为方向较少受外界的影响而发生变化，属于高层次的职业道德控制。外部控制是以社会舆论及各种利益机制为主要制约力量，以他律性的外在手段引导从业人员遵守和实践道德规范的控制形式。外部控制指向的是对后果的控制，是以明显的他律性手段引导行为者去实践道德规范。所以，通过外部控制手段取得一定的控制效果，其周期相对较短，但稳定性较弱、持久性差，旅游从业人员的行为方向易随外界条件的变化而变化，故属于低层次的初级形式的职业道德控制。

职业道德评价进行的内部控制和外部控制是相互联系、相辅相成的。在旅游职业道德控制中，它们是调节职业道德对职业活动作用的两个杠杆。在具体运用时，必须相互配合，不可偏废。要达到理想的职业道德控制效果，就应该根据具体的、变化的客观情况，不断地调整职业道德控制手段和控制机制，或以内部控制为主、外部控制为辅，或以外部控制为主、内部控制为辅，或内外控制同时并举，在具体问题上有所倾斜。要重视旅游职业道德评价的调节作用，只有这样旅游职业道德评价才能真正达到目的。

第三节　导游职业规范

一、导游职业规范基本要求

（一）遵纪守法，廉洁奉公

导游人员必须遵守国家的法律、法规，自觉地执行行业和所在旅行社的各项规章制度，遵守旅行社的纪律，执行导游服务质量标准，严格按导游操作规程办事，即做好准备、接待、善后处理三大程序的各项工作。

（二）真诚公道，信誉第一

"真诚公道，信誉第一"是导游人员职业道德的主要规范，是正确处理导游和旅游者之间实际利益关系的一项行为准则。在导游职业活动中，真诚就是真实诚恳，讲究信用，信守诺言和合同，不弄虚作假，不欺骗或为难旅游者；公道就是公平合理，买卖公道，价格合理，赚取合理合法的利润，既不能"宰"旅游者，也不能让旅游企业吃亏。

（三）自尊自强，敬业爱岗

自尊自强要求导游人员热爱自己所从事的旅游服务工作，尽到自己的职业责任，做到自尊、自爱、自信，体现出导游人员的主人翁精神和强烈的事业心，在工作中通过尊重旅游者、尊重同行的实际行动来体现对自己的人格和劳动的尊重。

（四）不卑不亢，一视同仁

"不卑不亢，一视同仁"是导游职业活动中导游人员民族自尊心、自信心以及国格、人格的体现，是正确处理主客关系的重要道德规范。导游人员要尊重旅游者人格，热情周到地为其服务，维护其合法权益，满足其合理又可能办到的要求，切忌亲疏偏颇，厚此薄彼。旅游团中，不免有无理取闹的人，对这类人的言行，导游人员始终要沉着冷静，或一笑了之，做到不伤主人之雅，不损客人之尊，理明则让。

（五）优质服务，宾客至上

全心全意为旅游者服务的思想和"宾客至上"、"服务至上"的服务宗旨是导游人员职业道德的主要内涵。导游人员的心中要有旅游者，把旅游者看成客人、朋友、亲人，想旅游者所想，急旅游者所急。

（六）团结协作，顾全大局

"团结协作，顾全大局"是导游人员正确处理同事之间、部门之间、行业之间以及局部利益与整体利益之间、眼前利益与长远利益之间等相互关系的道德行为规范。它要求导游人员摆正个人、集体、国家三者的关系，自觉做到个人利益服从集体利益，局部利益服从整体利益，眼前利益服务长远利益。

（七）好学上进，提高业务

导游人员只有拥有丰富的知识、熟练的服务技能以及过硬的基本功，才能为旅游者提供优质服务。因而，好学上进，提高业务，是一种道德义务。

（八）身心健康，注重礼仪

导游人员要有健康的体魄以及很强的心理控制能力，必须保持良好的身心状态，处事沉着冷静、灵活机智。在游客面前，导游人员要有大方得体的仪容仪表，注重服务中的礼节礼貌。

二、导游行为规范

（一）严守国家机密、保护国家财产

（1）导游人员要严守国家机密，在接待入境旅游者时要坚持"内外有别"原则。

（2）在企业、科研单位参观时，外语导游人员要特别注意避免泄露经济情报。

（3）导游人员应做到：在旅游者面前，不谈论内部情况；在涉外场合，不携带内部文件；注意企业机密，不泄露其旅游团的收支细目。

（4）导游人员应不带旅游者到不对外开放的单位和地区参观游览，未经允许不带旅游者到导游人员的办公室。

（5）导游人员要时时处处以国家利益为重，保护国家财产是导游人员的神圣职责，要阻止个别游客破坏文物、景物，若发现有人偷盗、走私文物，必须及时报告有关部门并主动配合其工作，使违法者依法受到处理。

（二）严格按规章制度办事

（1）导游人员进行导游活动必须经由旅行社委派，不得私自承揽或以其他方式直接承揽导游业务。

（2）导游人员进行导游活动必须佩戴导游证（IC卡），接待10人以上（含10人）旅游团时举本社导游旗。

（3）坚持请示汇报制度，切忌我行我素。

（4）坚持诚信原则，必须按约定内容和标准为旅游者服务，不得擅自增加、减少参观游览项目，不得擅自中止参观游览活动。

（5）紧急情况下，导游人员有权调整计划、变更路线，但必须向旅游者说明原委，征得多数游客同意并立即报告旅行社。

（6）维护旅游者的合法权益，不乱收费。若增加自费项目，必须与游客商量、征得同意。

（7）在旅游过程中，若有可能发生危及旅游者人身和财物安全的情况，导游人员应向旅游者作出真实说明和明确警示，并采取有效的防范措施；遇有紧急情况时，导游人员要采取必要措施，机智、勇敢地保护旅游者，绝不在紧要关头临阵脱逃。

（8）旅游项目中如有危险因素，导游人员应事先向旅游者交代清楚危险程度和安全防护措施，对参加危险活动的旅游者要特别注意保护。

（9）导游人员不应随便单独去旅游者的房间，更不要单独去异性旅游者的房间。

（10）导游人员不应与入境旅游团的领队同住一室。

（11）导游人员不得私带亲友随团活动。

（12）导游人员因工作饮酒，不要超过本人酒量的1/3。

（三）自觉遵纪守法

（1）严禁嫖娼、赌博、吸毒。

（2）不得接受、收集，更不得索要反动、黄色的书刊画报及音像制品。

（3）不得欺骗、胁迫旅游者消费，也不得与经营者串通欺骗、胁迫旅游者消费。

（4）不得收受商店、游览点、娱乐场所等经营者给予的回扣，不得营私舞弊、假公济私。

（5）不得带旅游者到非合同商店购物，不得擅自更改就餐地点。

（6）不得从事或代理他人从事商业活动，不得向旅游者强行销售物品，也不得购买旅游者的物品。

（7）不得以明示或暗示的方式向旅游者索取小费，不准因旅游者不给小费而拒绝提供服务或降低服务质量。

（8）不得套汇、炒汇，也不得以任何形式向入境旅游者索取外币。

（9）不与旅游者保持不正常关系，不与他们进行不正当活动。

（10）导游人员必须尊重旅游者的宗教信仰、民族风俗和生活习惯。

（11）不得宣传封建迷信，更不准宣传邪教；若有个别旅游者宣传邪教、进行邪教活动，必须阻止并立即报告有关部门。

（四）自尊自爱，不失人格、国格

（1）不得"游而不导"，不擅离职守，不懒散松懈，不搞本位主义，不推诿责任。

（2）不与旅游者过分亲近，不介入他们的内部矛盾和纠纷，更不在他们之间拨弄是非。

（3）关心旅游者，维护旅游者的合法权益。对旅游者态度不冷漠，工作不敷衍。对旅游者要一视同仁，不厚此薄彼。避免与旅游者正面冲突，严禁与旅游者吵架、打架。

（4）对旅游者提出的侮辱人格尊严或违反导游人员职业道德的不合理要求，应态度鲜明、断然拒绝。

（5）不得迎合个别旅游者的低级趣味而在讲解、聊天时掺杂格调低下的内容。不与旅游者开低级庸俗和政治性的玩笑。

（五）文明服务

（1）导游人员讲话要注意分寸，坚持五不讲：有伤旅游者自尊心的话不讲、有损旅游者人格的话不讲、埋怨责怪旅游者的话不讲、蛮横无理的话不讲、讽刺挖苦的话不讲。

（2）导游人员与旅游者交往时要做到四不计较：旅游者不理睬导游人员的主动招呼不计较、游客性情急躁语言欠妥不计较、游客提出的意见不客观不计较、导游人员工作繁忙得不到旅游者体谅不计较。

（3）工作时，导游人员不抽烟，不做不文明的小动作，注意自身的清洁卫生，也要负起责任防止个别旅游者破坏环境卫生。

三、导游人员的礼仪

（一）仪容仪表得体

在一般情况下，人们长期相处，往往是人的内在美起重要作用，但短暂相处时，人的外表美会给他人留下深刻印象。仪容仪表美通过一个人的形体美、修饰美和风度美表现出来。

1. 形体协调

每个导游人员都应努力使自己身体健康、充满活力。

2. 服饰得体

导游人员的头发要经常修剪和梳理，导游人员不应留怪异发型。

导游人员的服饰也是一种"语言"，在给旅游者留下第一印象方面起着重要作用，穿着整洁、雅致，具有无形的魅力。导游人员在服饰上应遵循以下原则：服饰要适合身份；服饰应方便工作；服饰要与场合协调；服饰应适合年龄；服饰要与形体协调。

导游人员服饰的具体要求如下：

导游人员为游客服务时，着装要整洁大方。夏天，男性导游人员不宜穿背心、短裤；女性导游人员不能暴露过多，不穿吊带装、露脐装、超短裙，不袒胸露背；不准穿拖鞋上岗。男性导游人员若穿西服，一定要配衬衣、领带、皮鞋，衬衣下摆一定要束在裤内，衣袋、裤袋内不要放东西。

3. 修饰恰当

导游人员在修饰上应显得恰当，衣冠整洁、修饰得体会给人以朝气蓬勃、热情好客、可以信赖的感觉。女性导游人员要化妆，但不可浓妆艳抹，香水不能洒得太多，身上首饰不宜过多。女性导游人员在化妆方面要注意下述几点：不在男士面前化妆，不在公共场所（例如餐桌上）化妆，不借用别人的化妆品，不议论他人的化妆，更不要对旅游者的装扮指指点点。

（二）仪态举止大方

仪态美是静态美和动态美的和谐统一，是人的内在美在行动上的外化，是一种深层次的美。导游人员应注意站姿挺拔、坐姿文雅、走姿稳健、形体动作得体。导游人员要在日常生活中养成良好的姿态举止：大方、自然、得体；直率但不鲁莽，活泼但不轻佻；工作时紧张而不失措，休息时轻松而不懒散；与人交谈时谦虚而不迂腐，人际交往时礼貌而不自卑。

导游人员与旅游者在一起时要显出如下高雅风度：

精神状态饱满：要神采奕奕、乐观自信、谈笑自若、充满活力。

仪表礼节潇洒：要风仪洒脱、落落大方、彬彬有礼、举止得体。

待人态度诚恳：要诚恳坦率、平等待人，端庄而不矜持冷漠，谦逊而不矫饰虚伪。

行为神态活泼：要自然大方、热情坦然、动作和谐适度。

言谈举止高雅：要高雅脱俗、优美动听、幽默风趣。

总之，导游人员要以真挚的热情、礼貌动听的语言、高雅大方的举止、修饰有度的衣着接待旅游者，给他们留下深刻、美好的印象。

（三）卫生习惯良好

导游人员要养成良好的卫生习惯，要常洗手、洗澡，常换衣服。男性导游人员更要常修边幅，天天刮胡子，常理发、修鼻毛。导游人员不得随地吐痰、乱扔废弃物，还要阻止旅游者的此类不良行为。

导游人员要保持手部的清洁，指甲要常修剪，戴的手套一定要清洁美观。

导游人员要保持口腔的清洁，常刷牙，工作前不吃葱蒜等带异味食物，有口臭者应及时医治。

（四）重视礼貌细节

导游人员是旅游业的礼仪形象代表，更应注意在与旅游者接触交往中的礼貌细节。

（1）服务应准时到位。

（2）交往中礼让待人。理解客人的情感、行为和需求；旅游活动中，把客人放在适当位置上，为客人创造表现自己的机会。

（3）在旅行中创造和谐气氛。重视客人在旅游中的要求，创造和谐交谈的气氛。

（4）注意举止文雅。咳嗽、打喷嚏时用手或纸巾捂住鼻子并侧向一旁；在旅游者面前不做打哈欠、剔牙、掏耳朵、挖鼻孔、脱鞋等不雅动作；不当着客人的面吸烟；除就餐时间外，不在客人面前吃东西；握手时上身略前倾，保持微笑，不用力过大、时间过长；不模仿客人的言谈举止和动作，不与客人勾肩搭背。

（5）使用礼貌用语。对客人准确使用"太太"、"小姐"、"女士"、"先生"等尊称和敬语；说话和气，合乎身份，合乎情理，符合规范；语言不可过于随便，也不能用命令式的口吻讥讽客人；在不同场合准确使用"迎宾语"、"问候语"、"告别语"、"应答语"、"感谢语"等；正确使用语音语调，用词造句准确；正确使用肢体语言和手势。

【导游考试典型试题】

1. 旅游职业道德中最重要、最基本的规范，同时也是各行业的从业人员都应遵守的共同的基本道德规范是（D）。

    A. 热情友好、宾客至上

    B. 清洁端庄、文明礼貌、耐心细致、优质服务

    C. 一视同仁、不卑不亢、自尊自爱

    D. 爱国爱企、敬业爱岗、忠于职守

2. 人们对人生目的、价值、道路以及生活态度等的根本看法和信念属于（C）。

    A. 世界观   B. 价值观

    C. 人生观   D. 荣辱观

3. 中华民族翻身解放的必要条件是（D）。

    A. 以艰苦奋斗为荣，以骄奢淫逸为耻 B. 以团结互助为荣，以损人利己为耻

    C. 以辛勤劳动为荣，以好逸恶劳为耻 D. 以崇尚科学为荣，以愚昧无知为耻

4. 下面属于荣辱观格言的是（ACD）。

    A. 立大志者，贫贱不能移，富贵不能淫，威武不能屈

  B. 言必信，行必果

  C. 宁可穷而有志，不可富而失节

  D. 宁可毁人，不可毁誉

5. 旅游职业道德修养的根本目的是（A）。

  A. 培养旅游从业人员高尚的道德品质　　B. 提高旅游从业人员的素质

  C. 提升旅游行业的地位　　　　　　　　D. 提高整个旅游行业的服务水平

6. 导游人员要严守国家机密，在接待入境旅游者时要坚持（B）原则。

  A. 诚实守信　　　　　　　　　　　　　B. 内外有别

  C. 一视同仁　　　　　　　　　　　　　D. 不卑不亢

7. 人们衡量不同事物价值标准的基本看法是（A）。

  A. 价值观　　　　　　　　　　　　　　B. 世界观

  C. 人生观　　　　　　　　　　　　　　D. 荣辱观

8. 我国旅游业的根本宗旨是（A）。

  A. 全心全意为旅游者服务　　　　　　　B. 使我国成为旅游强国

  C. 让旅游业成为主导产业　　　　　　　D. 促进经济的增长

9. 下列属于自我职业道德评价的是（A）。

  A. 自我反省　　　　　　　　　　　　　B. 游客意见

  C. 同事评价　　　　　　　　　　　　　D. 社会舆论

10. 旅游职业道德评价的方式是（ABCD）。

  A. 社会舆论　　　　　　　　　　　　　B. 内心信仰

  C. 传统习惯　　　　　　　　　　　　　D. 考核评比

11. 国格总是由人格来体现。（正确）

12. 诚实守信，是社会文明程度的重要标志，是社会价值导向的集中体现。（错误）

13. 要做到"慎独"，具体方法比较多，写日记就是其中的一种。（正确）

14. 传统习惯是评价旅游职业道德行为善恶价值最起码的标准。（正确）

15. 女性导游员要化妆，可以浓妆艳抹。（错误）

第 3 章
旅行社管理法律制度

学习重点

- 旅行社成立的条件
- 旅行社的主要义务
- 违反《旅行社条例》的法律责任
- 旅行社管理制度

1985 年 5 月 11 日，国务院颁布了《旅行社管理暂行条例》，这是我国第一个关于旅行社管理方面的行政法规。1996 年 10 月 15 日，国务院发布并施行了《旅行社管理条例》。2001 年 11 月 27 日，国家旅游局发布了《旅行社管理条例实施细则》。

2009 年 2 月 20 日，国务院发布了《旅行社条例》，自 2009 年 5 月 1 日起施行。2009 年 4 月 3 日，国家旅游局发布了《旅行社条例实施细则》，自 2009 年 5 月 3 日起施行。

第一节　旅行社概述

一、旅行社的发展历史

（一）国外旅行社的发展历史

1845 年，英国人托马斯·库克成立了世界上第一家旅行社——旅游业务代办处。它所从事的活动类似于当今旅行社代办的包价旅游，开创了旅行社业务的基本模式。19 世纪下半叶开始，世界各国成立了许多类似旅行社的组织，如 1850 年起美国的运通公司兼营旅行代理业务，1857 年的英国登山俱乐部，1890 年法国、德国的观光俱乐部，1927 年的意大利旅行社等。

（二）我国旅行社的发展历史

中国现代旅游业务发端于 19 世纪，英美商人首先在上海开办了通济隆旅行部和运通旅行社，日本的国际观光局也打入了中国的沿海城市。1923 年 8 月，上海商业储蓄银行总经理陈光甫在其银行内创办了旅行部，负责办理旅游业务，这是中国第一家由华人经营旅游业务的旅行社。随着业务的发展，1927 年 7 月，该旅行部从银行分离出来，正式成立了中国旅行社，总社设在上海，在内地和香港都设有分支机构。1931 年中国旅行社开始自建旅馆，开创了我国旅游旅馆的先例。

新中国成立后，1949 年 11 月 19 日，厦门市军管会侨务组接管了旧华侨服务社，并于同年 12 月开业，这是新中国第一家华侨服务社，协办或代办侨胞一切出入境手续，帮助侨胞解决回国可能遇到的困难。1951 年 12 月 15 日，泉州华侨旅行社正式成立，并在广东和福建等地成立了相应的机构。中国国际旅行社于 1954 年 4 月 15 日成立，总社设在北京，并在全国各地成立了 147 个分社。1957 年 4 月 22 日，华侨旅行社服务总社正式成立，标志着中国旅行社的发展进入了新的历史阶段。1974 年，经国务院批准，成立了中国旅行社，与华侨旅行社合署办公。

1980 年，中国青年旅行社成立，在我国形成了"国旅"、"中旅"和"青旅"三驾马车。截至 2010 年底，全国共有旅行社 22784 家。

二、旅行社的法律特征

《旅行社条例》规定，旅行社是从事招徕、组织、接待旅游者等活动，为旅游者提供相关旅游服务，开展国内旅游业务、入境旅游业务或者出境旅游业务的企业法人。

（一）旅行社是以营利为目的的企业

旅行社属于第三产业——服务业的范畴。其主要业务是有偿服务，并在业务活动中实现经营利润。

（二）旅行社以招徕、组织、接待旅游者为其主要业务

旅行社提供的招徕、组织、接待旅游者等相关旅游服务，主要包括：①安排交通服务；②安排住宿服务；③安排餐饮服务；④安排观光游览、休闲度假等服务；⑤导游、领队服务；⑥旅游咨询、旅游活动设计服务。

旅行社还可以接受委托，提供下列旅游服务：

（1）接受旅游者的委托，代订交通客票、代订住宿和代办出境、入境、签证手续等；

（2）接受机关、事业单位和社会团体的委托，为其差旅、考察、会议、展览等公务活动，代办交通、住宿、餐饮、会务等事务；

（3）接受企业委托，为其各类商务活动、奖励旅游等，代办交通、住宿、餐饮、会务、观光游览、休闲度假等事务；

（4）其他旅游服务。

上述出境、签证手续等服务，应当由具备出境旅游业务经营权的旅行社代办。

（三）旅行社有特定的经营范围

具体内容请参考附录《旅行社条例实施细则》第三条。

（四）旅行社是独立核算的企业法人

旅行社对外应独立经营、自负盈亏。旅行社作为法人组织和独立核算的经济实体，具备相应的经济权利能力和经济行为能力，其合法经营活动受法律保护，其财产和资金不受非法侵害。

三、旅行社的分类

国务院 1985 年颁布的《旅行社管理暂行条例》将旅行社分为一类旅行社、二类旅行社和三类旅行社三种。1996 年发布的《旅行社管理条例》及 2001 年发布的《旅行社管理条例实施细则》按照经营业务范围，将旅行社分为国际旅行社和国内旅行社两类。

2009 年，国务院发布的《旅行社条例》对旅行社未作分类，统称为"旅行社"，但根据质量保证金和经营年限的不同，在经营范围上有所区别。有的旅行社只能经营国内旅游业务和入境旅游业务，有的旅行社既可以经营国内旅游业务和入境旅游业务，也可以经营出境旅游业务。

第二节　旅行社的设立

一、旅行社成立的条件

《旅行社条例》规定，申请设立旅行社，经营国内旅游业务和入境旅游业务，应当具备下列条件：

（1）有固定的经营场所。经营场所应当符合下列要求：①申请者拥有产权的营业用房，或者申请者租用的、租期不少于 1 年的营业用房；②营业用房应当满足申请者业务经营的需要。

（2）有必要的营业设施。营业设施应当至少包括下列设施、设备：①2 部以上的直线固定电话；②传真机、复印机；③与旅游行政管理部门及其他旅游经营者联网的计算机。

（3）有不少于 30 万元的注册资本。

二、旅行社成立的程序

（一）申请设立经营国内旅游业务和入境旅游业务的旅行社

具体内容请参考附录《旅行社条例》第七条。

（二）申请经营出境旅游业务的旅行社

具体内容请参考附录《旅行社条例》第八条、第九条。

第 3 章　旅行社管理法律制度

三、成立旅行社应提交的文件

具体内容请参考附录《旅行社条例实施细则》第八条。

四、外商投资旅行社的规定

1998 年 12 月 2 日，经国务院批准，国家旅游局、外经贸部发布了《中外合资旅行社试点暂行办法》。我国加入世界贸易组织（WTO）后，服务业对外开放已成必然。我国政府曾经承诺：符合条件的外国服务提供者可以在中国政府指定的旅游度假区和北京、上海、广州以及西安开办中外合资旅行社；不迟于 2003 年 1 月 1 日，允许外资控股；不迟于 2005 年 12 月 31 日，允许设立外商独资旅行社；不迟于 2005 年 12 月 31日，取消对合资旅行社设立分支机构的限制。2009 年，国务院发布的《旅行社条例》的第三章，对外商投资旅行社作出了规定。

（一）外商投资旅行社的类型

外商投资旅行社，包括中外合资经营旅行社、中外合作经营旅行社和外资旅行社。

（二）外商投资旅行社的程序

具体内容请参考附录《旅行社条例》第二十二条。

（三）外商投资旅行社的经营限制

具体内容请参考附录《旅行社条例》第二十三条。

第三节　旅行社的分支机构

旅行社根据业务经营和发展的需要，可以设立非法人分社（以下简称分社）和门市部（包括营业部）等分支机构。

一、旅行社分社的设立

《旅行社条例》第十条规定："旅行社设立分社的，应当持旅行社业务经营许可证副本向分社所在地的工商行政管理部门办理设立登记，并自设立登记之日起 3 个工作日内向分社所在地的旅游行政管理部门备案。旅行社分社的设立不受地域限制。分社的经营范围不得超出设立分社的旅行社的经营范围。"《旅行社条例实施细则》第十八条规定，旅行社分社及旅行社服务网点，不具有法人资格，以设立分社、服务网点的旅行社的名义从事《旅行社条例》规定的经营活动，其经营活动的责任和后果，由设立社承担。

☞ 知识拓展

2010 年 4 月 26 日国家旅游局发布《关于旅行社设立分社有关事宜的通知》(旅办发(2010) 56 号) 对旅行社设立分社作出了如下规定：

(1) 分社的设立范围。旅行社分社的设立不受地域限制，即分社可以在设立社所在行政区域内设立，也可以在全国范围内设立。

（2）出境游旅行社设立分社的类型。分社的经营范围不得超出设立分社的旅行社的经营范围。按此，经营出境旅游业务的旅行社可以根据市场发展需要来设立分社，即既可设立只经营国内旅游业务和入境旅游业务的分社，也可以设立只经营出境旅游业务的分社，还可以设立经营国内、入境和出境旅游业务的分社，增存的质量保证金分别为5万元、30万元、35万元。

（3）目前，赴台游旅行社跨省级行政区域设立的分社，一律不得经营赴台游业务，在本省级行政区域内设立的分社只能从事赴台游客招徕业务。

（4）分社增存质量保证金的管辖地。旅行社设立分社，应当向本社质量保证金账户增存相应数量的质量保证金，而非在分社设立地开设质量保证金账户增存质量保证金。

二、旅行社服务网点的设立

旅行社设立专门招徕旅游者、提供旅游咨询的服务网点应当依法向工商行政管理部门办理设立登记手续，并向所在地的旅游行政管理部门备案。旅行社服务网点应当接受旅行社的统一管理，不得从事招徕、咨询以外的活动。

服务网点是指旅行社设立的，为旅行社招徕旅游者，并以旅行社的名义与旅游者签订旅游合同的门市部等机构。设立社设立服务网点的区域范围，应当在设立社所在地的设区的市的行政区划内。设立社不得在上述规定的区域范围外，设立服务网点。服务网点应当在设立社的经营范围内，招徕旅游者、提供旅游咨询服务。旅行社设立的办事处、代表处或者联络处等办事机构，不得从事旅行社业务经营活动。

三、旅行社变更的有关规定

《旅行社条例》第十二条规定："旅行社变更名称、经营场所、法定代表人等登记事项或者终止经营的，应当到工商行政管理部门办理相应的变更登记或者注销登记，并在登记办理完毕之日起10个工作日内，向原许可的旅游行政管理部门备案，换领或者交回旅行社业务经营许可证。"

第四节　旅行社的权利、义务与法律责任

一、旅行社的主要权利

（一）有权收取合法费用

旅行社为旅游者提供的旅游项目，有权按照国家规定的旅游价格和服务收费标准向旅游者和有关经营单位收取合理的费用。对为游客提供的导游、交通、联系住宿、组织旅游项目等正当的旅游业务，有权收取相应报酬。旅行中，事先征得旅游者同意，对增加的服务项目可加收费用。

（二）有权要求经营人员保守商业秘密

能给旅行社带来巨大利润的独特的经营管理方式、经营技巧、技术手段及产品加工

方式等，皆属于旅行社的商业秘密，受到法律的保护。经营人员未经旅行社同意，不得披露、使用或者允许他人使用其所掌握的旅行社商业秘密。

（三）有权按合同的规定索赔

旅行社有权要求旅游者按照旅游合同规定的时间、路线、方式进行旅游。如旅游者未按合同约定的时间参加旅游团，旅行社可以扣除旅游者交付的定金作为违约金；由于旅游者自身的行为造成旅行社损失的，旅行社有权提出索赔。

二、旅行社的主要义务

（一）依法签订旅游合同

旅行社与旅游者之间，双方都是平等的民事主体。旅行社组织旅游者旅游，应当主动与旅游者签订旅游合同，约定双方的权利和义务。

具体内容请参考附录《旅行社条例》第二十八条、第二十九条。

☞ 知识拓展

格式条款是指当事人为了重复使用而预先拟定并在订立合同时未与对方协商的条款。如保险合同、拍卖成交确认书等，都是格式合同。

（二）出境旅游安排领队

具体内容请参考附录《旅行社条例》第三十条、第三十一条、第三十二条、第三十三条、第三十四条。

（三）承担损害赔偿责任

旅行社由于自身的过错使旅游者蒙受损失，因自身过失未达到合同约定的服务质量标准或者旅行社破产造成旅游者预交旅行费损失等，都应给予相应的赔偿。

具体内容请参考附录《旅行社条例》第三十五条、第三十七条。

（四）委托事项依法进行

具体内容请参考附录《旅行社条例》第三十六条、第三十七条。

（五）依法投保责任保险

旅行社从事旅游业务经营活动，必须投保旅行社责任保险。同时，旅行社在与旅游者签订旅游合同时，应当推荐旅游者购买相关的旅游者个人保险。

《旅行社条例》第三十八条规定：“旅行社应当投保旅行社责任险。旅行社责任险的具体方案由国务院旅游行政主管部门会同国务院保险监督管理机构另行制定。”

《旅行社条例实施细则》第四十条规定：“为减少自然灾害等意外风险给旅游者带来的损害，旅行社在招徕、接待旅游者时，可以提示旅游者购买旅游意外保险。鼓励旅行社依法取得保险代理资格，并接受保险公司的委托，为旅游者提供购买人身意外伤害保险的服务。”

（六）确保人身财产安全

具体内容请参考附录《旅行社条例》第三十九条。

（七）及时通报“滞留不归”

《旅行社条例》第四十条规定：“旅游者在境外滞留不归的，旅行社委派的领队人员应当及时向旅行社和中华人民共和国驻该国使领馆、相关驻外机构报告。旅行社接到报告后应当及时向旅游行政管理部门和公安机关报告，并协助提供非法滞留者的信息。旅行社接待入境旅游发生旅游者非法滞留我国境内的，应当及时向旅游行政管理部门、公安机关和外事部门报告，并协助提供非法滞留者的信息。"

《旅行社条例实施细则》第四十一条规定："发生出境旅游者非法滞留境外或者入境旅游者非法滞留境内的，旅行社应当立即向所在地县级以上旅游行政管理部门、公安机关和外事部门报告。"

（八）服务项目质价相当

旅行社所提供的服务项目应明码标价，质价相符，不得有价格欺诈行为。同时，在按照国家规定向旅游者收取服务项目的费用时，应出具服务单据。旅行社对旅游者就其服务项目或服务质量提出的询问，应当作出真实、明确的答复。

三、旅行社的经营规则

（一）禁止超范围经营

旅行社应当按照核定的经营范围开展经营活动，严禁超范围经营。《旅行社条例》第二十五条规定："经营出境旅游业务的旅行社不得组织旅游者到国务院旅游行政主管部门公布的中国公民出境旅游目的地之外的国家和地区旅游。"第二十六条规定："旅行社为旅游者安排或者介绍的旅游活动不得含有违反有关法律、法规规定的内容。"

（二）禁止不正当竞争

旅行社不得采取不正当手段从事旅游业务。《旅行社条例》第二十四条规定："旅行社向旅游者提供的旅游服务信息必须真实可靠，不得作虚假宣传。"第二十七条规定："旅行社不得以低于旅游成本的报价招徕旅游者。未经旅游者同意，旅行社不得在旅游合同约定之外提供其他有偿服务。"

四、违反《旅行社条例》的法律责任

（一）旅行社的法律责任

《旅行社条例》对旅行社的法律责任作出了具体规定，包括责令改正、没收违法所得、罚款、停业整顿、吊销业务经营许可证等。《旅行社条例》第六十五条规定："旅行社违反本条例的规定，损害旅游者合法权益的，应当承担相应的民事责任；构成犯罪的，依法追究刑事责任。"

（1）超范围经营的处罚的具体规定见附录《旅行社条例》第四十六条、第五十一条。

（2）滥用业务经营许可证的处罚的具体规定见附录《旅行社条例》第四十七条。

（3）违反质量保证金规定的处罚的具体规定见附录《旅行社条例》第四十八条。

（4）违反旅行社责任保险规定的处罚的具体规定见附录《旅行社条例》第四十九条。

（5）违反备案制度的处罚的具体规定见附录《旅行社条例》第五十条。

（6）违法经营的处罚的具体规定见附录《旅行社条例》第五十二条、第五十三条。

（7）违反合同的处罚的具体规定见附录《旅行社条例》第五十四条、第五十五条、第五十九条、第六十一条。

（8）违反导游、领队规定的处罚的具体规定见附录《旅行社条例》第五十六条、第五十七条、第五十八条、第六十条。

（9）违反委托规定的处罚的具体规定见附录《旅行社条例》第六十二条。

（10）违反报告制度的处罚的具体规定见附录《旅行社条例》第六十三条。

（11）违反出入境管理的处罚的具体规定见附录《旅行社条例》第六十四条。

（二）对旅游行政管理部门的处罚

具体规定见附录《旅行社条例》第六十六条。

☞ 知识拓展

《旅行社服务质量赔偿标准》

（2011 年 4 月 12 日国家旅游局办公室发，旅办发（2011）44 号）

第一条　为了维护旅游者的合法权益，根据《旅行社条例》及有关法律、法规，制定本赔偿标准。

第二条　旅行社不履行合同或者履行合同不符合约定的服务质量标准，旅游者和旅行社对赔偿标准未做出合同约定的，旅游行政管理部门或者旅游质监执法机构在处理相关旅游投诉时，参照适用本赔偿标准。

第三条　由于不可抗力等不可归责于旅行社的客观原因或旅游者个人原因，造成旅游者经济损失的，旅行社不承担赔偿责任。

第四条　旅行社与旅游者订立合同或收取旅游者预付旅游费用后，因旅行社原因不能成行的，旅行社应在合理期限内通知旅游者，否则按下列标准承担赔偿责任：

（一）国内旅游应提前 7 日（不含 7 日）通知旅游者，否则应向旅游者全额退还预付旅游费用，并按下述标准向旅游者支付违约金：出发前 7 日（含 7 日）至 4 日，支付旅游费用总额 10% 的违约金；出发前 3 日至 1 日，支付旅游费用总额 15% 的违约金；出发当日，支付旅游费用总额 20% 的违约金。

（二）出境旅游（含赴台游）应提前 30 日（不含 30 日）通知旅游者，否则应向旅游者全额退还预付旅游费用，并按下述标准向旅游者支付违约金：出发前 30 日至 15 日，支付旅游费用总额 2% 的违约金；出发前 14 日至 7 日，支付旅游费用总额 5% 的违约金；出发前 6 日至 4 日，支付旅游费用总额 10% 的违约金；出发前 3 日至 1 日，支付旅游费用总额 15% 的违约金；出发当日，支付旅游费用总额 20% 的违约金。

第五条　旅行社未经旅游者同意，擅自将旅游者转团、拼团的，旅行社应向旅游者支付旅游费用总额 25% 的违约金。解除合同的，还应向未随团出行的旅游者全额退还预付旅游费用，向已随团出行的旅游者退还未实际发生的旅游费用。

第六条　在同一旅游行程中，旅行社提供相同服务，因旅游者的年龄、职业等差异增收费用的，旅行社应返还增收的费用。

第七条　因旅行社原因造成旅游者未能乘坐预定的公共交通工具的，旅行社应赔偿旅游者的直接经济损失，并支付直接经济损失20%的违约金。

第八条 旅行社安排的旅游活动及服务档次与合同不符，造成旅游者经济损失的，旅行社应退还旅游者合同金额与实际花费的差额，并支付同额违约金。

第九条 导游或领队未按照国家或旅游行业对旅游者服务标准提供导游或者领队服务，影响旅游服务质量的，旅行社应向旅游者支付旅游费用总额1%至5%的违约金，本赔偿标准另有规定的除外。

第十条 旅行社及导游或领队违反旅行社与旅游者的合同约定，损害旅游者合法权益的，旅行社按下述标准承担赔偿责任：

（一）擅自缩短游览时间、遗漏旅游景点、减少旅游服务项目的，旅行社应赔偿未完成约定旅游服务项目等合理费用，并支付同额违约金。遗漏无门票景点的，每遗漏一处旅行社向旅游者支付旅游费用总额5%的违约金。

（二）未经旅游者签字确认，擅自安排合同约定以外的用餐、娱乐、医疗保健、参观等另行付费项目的，旅行社应承担另行付费项目的费用。

（三）未经旅游者签字确认，擅自违反合同约定增加购物次数、延长停留时间的，每次向旅游者支付旅游费用总额10%的违约金。

（四）强迫或者变相强迫旅游者购物的，每次向旅游者支付旅游费用总额20%的违约金。

（五）旅游者在合同约定的购物场所所购物品系假冒伪劣商品的，旅行社应负责挽回或赔偿旅游者的直接经济损失。

（六）私自兜售商品，旅行社应全额退还旅游者购物价款。

第十一条 旅行社违反合同约定，中止对旅游者提供住宿、用餐、交通等旅游服务的，应当负担旅游者在被中止旅游服务期间所订的同等级别的住宿、用餐、交通等必要费用，并向旅游者支付旅游费用总额30%的违约金。

第十二条 本标准自发布之日起实施。

第五节 旅行社管理制度

一、业务经营许可证制度

为了加强对旅行社的管理，《旅行社条例》及《旅行社条例实施细则》明确规定了旅行社业务经营许可证制度。申请设立旅行社或者申请经营出境旅游业务，必须向有关旅游行政管理部门提出申请，并提交相关证明文件。旅游行政管理部门应当向经审查批准的申请人颁发许可证。许可证注明了旅行社的经营范围，未取得旅行社业务经营许可证的不得从事旅行社业务。申请者应当在收到业务经营许可证后，持批准设立的文件和业务经营许可证到工商行政管理部门办理设立登记，领取营业执照。旅行社违反《旅行社条例》或者《旅行社条例实施细则》的有关规定，情节严重的，由旅游行政管理部门吊销其许可证。对被吊销许可证的旅行社，由作出处理决定的旅游行政管理部门通过工商行政管理部门注销其营业执照。

《旅行社条例实施细则》第十一条规定："旅行社因业务经营需要，可以向原许可的旅游行政管理部门申请核发旅行社业务经营许可证副本。旅行社业务经营许可证及副本，由国务院旅游行政主管部门制定统一样式，国务院旅游行政主管部门和省级旅游行政管理部门分别印制。旅行社业务经营许可证及副本损毁或者遗失的，旅行社应当向原许可的旅游行政管理部门申请换发或者补发。"

《旅行社条例实施细则》第二十六条规定："旅行社及其分社、服务网点，应当将《旅行社业务经营许可证》、《旅行社分社备案登记证明》或者《旅行社服务网点备案登记证明》，与营业执照一起，悬挂在经营场所的显要位置。"第二十七条规定："旅行社业务经营许可证不得转让、出租或者出借。"第五十九条规定："吊销旅行社业务经营许可证的行政处罚，由原许可的省级以上旅游行政管理部门作出。对旅行社作出停业整顿行政处罚的，旅行社在停业整顿期间，不得招徕旅游者、签订旅游合同；停业整顿期间，不影响已签订的旅游合同的履行。"

二、质量保证金制度

旅行社质量保证金是指由旅行社缴纳，或者依法取得的担保额度不低于相应质量保证金数额的银行担保，用于保障旅游者权益的专用款项。质量保证金的利息属于旅行社所有。

《旅行社条例》第十三条规定："旅行社应当自取得旅行社业务经营许可证之日起 3 个工作日内，在国务院旅游行政主管部门指定的银行开设专门的质量保证金账户，存入质量保证金，或者向作出许可的旅游行政管理部门提交依法取得的担保额度不低于相应质量保证金数额的银行担保。经营国内旅游业务和入境旅游业务的旅行社，应当存入质量保证金 20 万元；经营出境旅游业务的旅行社，应当增存质量保证金 120 万元。质量保证金的利息属于旅行社所有。"《旅行社条例》第十四条规定："旅行社每设立一个经营国内旅游业务和入境旅游业务的分社，应当向其质量保证金账户增存 5 万元；每设立一个经营出境旅游业务的分社，应当向其质量保证金账户增存 30 万元。"

（一）质量保证金的管理

《旅行社条例》第十七条规定："旅行社自交纳或者补足质量保证金之日起三年内未因侵害旅游者合法权益受到行政机关罚款以上处罚的，旅游行政管理部门应当将旅行社质量保证金的交存数额降低 50%，并向社会公告。旅行社可凭省、自治区、直辖市旅游行政管理部门出具的凭证减少其质量保证金。"

第十八条规定："旅行社在旅游行政管理部门使用质量保证金赔偿旅游者的损失，或者依法减少质量保证金后，因侵害旅游者合法权益受到行政机关罚款以上处罚的，应当在收到旅游行政管理部门补交质量保证金的通知之日起 5 个工作日内补足质量保证金。"

第十九条规定："旅行社不再从事旅游业务的，凭旅游行政管理部门出具的凭证，向银行取回质量保证金。"

第二十条规定："质量保证金存缴、使用的具体管理办法由国务院旅游行政主管部门和国务院财政部门会同有关部门另行制定。"

（二）质量保证金的赔偿原则

1. 以事实为依据，以法律为准绳

这是处理旅游纠纷的最基本准则，各级旅游行政管理部门在审理保证金赔偿案件时，首先必须忠于事实真相，防止先入为主和偏听偏信等主观主义；其次要以法律法规为准绳公正办案，在查明事实的过程中要忠于法律法规，对案件所作出的处理结论必须以法律法规的规定为标准。

2. 先行调解

各级旅游行政管理部门在办案过程中，应当先进行调解，若调解无效，应当依法进行处理。

3. 独立审理原则

各级旅游行政管理部门在办案过程中，应依法独立行使审理权，不受任何社会组织和个人的非法干涉。只有坚持独立审理，排除各种干预，才能真正实现审理的公正。

（三）质量保证金的赔偿范围

《旅行社条例》规定，有下列情形之一的，旅游行政管理部门可以使用旅行社的质量保证金：①旅行社违反旅游合同约定，侵害旅游者合法权益，经旅游行政管理部门查证属实；②旅行社因解散、破产或者其他原因造成旅游者预交旅游费用损失。

人民法院判决、裁定及其他生效法律文书认定旅行社损害旅游者合法权益，旅行社拒绝或者无力赔偿的，人民法院可以从旅行社的质量保证金账户划拨赔偿款。

（四）质量保证金的赔偿制度

1. 质量保证金的赔偿条件

质量保证金赔偿应符合下列条件：

（1）符合质量保证金赔偿范围。

（2）请求人是旅游合法权益直接受到侵害的旅游者或其合法代理人。

（3）有明确的被诉旅行社、具体的请求和事实根据。

2. 理赔程序

（1）请求人提出赔偿请求书。赔偿请求书应写明下列事项：被投诉旅行社的名称、导游姓名；请求人的姓名、性别、国籍、职业、年龄及团队名称、地址、电话；赔偿请求和根据的事实、理由与依据。

（2）质监所作出受理或不受理的决定。质监所接到赔偿请求书，经审查符合受理条件，应当及时作出受理决定，不符合受理条件，应在接到赔偿请求书之日起7个工作日内通知请求人不予受理，并说明理由。

（3）进行调解。质监所处理赔偿请求案件，能够调解的应当在查明事实、分清责任的基础上在30日内进行调解，促使请求人与被投诉人互相谅解达成协议。

（4）调解不成作出处理决定。质监所对调解不成的案件可以分别作出如下处理：

①属于请求人自身过错的，可以决定撤销立案，通知请求人并说明理由。

②属于请求人与被诉人共同过错的，可以决定由双方当事人自行解决，也可以由质监所决定如何处理。

③属于被投诉旅行社过错的，可以决定由被投诉旅行社承担责任，责令被投诉旅行

社向请求人赔偿损失。

④属于其他旅游服务单位过错的，可以决定转送有关部门审理。

质监所作出处理决定应当制作《旅行社质量保证金赔偿决定书》并通知请求人和被投诉旅行社。旅行社无力承担或不承担赔偿责任时，旅游行政管理部门作出使用该社保证金支付的赔偿决定，并书面通知双方当事人。质监所受理赔偿案件，应当自受理之日起 90 日内审结，有特殊原因，经上级质监所批准，可以延长审理 30 日。当事人对赔偿决定不服的，可以在接到决定书之日起 15 日内向上一级质监所提出申诉。

☞ 知识拓展

《旅行社质量保证金存取管理办法》
（2009 年 6 月 29 日，国家旅游局监管司）

第一章　总　　则

第一条　为规范对旅行社质量保证金的管理，根据《中华人民共和国商业银行法》、《中华人民共和国担保法》、《中华人民共和国合同法》和《旅行社条例》的规定，制定本办法。

第二条　旅行社质量保证金（以下简称"保证金"）是指根据《旅行社条例》的规定，由旅行社在指定银行缴存或由银行担保提供的用于保障旅行者合法权益的专项资金。

第三条　依据《旅行社条例》第十三条第一款的规定，为旅行社开设保证金专用账户或提供保证金担保业务的银行，由国家旅游局指定。国家旅游局本着公开、公平、公正的原则，指定符合法律、法规和本办法规定并提出书面申请的中国境内商业银行作为保证金存储银行。

第四条　旅行社须在国家旅游局指定的范围内，选择一家银行（含其银行分支机构）存储保证金。保证金实行专户管理，专款专用。银行为旅行社开设保证金专用账户。当专用账户资金额度不足时，旅行社可对不足部分申请银行担保，但担保条件须符合银行要求。

第五条　银行本着服务客户的原则受理旅行社的保证金存储业务，按期办理保证金的存款、取款和支付手续，不得为不符合担保条件的旅行社提供担保。

第六条　旅行社要按照《旅行社条例》的规定，到指定银行办理存款、取款和支付手续。

第二章　存　　款

第七条　旅行社需要存缴保证金时，须持《营业执照》副本、《旅行社业务经营许可证》副本到银行办理存款手续。存缴保证金的旅行社须与银行签订《旅行社质量保证金存款协议书》（附件一），并将复印件送许可的旅游行政管理部门备案。

第八条　为最大程度提高资金效益、简化续存手续，银行按照不少于一年定期、到期自动结息转存方式管理保证金，中途提取部分改按活期结算利息。利息收入全部归旅行社所有。

第九条 为防止保证金存单质押,银行应在存单上注明"专用存款不得质押"字样。

第十条 银行提供保证金担保的,由银行向许可的旅游行政管理部门出具《旅行社质量保证金银行担保函》(附件二)。银行担保期限不得少于一年。担保期届满前3个工作日,应续办担保手续。

第三章 取 款

第十一条 旅行社因解散或破产清算、业务变更或撤减分社减交、三年内未因侵害旅游者合法权益受到行政机关罚款以上处罚而降低保证金数额50%等原因,需要支取保证金时,须向许可的旅游行政管理部门提出,许可的旅游行政管理部门审核出具《旅行社质量保证金取款通知书》(附件三)。银行根据《旅行社质量保证金取款通知书》,将相应数额的保证金退还给旅行社。

第十二条 发生《旅行社条例》第十五条规定的情形,银行应根据旅游行政管理部门出具的《旅行社质量保证金取款通知书》及《旅游行政管理部门划拨旅行社质量保证金决定书》,经与旅游行政管理部门核实无误后,在5个工作日内将保证金以现金或转账方式直接向旅游者支付。

第十三条 发生《旅行社条例》第十六条规定的情形,银行根据人民法院判决、裁定及其他生效法律文书执行。

第十四条 提供保证金担保的银行,因发生《旅行社条例》第十五条、第十六条规定的情形,在收到《旅行社质量保证金取款通知书》及《旅游行政管理部门划拨旅行社质量保证金决定书》或人民法院判决、裁定及其他生效法律文书5个工作日内,履行担保责任。

第四章 附 则

第十五条 银行应及时和定期通报保证金情况信息,具体通报内容和方式如下:

1. 当旅游行政管理部门、人民法院依据《旅行社条例》规定,划拨保证金后3个工作日内,将划拨单位、划拨数额、划拨依据文书等情况,通报给旅行社和许可的旅游行政管理部门。

2. 银行应每季度将保证金存款对账单一式两份,发送给旅行社和许可的旅游行政管理部门。

第十六条 本办法自发布之日起实行,原《旅行社质量保证金财务管理暂行办法》及其补充规定同时废止。

三、公告制度

公告指旅游及其他相关行政管理部门对旅行社的有关情况通过报纸、期刊或者其他媒体向社会公开发布告知。公告的内容包括质量保证金存缴数额降低,旅行社业务经营许可证的颁发、变更、吊销、注销情况,旅行社的违法经营行为,旅行社开业,变更名称、经营范围,停业,以及旅行社的诚信记录、旅游者投诉信息等。

《旅行社条例》第十七条规定:"旅行社自交纳或者补足质量保证金之日起三年内

未因侵害旅游者合法权益受到行政机关罚款以上处罚的，旅游行政管理部门应当将旅行社质量保证金的交存数额降低 50%，并向社会公告。旅行社可凭省、自治区、直辖市旅游行政管理部门出具的凭证减少其质量保证金。"第四十二条规定："旅游、工商、价格等行政管理部门应当及时向社会公告监督检查的情况。公告的内容包括旅行社业务经营许可证的颁发、变更、吊销、注销情况，旅行社的违法经营行为以及旅行社的诚信记录、旅游者投诉信息等。"

《旅行社条例实施细则》第四十八条规定："《条例》第十七条、第四十二条规定的各项公告，县级以上旅游行政管理部门应当通过本部门或者上级旅游行政管理部门的政府网站向社会发布。质量保证金存缴数额降低、旅行社业务经营许可证的颁发、变更和注销的，国务院旅游行政主管部门或者省级旅游行政管理部门应当在作出许可决定或者备案后 20 个工作日内向社会公告。旅行社违法经营或者被吊销旅行社业务经营许可证的，由作出行政处罚决定的旅游行政管理部门，在处罚生效后 10 个工作日内向社会公告。旅游者对旅行社的投诉信息，由处理投诉的旅游行政管理部门每季度向社会公告。"

四、监督检查制度

旅行社应当严格执行国家有关旅游工作的法规、政策，接受旅游行政管理部门的监督检查。旅游、工商、价格、商务、外汇等有关部门应当依法加强对旅行社的监督管理，发现违法行为，应当及时予以处理。旅行社及其分社应当接受旅游行政管理部门对其旅游合同、服务质量、旅游安全、财务账簿等情况的监督检查。旅行社应当按年度将旅行社的基本情况，经营情况，组织接待情况，旅行社安全、质量、信誉情况等统计资料报送原许可的旅游行政管理部门接受检查。

《旅行社条例》第四十一条规定："旅游、工商、价格、商务、外汇等有关部门应当依法加强对旅行社的监督管理，发现违法行为，应当及时予以处理。"第四十四条规定："旅行社及其分社应当接受旅游行政管理部门对其旅游合同、服务质量、旅游安全、财务账簿等情况的监督检查，并按照国家有关规定向旅游行政管理部门报送经营和财务信息等统计资料。"具体内容请参考附录《旅行社条例实施细则》第四十六条、第四十七条。

五、诚信管理制度

为规范旅行社的经营行为和导游（领队）人员的执业行为，许多地方实行了旅行社诚信管理制度。通过对旅行社及其导游（领队）人员基本信息、良好信息、投诉信息、处罚信息和司法信息的采集、管理和评价，授予旅行社相应的诚信等级，对诚信评价等级较高的旅行社、导游（领队）人员分别授予荣誉称号并向社会公示其诚信行为；对诚信评价等级较低的旅行社、导游（领队）人员，在市场准入以及相关行业监督管理过程中对其依法采取防范、提示、限制措施，并向社会公布其失信行为，逐步构建起完善的旅行社诚信体系。

【导游考试典型试题】

1. 某旅行社对所在地的旅游行政处理决定不服，应当向（C）申请行政复议。
   A. 所在地人民政府　　　　　　　　B. 国家旅游行政管理部门
   C. 上一级旅游行政管理部门　　　　D. 省级旅游行政管理部门

2. 组团社是指经（C）批准、特许经营中国公民自费出国旅游业务的旅行社。
   A. 外交部　　　　　　　　　　　　B. 公安部
   C. 国家旅游局　　　　　　　　　　D. 商务部

3. 甲旅行社由于航空公司不能提供机票而对旅游者造成违约，（B）应当向旅游者承担违约责任。
   A. 航空公司　　　　　　　　　　　B. 甲旅行社
   C. 航空公司和甲旅行社　　　　　　D. 航空公司或甲旅行社

4. 旅行社违反《旅行社条例》的规定，向旅游者提供的旅游服务信息含有虚假内容或者做虚假宣传的，由（A）行政管理部门依法给予处罚。
   A. 工商　　　　B. 旅游　　　　C. 价格　　　　D. 商务

5. 旅行社应当妥善保存《旅行社条例》规定的招徕、组织、接待旅游者的各类合同及相关文件、资料，以备县级以上旅游行政管理部门核查。这些合同及文件、资料的保存期，应当不少于（B）年。
   A. 1　　　　　B. 2　　　　　C. 3　　　　　D. 4

6. 旅行社要求旅游者必须参加旅行社安排的购物活动、需要旅游者另行付费的旅游项目，由县级以上旅游行政管理部门责令改正，处（A）以下的罚款。
   A. 1 万元　　　　　　　　　　　　B. 2 万元
   C. 3 万元　　　　　　　　　　　　D. 4 万元

7. 一旅游团报名参加甲旅行社组织的九寨沟五日游，甲旅行社未征得旅游团的书面同意，擅自将已签约的旅游团转让给乙旅行社。若旅游者受到损害，相应的法律责任由（A）承担。
   A. 甲旅行社　　　　　　　　　　　B. 乙旅行社
   C. 甲旅行社或乙旅行社　　　　　　D. 甲旅行社和乙旅行社

8. 外商投资旅行社不得经营中国内地居民（B）及赴港、澳、台旅游的业务，但是另有规定的除外。
   A. 国内旅游业务　　　　　　　　　B. 出国旅游业务
   C. 出境旅游业务　　　　　　　　　D. 特种旅游业务

9. 下列关于旅行社分社的说法中，正确的是（CD）。
   A. 分社的经营范围可以超出设立社的经营范围
   B. 分社独立承担分社的法律责任
   C. 分社在经营场地应悬挂《旅行社业务经营许可证》
   D. 分社应接受所在地的旅游行政管理部门监督

10. 下列属于旅行社的义务的是（AD）。

　A. 提供真实可靠的信息　　　　　　　B. 为旅客投意外保险

　C. 按规定收取旅游费用　　　　　　　D. 聘用合格导游和领队

11. 下列有关外商投资旅行社的说法中，正确的是（ABD）。

　A. 外商投资旅行社包括中外合资经营旅行社、中外合作经营旅行社和外资旅行社

　B. 设立外商投资旅行社，由投资者向国务院旅游行政主管部门提出申请

　C. 国务院旅游行政主管部门应当自受理之日起 60 个工作日内审查完毕

　D. 同意设立的，出具外商投资旅行社业务许可审定意见书

　E. 不同意设立的，书面或口头通知申请人并说明理由

12.《旅行社条例》规定，发生危及旅游者人身安全的情形时，旅行社及其委派的导游人员、领队人员应当采取必要的处置措施并及时报告旅游行政管理部门；在境外发生的，还应当及时报告（ABCD）。

　A. 中国驻该国大使馆　　　　　　　　B. 中国驻该国领事馆

　C. 当地警方　　　　　　　　　　　　D. 相关驻外机构

　E. 当地旅行社

13.《旅行社条例》规定，旅行社及其委派的导游人员和领队人员不得有下列行为。（ABCE）

　A. 拒绝履行旅游合同约定的义务

　B. 非因不可抗力改变旅游合同安排的行程

　C. 欺骗、胁迫旅游者购物

　D. 安排旅游者参加不需要付费的游览项目

　E. 欺骗、胁迫旅游者参加需要另行付费的游览项目

14. 旅行社及其分社应当接受旅游行政管理部门对其（ABCD）等情况的监督检查，并按照国家有关规定向旅游行政管理部门报送经营和财务信息等统计资料。

　A. 旅游合同　　　　　　　　　　　　B. 服务质量

　C. 旅游安全　　　　　　　　　　　　D. 财务账簿

　E. 收费情况

15. 出现下列情况，旅行社不承担或无力承担赔偿责任时，适用保证金赔偿。（ABC）

　A. 旅行社因自身过错未达到合同约定的服务标准而造成旅游者的经济权益损失

　B. 旅行社的服务未达到国家或行业规定的标准而造成旅游者的经济权益损失

　C. 旅行社破产造成旅游者预交旅行费损失

　D. 旅行社因不可抗力不能履行合同

　E. 旅游者在旅游期间发生人身财物意外事故

16. 县级以上各级人民政府（ABCDE）等有关部门，应当按照职责分工，依法对旅行社进行监督管理。

　A. 工商　　　　　　　　　　　　　　B. 价格

　C. 商务　　　　　　　　　　　　　　D. 外汇

　E. 旅游

17. 旅行社未在规定期限内向其质量保证金账户（ABC）质量保证金或者提交相应的银行担保的，由旅游行政管理部门责令改正。

    A. 存入   B. 增存

    C. 补足   D. 支出

    E. 担保

18. 旅行社分社的经营范围超出设立分社的旅行社的经营范围的，应采取下列措施。（ABCD）

    A. 由旅游行政管理部门或者工商行政管理部门责令改正

    B. 没收违法所得

    C. 违法所得 10 万元以上的，并处违法所得 1 倍以上 5 倍以下的罚款

    D. 违法所得不足 10 万元或者没有违法所得的，并处 10 万元以上 50 万元以下的罚款

    E. 停业整顿

19. 旅行社需要对旅游业务做出委托，应满足下列条件。（ABCDE）

    A. 选择具有相应资质的旅行社

    B. 征得旅游者同意

    C. 签订委托合同

    D. 向接受委托的旅行社支付不低于接待和服务成本的费用

    E. 接受委托的旅行社违约，造成旅游者合法权益受到损害的，做出委托的旅行社应承担相应的责任

20. 旅行社的主要业务包括（ABCD）。

    A. 招徕旅游者   B. 组织旅游者

    C. 接待旅游者   D. 为旅游者提供相关旅游服务

21. 我国处理旅游纠纷最基本的准则是（D）。

    A. 公平、公开、公正   B. 事实清楚，证据充分

    C. 有法必依，违法必究   D. 以事实为依据，以法律为准绳

22. 入境旅游业务是指旅行社招徕、组织、接待外国旅游者和港澳台同胞（境外）到中国大陆境内旅游。（错误）

23. 旅行社违反备案制度处 1 万元以下的罚款。（正确）

第 4 章
旅游合同法律制度

学习重点

- 🖊 旅游合同的基本原则
- 🖊 旅游合同的内容
- 🖊 无效合同与可变更、可撤销合同的区别
- 🖊 旅游合同的解除与终止
- 🖊 违反旅游合同的责任

第一节 旅游合同概述

一、旅游合同的概念和特征

（一）旅游合同的概念

旅游合同是指平等主体的旅游者、旅行社、旅馆、旅游交通部门以及其他与旅游活动有关的部门之间达成的规定双方权利和义务关系的协议。

旅游合同在《合同法》中未列名，是无名合同，从旅游活动的本质与实践来看，应属于民事合同的范畴，受《合同法》的调整。在《合同法》颁布之前，旅游合同主要是由《民法通则》来调整的。

（二）旅游合同的特征

1. 合同主体的单一性

旅游合同只调整旅游法律关系中的横向关系和旅游经济关系。从旅游法律关系的主体划分，旅游法律关系可以分为纵向关系、横向关系（包括涉外关系）和综合关系三种，其中横向关系，即旅游企业之间、旅游者与旅游企业之间的关系是旅游合同的调整对象。另外，立足于旅游业的经济属性，旅游法律关系可划分为旅游经济关系、旅游管理关系，其中旅游经济关系受旅游合同的调整。旅游行政管理部门对旅游行业的管理、监督、协调和指导等行政管理关系，旅游企业内部机构设置及其相互关系以及旅游企业与职工之间的管理关系等不适用旅游合同的调整。

2. 旅游合同行为的对等性

当事人一方只享有权利，另一方只承担义务的合同是单务合同，如赠与合同；当事人一方只得到权益而不付出任何代价的合同是无偿合同，如无偿借用合同。旅游合同是双务合同，双方当事人的权利与义务是对等的。当事人按照旅游合同规定相互享有民事权利，相互承担民事义务，各自为所得利益向对方付出相应的代价。另外，旅游合同关系主要表现为债权债务关系。

3. 旅游合同标的的特殊性

从旅游者的角度看，签订旅游合同不是为了得到某种生产经营上的利益，而是为了获得身心的休养、精神的满足，以及为此而得到必备的食宿和交通等方面的服务。旅游企业之间签订的旅游合同的标的通常也与旅游者的旅游活动密切相关。

4. 旅游合同方式的综合性

旅游合同实际上多采用包价旅游合同方式，将旅游者委托代办的各种业务活动都包含其中，具有明显的综合性特点。

二、旅游合同的作用

（一）保护旅游合同当事人的合法权益

依法成立的旅游合同具有法律约束力，订立旅游合同的当事人的权益受到法律保护。任何一方当事人违约，必须承担相应的违约责任。

（二）规范旅游经营服务行为

旅游合同使具体的旅游业务，如旅游交通、住宿、餐饮、游览、娱乐、购物等各个环节有机结合起来，按照合同的约定正常运作。

（三）促进旅游业健康发展

旅游经济是国民经济的重要组成部分之一，社会主义市场经济是法制经济，因此依法治旅是旅游业可持续发展的必然要求。

三、旅游合同的基本原则

旅游合同的基本原则是旅游合同当事人在旅游合同的订立、效力、履行、变更、转让、解除、终止，旅游合同的违约责任承担主体的判定与旅游合同纠纷、争议处理等方面应当遵循的原则。

（一）平等原则

平等原则是指旅游合同的当事人在"法律地位"上的平等，包括三层含义。

1. 旅游合同当事人的身份平等

身份平等是指法律资格平等或民事权利能力平等，也就是旅游合同的双方当事人之间没有高低、贵贱、主次之分，都必须遵守法律规定，尊重对方及其他当事人的意志。

2. 它是自愿原则的前提条件

如果旅游合同的当事人的法律地位不平等，就不可能做到协商一致和合同自愿。法律地位的平等要求旅游合同的一方当事人不得将自己的意志强加于另一方。

3. 它是"机会"平等而不是"结果"平等

所谓"机会"平等是指在面对有利的时间情景中，每个人都有能力利用这种有利条件，并且在抓住这种条件的时候不存在先后和不受其他任何人为因素影响。法律上的平等一般是指机会平等而不是结果平等，结果是否平等取决于社会的发展，法律很难介入，或介入了也会在现实中碰壁。结果平等不是一个法律问题，而是一个社会问题，社会问题主要应当（也基本上只能）由社会去解决。

（二）诚信原则

诚信原则也称为"帝王原则"，是指旅游合同的当事人应当诚实守信，以善意的方式履行其义务，不得滥用权利以及规避法律或合同规定的义务。在旅游合同的订立、履行、变更、解除等阶段，甚至在合同终止以后，当事人都应当严格根据诚信原则行使权利和履行义务。例如，在合同的订立阶段，尽管合同尚未成立，但如果有缔约关系，就负有"附随义务"。如果造成一方当事人的"信赖利益"的损失，应当承担"缔约过失"责任。

（三）自愿原则

自愿原则是旅游合同最重要的基本原则，贯穿于旅游合同订立、履行的全过程之中。

（1）基本含义。①当事人之间订立旅游合同的法律地位平等，一方不得将自己的意志强加给另一方；②任何单位和个人不得非法干预旅游合同当事人自愿订立合同的权利；③任何违背当事人意志的旅游合同的内容都是无效或可撤销的。

（2）具体表现。①缔结合同自愿；②自愿选择当事人；③自愿约定合同内容（在遵守法律的前提下）；④自愿选择合同方式；⑤自愿协议补充、变更、解除合同；⑥自愿选择解决争议的方式。

（3）限制情形。旅游合同的自愿原则不是绝对的，在某些情形下自愿原则将受到限制。一是"缔约强制"，即法律规定当事人有必须缔结某种旅游合同的义务。例如，旅游商品生产企业与旅游商品承销商之间签订的旅游商品销售合同，有义务明确旅游商品的质量等。二是"强制规范"，即法律法规设定一些强制性的规范，任何当事人在签订合同的时候，都不得排斥这些规范的适用，例如，旅游者与旅行社之间签订的旅游组团合同，必须有全陪导游，出境旅游必须委派合格的领队等。

（四）公平原则

公平原则即"公平正义"原则。它是法律最基本的价值取向，要求当事人根据公平正义的观念确定各自的权利与义务，各方当事人都不得在侵害他人合法权益的基础上实现自己的利益，不得滥用自己的权利。公平原则也是一项法律适用原则，可弥补法律的不足与合同的不足，是处理各类旅游合同纠纷时应遵循的基本原则之一。

【案例】

陈某经营一家鲜花店，一天陈某找到鲜花批发部的老板刘某，表示将于 2 月 14 日 10 时前以优惠价格将所有鲜花取走。刘某信以为真，拒绝了其他店主购花的要求，但事后陈某并没有按约定来取花。下午 4 点，刘某只好将库存鲜花低价抛售，损失达 6000 多元。刘某要求陈某赔偿，陈某认为双方并没有签订合同，不承担赔偿责任。请问法院会支持刘某吗？

分析：本案中，陈某虽未和刘某签订合同，但他假借订立合同，恶意进行磋商，使刘某丧失了与他人交易的机会，违背了诚实信用原则，应该承担赔偿责任。

第二节　旅游合同的订立

旅游合同的订立是指旅游合同当事人之间依法对旅游合同的主要条款经过平等协商，达成一致并签订协议的法律行为。旅游合同的订立是旅游合同关系产生的前提和基础。

一、旅游合同当事人（主体）的资格

（一）具有民事权利能力

民事权利能力是法律赋予自然人、法人或其他组织享有民事权利和承担民事义务的资格，是整个民事能力制度的基础，如自然人的生命权、继承权。民事权利能力是由法律赋予民事主体的，因民事主体的不同而有所区别。公民的民事权利能力始于出生，终于死亡；法人和其他组织的民事权利能力始于成立，终于消灭。

（二）具有民事行为能力

民事行为能力是指民事主体以自己的行为取得民事权利和设定民事义务的资格。当事人的民事行为能力也因民事主体的不同而不同。公民的民事行为能力与民事权利能力不一致，有民事权利能力并不一定就具有民事行为能力。公民的民事行为能力分为三种：一是完全民事行为能力，指达到法定年龄，能够通过自己的独立行为进行民事活动并独立承担民事责任的资格；二是限制民事行为能力，指只具有部分民事行为能力，可以进行某些民事活动，但不能独立地进行全部民事活动的情形；三是无民事行为能力，指完全不具有以自己的行为取得权利和设定义务的资格。法人和其他组织的民事行为能力与其民事权利能力相一致，只要依法取得了民事权利能力，便具有相应的民事行为能力。

【案例】

刘某今年 13 岁，放暑假逛街时走进了一家旅行社，工作人员向他介绍了线路和旅游项目。刘某交了 3600 元，并在合同上签了字。刘某父母知道后，要求旅行社退款。请问旅行社应该退款吗？

分析：刘某是限制民事行为能力人，只能进行与他的年龄、智力相适应的民事活动。参加这样一项复杂的、涉及大量金钱的旅游活动，不应该由他自己决定。旅行社也不应该让他独自一人参加这项有一定危险的旅游活动。所以，旅行社应该退款。

（三）具有合法代理资格

当事人依法可以委托代理人订立旅游合同。委托代理人订立合同，是指当事人委托他人以自己的名义与第三人签订合同，并承担由此产生的法律后果的法律行为。委托代理代订合同有以下特征：第一，代理人必须以被代理人的名义签订旅游合同；第二，代理人必须向第三人做出意思表示；第三，代理人必须在委托授权范围内做出意思表示；第四，代理人签订的旅游合同由当事人享有权利和承担义务。

代理人签订旅游合同应具有代理资格，即具有相应的代理权利能力，否则其签订的合同无效。一般而言，当事人委托代理人订立旅游合同，应签署授权委托书，载明代理人的姓名或者名称、代理事项、代理权限、代理期限等内容，并签名或者盖章，以明确有关权利义务关系。在实践中，有一些旅游企业委托本企业业务人员或者聘请外单位人员订立旅游合同而未给予正式的、完备的授权委托书。在这种情况下，旅游合同签订人的代理资格和代理权限问题，应作具体分析：一是旅游合同签订人用委托单位加盖公章的空白合同书或旅游合同专用章订立合同的，应视为有代理资格；二是旅游合同签订人持有委托单位出具的订立合同或者联系业务的介绍信订立旅游合同的，应视为有代理资格；三是旅游合同签订人未持有任何委托证明文件所签订的合同，如果委托单位未予盖章，合同不成立；如果委托单位已经开始履行此旅游合同，视为签订人的代理权已被追认，合同成立；如果委托单位不予承认，应视为无权代理。

为保护旅游者的合法权益，应充分重视旅游合同中的"表见代理"问题。"表见代理"属于广义的无权代理，具体是指在无代理权的情况下，代理人以被代理人的名义与相对人实施民事行为。由于代理人与被代理人之间的某种密切关系，足以使相对人有理由确信代理人有代理权，法律为保护善意的无过失的相对人而要求被代理人对代理人的代理行为承担授权人责任的一种法律制度，目的是保护合同相对人的利益，维护交易的安全。

二、旅游合同订立的形式

旅游合同订立的形式，一般分为两种。一是口头形式，是指当事人以谈话或口头表述的形式订立的合同，如当面交谈、电话联系等口头形式。口头形式适用于"即时清结"的合同，如旅游商店的旅游商品零售。一般而言，旅游合同不宜采用口头形式。二是书面形式，是指以文字的方式表现当事人之间所订立合同内容的形式，包括合同书、信件和数据电文（包括电报、电传、传真、电子数据交换和电子邮件）等有形载体的形式。旅游合同订立的形式,还有推定形式与默示形式。

三、旅游合同订立的程序

（一）要约

要约是指一方当事人以缔结合同为目的,向对方当事人提出合同条件,希望对方当事人接受的意思表示,也即要约人希望同他人订立合同的意思表示。在旅游经营活动中,也称"订约提议",或称为"发价"、"发盘"、"出盘"、"报价"等。

要约是一种法律行为,必须具备一定的条件,包括两个方面:一是要约的内容必须确定和完整,也即要约的内容必须包括要约人所希望订立合同的基本条款,如果承诺人表示同意,合同即告成立。二是要约必须以缔结合同为目的,有缔约联系,负有"附随义务",如果造成一方当事人的"信赖利益"的损失,应当承担"缔约过失"责任。

要约人在要约有效期内受"要约"的约束。例如,要约人不能把同一要约同时向第三人提出,与第三人订立合同;要约人一般不得撤回、变更或限制要约;要约人在要约生效前,可以撤回自己的要约,但撤回要约的通知应先于要约到达,或与要约同时到达方为有效。

在现实生活中还有一种情况叫"要约邀请"。要约邀请又称"要约引诱",是希望他人向自己发出要约的意思表示。其具有两大特点:一是要约邀请是一种意思表示,是当事人订立合同的预备行为,处于预备阶段;二是要约邀请所表达的内容是希望他人向自己发出要约,这是"要约"与"要约邀请"的本质区别。发生要约邀请后,要约邀请人撤回其邀请,只要没有给相对人造成信赖利益的损失,要约邀请人一般不承担法律责任。

在旅游合同的实践中,"要约"与"要约邀请"可通过意愿区分确认(即当事人实施行为的主观意愿是"要约"或"要约邀请")、主要条款确认、交易习惯确认等方式予以区分。

（二）承诺

承诺是指受约人无条件地接受要约人所提出的要约条款,并愿意订立合同的意思表示,也称"接受提议"。一般认为有效的承诺,必须符合以下条件:一是承诺必须由受约人向要约人做出;二是承诺必须在要约有效期内向要约人做出;三是承诺必须与要约的内容完全一致;四是承诺必须表明与要约人订立合同。

承诺是一种法律行为,承诺的法律效力在于一经承诺并送达要约人,合同便宣告成立。承诺一般不能撤回,如果撤回承诺,其通知应先于承诺通知到达要约人,或与承诺通知同时到达要约人,撤回通知方可有效。承诺可以采取通知(明示)的方式(口头、书面形式)或者默示的方式作出。默示的方式是指通过行为本身去表示承诺,默示不同于单纯的缄默或不行动,缄默或不行动是指受约人没有作任何意思表示,也不能确定其具有承诺的意思。在旅游活动实践中,默示往往是通过交易习惯或根据要约要求来表示。例如,甲旅行社与乙旅行社在以往的业务合作中,通常都是一方发出要约,另一方在规定的时间内没有作出意思表示,就认为另一方旅行社已经承诺。这次甲旅行社又向乙旅行社发出了要约,乙旅行社没有作意思表示,则应当认定乙旅行社已经承诺。

旅游合同的订立程序包含要约与承诺两个阶段，即要约一经承诺，旅游合同便成立。在旅游业务实践中，旅游合同的要约与承诺大部分表现为一个反复磋商的过程，旅游合同的成立往往需经过要约、反要约、要约人与受约人互移其位的变化过程。

四、旅游合同的内容

旅游合同的内容是由一系列应具备的条款组成的，旅游合同的条款主要有三种：①主要条款；②性质条款（合同性质所决定的条款）；③约定条款。旅游合同的条款的表述必须明确、具体，主要条款如下。

（一）当事人的基本情况

当事人的基本情况包括名称、姓名、住所等，是旅游合同的必备条款，也是旅游合同发生争议时，适用法律法规的基本依据。

（二）标的

标的是旅游合同不可缺少的首要条款，是旅游合同法律关系的客体，是合同当事人双方权利义务关系的承载对象。旅游合同的标的有三类：①物。如旅游纪念品等旅游商品常成为旅游购销合同、旅游物资供应合同中的标的。②行为。这是旅游合同的主要标的，如旅行社的旅游组织合同、旅行社的旅游接待合同、旅游饭店的食宿接待合同和旅游交通运输合同中的标的。③工作成果，如旅游接待工作中形成的商业信誉和品牌等。

（三）数量和质量

旅游合同的标的数量要准确，计量单位要明确、具体、统一。例如，旅游合同中应当明确、具体规定游览的旅游景点名称、数目，乘坐的交通工具的种类、型号，住宿饭店的星级、房型，就餐的等级、标准等。在旅游活动中，旅游企业与旅游者订立旅游合同往往采用格式合同的形式，如果在履行中造成双方理解的模糊或纠纷，应当依照旅游合同格式条款发生争议时的处理原则予以处理。《合同法》规定，对格式条款的理解发生争议的，应当按通常理解予以解释。对格式条款有两种以上解释的，应当作出不利于提供格式条款一方的解释。格式条款和非格式条款不一致的，应当采用非格式条款。

（四）价款和酬金

价款和酬金也可统称为价金，是一方当事人履行旅游合同义务时另一方当事人以货币形式支付的代价。旅游合同的标的为物时，取得标的物所应支付的代价为价款；合同标的为行为或工作成果时，支付的是酬金。旅游合同不仅应当明确价款或酬金的数量，而且要规定价款或酬金的计算标准、结算方式和结算程序等。当旅游合同的价款或酬金约定不明确时，应当按照订立合同时履行地的市场价格履行；依法应当执行政府定价或者政府指导价的，按照规定履行。

（五）履行的期限、地点、方式

旅游合同的履行期限、地点、方式是检验旅游合同是否全面、适当履行的重要依据。

旅游合同的履行期限是指当事人履行旅游合同义务的时间界限，也就是负有交付标的义务的当事人交付标的的起止时间，或者负有支付价款或酬金义务的当事人支付价款或酬金的起止时间。值得注意的是，不同性质的旅游合同的履行期限有所不同。例如，

《旅行社质量保证金赔偿试行标准》（1997年国家旅游局发布）第四条规定："旅行社收取旅游者预付款后，因旅行社的原因不能成行，应提前3天（出境旅游应提前7天）通知旅游者，否则应承担违约责任，并赔偿旅游者已交预付款10%的违约金。"

旅游合同的履行地点是指旅游合同标的交付与接受的地方，即当事人按旅游合同约定履行义务的地点。当旅游合同的履行地点不明确时，支付货币的，在接受货币一方所在地履行；交付不动产的，在不动产所在地履行；其他标的，在履行义务一方所在地履行。

旅游合同的履行方式是指当事人采取何种方法、途径履行自己在合同中的义务。旅游合同的标的不同，则履行合同的方式也不同。当旅游合同的履行方式不明确时，应当按照有利于实现合同目的的方式履行。

（六）违约责任

违约责任是指旅游合同当事人不履行或不完全履行合同约定的义务所引起的法律后果，即应承担的法律责任。违约责任是旅游合同具有法律约束力的重要表现，是维护当事人合法权益的重要手段。旅游合同的违约责任一般应根据相关的法律法规来确定，在法律法规没有明文规定时，双方当事人可以协商确定，并在旅游合同条款中注明。

（七）解决争议的方式

旅游合同在履行过程中发生争议，当事人可以通过事先在订立旅游合同时约定的解决争议的方式来处理合同纠纷。约定解决合同争议的方式有四种：一是诉讼解决，即通过人民法院裁判解决；二是协商解决，即由合同双方当事人通过友好协商的方式解决；三是调解解决，即由独立的第三人主持调解解决；四是仲裁解决，即通过仲裁机构仲裁解决争议。

五、旅游合同的担保

旅游合同的担保是指在订立旅游合同时，为保证旅游合同的履行，双方当事人经协商一致采取的具有法律效力的保证措施。其具有三个法律特征：从属性、自愿性和预防性。根据《担保法》以及结合旅游行业的实际，旅游合同的担保主要有以下五种形式。

（一）定金

定金是指合同当事人依法或者约定，按照合同标的额的一定比例，预先支付给对方当事人的货币。定金既有履行担保功能，又有违约补救功能。定金具有证明旅游合同成立，保证旅游合同履行，在旅游合同履行后充当预付款等作用。

1. 定金与违约金的区别

（1）定金预先支付，违约金事后支付。

（2）定金为双向担保，违约金是单向的。

（3）定金有"定金制裁"的特点，即支付定金方违约，无权要求返还定金；收取定金方违约，应双倍返还定金。违约金则无此罚则。

（4）定金责任为惩罚性责任，以惩罚为核心，不以有实际损失为条件；违约金是补救性措施，以补偿损失为要务。合同中同时约定定金与违约金时，如果违约，只能选择一种罚则。

2. 定金与押金的区别

押金，是一方当事人将一定费用存放在对方处保证自己的行为不会对对方利益造成损害，如果造成损害可以以此费用据实支付或另行赔偿。在双方法律关系不存在且无其他纠纷后，则押金应予以退还。押金，实务中也称保证金、风险抵押金等。给付押金的人，称出押人，一般是债务人或第三人。受领押金的人，称受押人，是债权人。

（1）功能不同。定金有担保和违约补救功能，押金不具有违约补救功能。

（2）金额的计算方法不同。定金按照一定比例计算，法定在 20% 以下；押金可以超过或者等于合同标的额。

（3）罚则不同。定金有定金制裁作用，而押金没有。

3. 定金与预付款的区别

预付款是一种支付手段，其目的是解决合同一方周转资金短缺。预付款不具有担保债的履行的作用，也不能证明合同的成立。收受预付款一方违约，只需返还所收款项，而无须双倍返还。此外，法律对预付款的使用有严格规定，当事人不得任意在合同往来中设置预付款项，而对定金则无此限制。

（1）功能不同。定金有担保功能，预付款不具担保功能。

（2）金额的计算方法不同。定金按照一定比例计算，法定在 20% 以下；预付款可以超过、少于或者等于合同标的额。

（3）罚则不同。定金有定金制裁作用，而预付款没有，但有专门法规规定的除外。

（二）违约金

违约金是对不履行或不完全履行旅游合同的一种经济制裁，是指合同当事人依法或者约定的，一方违约时应向对方支付一定的货币。违约金属于承担违约责任的一种形式，是以"补偿性"为主，"惩罚性"为辅的违约责任承担形式。

违约金分为法定违约金与约定违约金。约定违约金应当在合同中订立，没有订立约定违约金的合同，当事人无权要求另一方偿付违约金；违约金的数额应与违约损失大体相当，如果违约金过高或过低于违约损失，当事人可以请求仲裁机构或者法院予以适当减少或增加。

（三）保证

保证是指旅游合同的当事人一方应另一方的要求，请第三方向另一方当事人保证自己履行合同义务的担保形式。

保证应采用书面形式，可以在合同中约定保证条款，由保证人加盖印章，也可以另行订立保证合同。另订保证合同的，由保证人和被保证人的对方当事人订立。保证法律关系成立后，保证人应督促被保证人认真履行合同。被保证人不履行合同时，按保证约定由保证人履行或承担连带赔偿责任。保证人向另一方代为履行合同或赔偿损失以后，有权向被保证人追偿。

保证人的保证责任可以是被保证人的全部义务，也可以是部分义务。如果是部分义务，则应在合同中加以明确，如未作规定，视为承担全部义务的保证责任。此外，旅游合同当事人变更合同未得到保证人的重新确认保证时，保证人对合同变更后被保证人扩大的义务不承担保证责任。

（四）抵押

抵押是指旅游合同当事人一方或者第三方用自己特定的财产来向对方保证自己履行合同义务的担保形式。提供财产的一方称抵押人，接受财产的一方称抵押权人。抵押人不履行合同时，抵押权人有权依照法律规定变卖抵押物，并从变卖抵押物价款中优先受偿。

凡是国家法律禁止流通和禁止强制执行的财产，都不得作为抵押物。经双方当事人协议，抵押物可以由抵押人保管，也可以由抵押权人保管。抵押权人因保管不善造成抵押物损坏或破灭的，应当承担赔偿责任。抵押人自己保管时，对抵押物的使用应征得抵押权人的同意。

（五）留置

留置是指旅游合同当事人一方对已经合法占有的对方财产，在对方不按照合同约定履行义务时，有权扣留该财产，在扣留一定期限后，可依照法律规定以扣留财产折价或者变卖该财产的价款优先得到偿还。例如，在旅游商品的加工承揽合同中，定做方超过领取旅游商品期限6个月不领取的，承揽方有权将定做物变卖，所得价款在扣除报酬、保管费用之后，用定做方的名义存入银行。

第三节　旅游合同的效力

一、旅游合同的生效

旅游合同生效是指旅游合同产生法律上的约束力。这种约束力一方面表现为对合同当事人有约束力，即合同当事人必须按照旅游合同的约定承担各自的义务，以实现各自的利益；另一方面是依法成立的旅游合同的当事人受法律保护，即任何单位和个人不得对合同当事人进行非法干预。

旅游合同生效必须具备三个条件：第一，主体合格，即订立旅游合同的当事人应当具有相应的民事权利能力、民事行为能力或代理能力；第二，意思真实，即旅游合同当事人的真实意思表示一致；第三，内容合法，即当事人订立的合同的内容不违反法律法规的规定和社会公共利益。

旅游合同成立不同于旅游合同生效，依法成立的旅游合同，自成立时生效。

二、旅游合同的无效

无效旅游合同是指当事人签约成立而国家不承认和不受法律保护、没有法律约束力的合同。无效旅游合同从订立时起就没有法律效力。

根据《合同法》的规定，结合旅游行业的实际，无效旅游合同产生的原因主要有以下几种情况。

（一）一方以欺诈、胁迫的手段订立合同，损害国家利益

欺诈是指旅游合同一方当事人故意告知对方当事人虚假情况或故意隐瞒真实情况，诱使对方当事人作出错误的意思表示。胁迫是指以对方当事人及其亲友的生命健康、荣

誉、名誉、财产等造成损害为要挟，迫使对方作出违背真实意愿的意思表示。

值得注意的是，一方以欺诈、胁迫的手段订立合同，损害国家利益的，该旅游合同从开始就属于无效合同；如果没有损害国家利益，而损害对方当事人的利益，根据当事人意思自治原则，应由损害当事人请求人民法院或者仲裁机构来裁决，作出无效旅游合同的判定，从而维护自身的利益。

（二）以合法形式掩盖非法目的

有些旅游合同表面上看其内容、形式都是合法的，但最终是为了达到非法的目的，即属于无效合同。例如，假借订立自费出国旅游合同，从事偷渡、走私、贩毒等活动；假借订立进口旅游设备、设施、高档旅游商品的旅游合同来逃避海关监督，走私其他商品等。

（三）恶意串通，损害国家、集体或者第三人利益

恶意串通在主观上是"恶意"的，有违法性；在客观上"串通"，即当事人有共同的目的，相互配合共同实施违法行为。由于其违背了旅游合同的本质以及市场交易的基本原则，当属无效合同。

（四）违反法律、行政法规的强制规定订立合同

旅游合同违反法律、行政法规的强制规定，例如，违反《旅行社条例》的规定，旅行社超范围经营、未给出境旅游团配备领队、未给旅游团配备全陪导游等都可以导致合同整体无效或部分无效。

（五）损害社会公共利益

当事人订立旅游合同必须自觉维护社会公共利益，决不能因本单位、本部门、本地区发展旅游业的利益而给社会利益带来损害。例如，旅行社或旅游饭店不能为了招徕游客，不顾社会公共道德的约束，与旅游者签订包含淫秽、赌博、吸毒等内容的旅游组团或接待合同。

三、旅游合同的可撤销

无效旅游合同不同于可变更或可撤销旅游合同。可变更或可撤销的旅游合同是指旅游合同成立以后，存在法定事由，根据一方当事人的申请，由人民法院、仲裁机构确认准许变更或者撤销有关内容的合同。具体而言其必须具备三个条件：

（1）必须具有法定事由，即"重大误解"、"显失公平"、"一方以欺诈、胁迫的手段或者乘人之危"使对方在违背真实意思的情况下订立的合同。

（2）必须有一方当事人请求变更或撤销。

（3）变更或撤销必须由人民法院、仲裁机构来行使。

【案例】

由于工作人员粗心，某商场将 10000 元的钢琴以 1000 元卖给了顾客。商场发现后，要求顾客退货或者补款。请问法院如何处理？

分析：按《合同法》，这属于可变更或者可撤销合同。另外，也可以根据合同的

"公平原则"来处理，法院会支持商场。

四、无效旅游合同的处理

旅游合同在被确定为全部无效后，合同未履行部分不得履行，正在履行的部分应当立即终止履行。旅游合同被确认为部分无效的，如果不影响其余部分的效力，其余部分仍然有效。例如，旅游格式合同中的某些格式条款无效，只要变更相应的格式条款，则该旅游合同仍然有效。旅游合同被确认为无效合同后，其法律后果一般有三种：

（一）赔偿损失

旅游合同无效或被撤销后，谁有过错并给对方造成损失的，谁就承担因过错给对方造成损失的责任。双方均存在过错的，双方都承担因自己的过错给对方造成损失的责任，并根据各自过错的主次、大小和轻重，承担和自己的过错相当或者相适应的责任。

（二）返还财产

如果旅游合同当事人均从对方取得了财产，合同无效或被撤销后，双方应当返还各自已经得到的财产；如果仅仅是一方当事人取得了财产，则应当将取得的财产返还另一方。

（三）折价补偿

在旅游合同的实践中，如果不能返还或者没有必要返还从另一方当事人处取得的财产，就应当折价补偿。

对于损害国家利益和社会公共利益的无效旅游合同，如果双方都是故意的，应将双方已经取得的或约定取得的财产，收归国库所有。如果只有一方是故意的，故意的一方应将从对方取得的财产返还对方；非故意的一方从对方取得的财产，应收归国库所有。在追缴故意一方当事人的财产时，必须注意保护非故意一方当事人的合法利益。

除以上规定的情况外，因无效代理行为而产生的无效旅游合同，由代理人承担责任。

第四节　旅游合同的履行

旅游合同的履行是旅游合同具有法律约束力的首要表现，是指旅游合同双方当事人依法完成合同规定的义务和实现各自的权利。合同的订立是前提，合同的履行是关键。当事人应当自觉、严格、全面地履行旅游合同。

一、旅游合同履行的原则

（一）全面履行原则

全面履行原则是指旅游合同当事人除按合同规定的标的履行外，还要按合同规定的数量、质量、期限、地点、价金、结算方式等各方面全面地履行。全面履行原则是判定旅游合同当事人是否全面履行了合同义务，当事人是否存在违约事实以及是否承担违约责任的重要法律准则。

（二）诚实信用履行原则

该原则的基本内涵是，当事人在合同订立、履行、变更、解除等各个阶段，以及在合同关系终止后，都应当严格依据诚实信用原则行使权利和履行义务。《合同法》规定，当事人应当按照约定全面履行自己的义务。当事人应当遵循诚实信用原则，根据合同的性质、目的和交易习惯履行通知、协助、保密等义务。

（三）协作履行原则

协作履行原则亦称"适当履行原则"，是指旅游合同当事人双方在履行合同过程中，互相督促和配合，完成合同规定的义务，使当事人双方的利益得以切实高效实现。

二、旅游合同的具体履行规则

（一）协议补充履行规则

旅游合同生效以后，当事人就旅游合同中没有约定或者约定不明确的，可以协议补充。这种补充协议和原协议一样具有法律约束力，是当事人履行合同的依据。不能达成协议的，按照合同有关条款或者交易习惯确定。

（二）价格变动履行规则

旅游合同的价格变动履行规则是针对政府定价或者政府指导价的情形，而不针对市场调节价。该规则体现"谁违约谁受损，谁守约谁受益"的法律价值取向，惩罚违约方，保护守约方。具体规则如下：

（1）在旅游合同的交付期内政府价格调整时，按照交付时的价格履行。

（2）逾期交付标的物的，遇价格上涨，按原价格履行；价格下降，按新价格履行。

（3）逾期提取标的物的（或逾期付款），价格上涨，按新价格履行；价格下降，按原价格履行。

（三）当事人变动履行规则

当事人的变动并未使当事人的权利能力和行为能力有所变化，因此其承担的履约义务不发生变化，当事人必须继续履行合同，反之则应承担违约责任。当事人变动的履行规则具体表现在两个方面：第一，旅游合同生效后，不得因经办人或当事人的姓名、名称的变更或者法定代表人、负责人、承办人的变动而不履行合同；第二，当事人一方发生合并或分立，原签订的旅游合同继续有效，由变更后的当事人承担或分别承担。

（四）替代履行规则

合同是特定主体之间的权利义务关系，合同的履行应当贯彻亲自履行的原则，但根据协作履行的原则，《合同法》允许债务人向第三人履行债务。

由于第三人不是原旅游合同的当事人，故债务人向第三人履行债务以及第三人向债权人履行债务必须符合一定的条件：①必须由旅游合同的当事人约定作出；②债务人不向第三人履行债务或者履行债务不符合约定，应当向债权人承担违约责任；第三人不向债权人履行债务或者是履行债务不符合约定，债务人应当向债权人承担违约责任。

第五节　旅游合同的变更、转让和终止

一、旅游合同的变更与转让

（一）旅游合同的变更

旅游合同一经成立，任何一方都不能任意变更合同，但经过法定的程序，满足一定的条件，可以依法变更合同。旅游合同的变更是指旅游合同成立以后，尚未履行完毕之前由合同当事人双方依法对原合同的内容所进行的修改或补充，合同主体并不发生变化。其包括四层基本含义：

（1）原合同关系存在。

（2）合同内容部分变动。也就是说不是全部变动或修改，否则为重新订立合同。

（3）当事人协商一致。未经当事人协商一致，单方变更无效。

（4）变更须经批准的应当经批准。

旅游合同的变更必须明确具体，合同变更内容约定不明确的，推定为未变更。

（二）旅游合同的转让

旅游合同的转让是指旅游合同当事人依法将合同规定的权利和义务全部或部分转让给第三者的合法行为。其具体含义包括四点：①向第三人转让；②合同主体发生变化，但合同的内容不发生变化；③经对方同意或通知对方方可产生法律约束力；④转让涉及审批手续的，须经批准。

旅游合同的变更是针对合同内容而言的。旅游合同的变更与转让都是法律行为，都改变了原有合同的法律关系。旅游合同的转让是旅游合同变更的一种特殊形式，它变更了合同的主体。旅游合同的转让包括旅游合同权利转让与义务转让，前者是指合同中享受权利的一方当事人通过协议将自己的权利全部或部分转让给第三人的行为；后者是指合同中的债务人通过协议将自己应当履行的义务全部或部分转让给第三人的行为。

旅游合同权利转让者应履行通知的义务，即表明债权人转让债权，只要对债务人履行通知义务即可，不必经债务人同意。而旅游合同义务的转让必须经债权人同意，否则该转让无效。

二、旅游合同的解除与终止

（一）旅游合同的解除

旅游合同的解除是指旅游合同成立并生效后，因双方当事人的协议或者法定事由，而使合同权利义务关系终止的行为，也即在合同关系有效期未满前，当事人提前终止合同的效力。旅游合同的解除有协议解除和法定解除两种形式。

1. 协议解除

它是基于当事人的意思而解除合同的一种形式，是一种双方的法律行为。这是合同自愿原则在终止合同关系中的一种运用形式。

2. 法定解除

它是指合同成立后，未履行或者履行中，当事人一方行使法定解除权而终止。法定解除是一种单方法律行为，其与协议解除的主要区别在于法定解除是当事人一方行使法定解除权的结果。《合同法》规定了五种法定解除合同的情形：

（1）因不可抗力致使不能实现合同目的。

（2）在履行期限届满之前，当事人一方明确表示或者以自己的行为表明不履行主要债务。

（3）当事人一方迟延履行主要债务，经催告后在合理期限内仍未履行。

（4）当事人一方迟延履行债务或者有其他违约行为致使不能实现合同目的。

（5）法律规定的其他情形。

旅游合同的当事人一方按照合同约定的条件或者按照法定的情形解除旅游合同，应当履行通知的义务，旅游合同自通知到达对方时解除生效。旅游合同的解除，其通知或协议应当采取书面形式。法律法规规定解除合同应当办理批准、登记等手续的，应当依法办理有关手续。旅游合同的解除不影响当事人要求赔偿的权利、不影响合同中约定的清算条款、不影响约定的解决争议的条款。

（二）旅游合同的终止

旅游合同的终止是指当事人双方终止合同关系，合同所确定的当事人之间的权利义务关系消灭。旅游合同的解除是旅游合同终止的一种特殊形式，两者发生的原因有所不同，但后果都是使原旅游合同的权利义务关系消灭。《合同法》规定了七种合同终止情形：①债务已经按照约定履行。②合同解除。③债务相互抵消。④债务人依法将标的物提存。⑤债权人免除债务。⑥债权债务同归于一人。⑦法律规定或者当事人约定终止的其他情形。

第六节　违约责任

一、违约责任的概念

违反合同的责任，简称违约责任，是指合同当事人不履行或不完全履行合同所规定的义务，依据法律规定或合同约定所应承担的责任。

《合同法》规定，合同当事人一方因第三方的原因造成违约的，应当向对方承担违约责任，当事人赔偿以后，可以向导致违约的第三人追偿。

违约责任是民事责任的一种，但又不同于其他民事责任。一方面，违约责任的产生是以合同的债务的存在为前提的，即有效旅游合同的履行可能产生违约，而无效旅游合同本来就不应履行，故不存在违约问题；另一方面，违约责任的产生是以合同当事人不履行合同义务为条件的，是在产生了违约事实的基础上的一种民事责任。

相对于其他民事责任而言，违约责任具有三大特性：①违约责任具有相对性，即违约责任只能在特定的当事人之间产生，合同以外的第三人不会承担违约责任；②违约责任具有任意性，即当事人可以在法律规定的范围内对一方的违约责任作出事先的安排和设定；③违约责任具有补偿性和制裁性的双重属性，即补偿受害方，惩戒违约方，督促合同的全面履行，实现各自的利益。

二、违约责任的严格责任原则

（一）严格责任原则的概念

严格责任原则是指除不可抗力外，只要当事人没有履行旅游合同或者履行旅游合同不符合约定，即有"违约事实"的存在，就必须承担违约责任。"违约事实"包括合同完全没有履行和合同没有完全履行两种情况。严格责任原则不要求证明旅游合同当事人的"过错事实"。过错是当事人违约时的一种心理状态，包括故意和过失。违约方无论有无故意或过失，都要承担违约责任。

旅游合同采取严格责任原则，一是有利于促使旅游合同当事人认真履行合同义务，以免违约情形发生后，违约方千方百计寻找理由，证明自己主观上不存在过错；二是有利于保护守约方的合法权益，发生违约事实后，守约方无须举证违约方具有主观过错，使其能够充分维护自身的合法利益。

☞ 知识拓展

"严格责任原则"又称"无过错原则"或者"无过失原则"，是指无论是否有过错，只要造成他人损害，依法律规定应由与造成损害有关的人承担民事责任的确认责任的准则。

"过错责任原则"也叫"过失责任原则"，是以行为人主观上的过错为承担民事责任的基本条件的认定责任的准则。按过错责任原则，行为人仅在有过错的情况下，才承担民事责任。没有过错，就不承担民事责任。

（二）不可抗力

不可抗力是指不能预见、不能避免和不能克服的客观情况。不可抗力通常包括两种情形：一是自然现象，如地震、洪灾等；二是社会现象，如政治骚乱、罢工、战争、瘟疫的流行等。严格责任原则强调只有发生不可抗力，才有可能免除承担违约责任。

不能预见是指旅游合同当事人在订立旅游合同时，受当时的主、客观条件的限制，对旅游合同履行过程中可能发生的不利于合同履行的客观情况无法预见，而不是在出现这种情况时，以行为人的认识能力来判断。例如，在旅行社的旅游组织合同中，由于天气原因，飞机等交通工具出现延误，致使合同履行延误，产生违约的事实。如果旅行社与旅游者订立合同时离出团在三天以上，不承担违约责任；如果在两天以内则承担责任，因为通过48小时的天气预报，能预测未来两天的天气变化。

不能避免是指旅游合同当事人对于可能出现的意外情况尽管采取了及时合理的措施，但客观上并不能阻止这一意外情况的发生。

不能克服是指当事人没有能力克服。如果当事人采用一定的措施就可以避免或能够克服，就不能认为是不可抗力。

旅游合同当事人一方因不可抗力不能履行合同时，应当及时通知对方，向对方通报自己不能履行合同、不能完全履行合同或者延期履行合同的情况和理由，以期得到对方的协助，共同采取措施，防止和减少损失。即不可抗力发生后，当事人应当履行通知义务和举证义务，否则，不能部分或全部免除责任。因不可抗力不能履行合同的，根据不可抗力的影响，部分或者全部免除责任。但不可抗力作为免责事由是有时间限制的，即迟延履行义务发生不可抗力的，不能免除责任。

三、违约责任的承担

（一）违约责任的承担主体

违约责任的承担主体是合同的当事人。当事人一方违约时，由违约方承担违约责任；当事人双方违约时，各自承担相应的违约责任；由于第三人原因造成当事人违约的，由违约当事人向另一方当事人承担违约责任，承担了违约责任的当事人可以保留对引起其违约的第三人追偿的权利。

（二）违约责任的承担方式

1. 继续履行

继续履行是指当事人一方不履行合同或者履行合同的义务不符合约定时，另一方当事人可以要求其在合同履行期限届满后按照合同所约定的主要条款继续完成合同义务的行为。即如果违约行为并未使合同履行成为不必要、无意义，而且继续履行合同可以给守约方带来利益或减少损失，那么一方偿付了违约金、赔偿金后，守约方仍然可要求违约方在指定或双方约定的期限内，继续履行合同中规定的义务。

继续履行可以分为金钱债务的继续履行和非金钱债务的继续履行。对于非金钱债务的继续履行，《合同法》规定，下列情形可以不继续履行：①法律或事实上不能履行。②债务的标的不适于强制履行或者履行费用过高。③债权人在合理的期限内未要求履行。

2. 补救措施

补救措施是指违约方采取的除继续履行、支付赔偿金、违约金、定金以外的其他措施，其目的在于消除、减轻因违约给对方造成的损失。例如，在旅游商品购销合同中，对于旅游商品质量约定不明的，受害方根据标的性质以及损失的大小，可以合理选择要求对方承担修理、更换、重做、退货、减少价款或者报酬等违约责任。

3. 赔偿损失

旅游合同当事人一方不履行合同义务或者履行合同义务不符合约定，在履行义务或者采取补救措施后，对方还有其他损失的，应当赔偿损失。根据严格责任原则，构成违约赔偿损失的条件包括三个方面。

（1）必须有损害事实。这是承担赔偿损失的首要构成要件。

（2）必须有违约行为。如果损害事实的发生是由于受害方自身或其他意外所导致，则合同另一方当事人不承担赔偿损失责任。

（3）违约行为与损害事实之间有因果关系。

四、违约责任的赔偿规则

（一）等额赔偿规则

等额赔偿规则是一种补偿性的违约责任的承担，即通过赔偿使受害方当事人的损失恢复到合同订立前的状态或者合同履行后受害人可以获得的利益的状态，也即损失赔偿相当于因违约所造成的损失。

（二）减少损失规则

根据旅游合同的公平原则以及旅游合同协作履行的原则，当事人一方违约后，对方当事人应当采取适当措施防止损失的扩大，没有采取适当措施致使损失扩大的，不得就扩大的损失要求赔偿。当事人因防止损失扩大而支出的合理费用，由违约方承担。

（三）赔偿限制规则

赔偿损失在超过等额赔偿幅度时，实施一定的赔偿限制制度，即赔偿损失不得超过违反合同一方当事人订立合同时预见或者应当预见到的因违反合同可能造成的损失。

（四）经营欺诈惩罚赔偿规则

赔偿损失是补偿性的，不具有惩罚性。但是，如果旅游合同一方当事人采取欺诈的方法给另一方当事人造成了损失，则赔偿就具有惩罚性，即合同一方当事人可以要求对方增加赔偿其受到的损失。《消费者权益保护法》规定，经营者提供商品或者服务有欺诈行为的，应当按照消费者的要求增加赔偿其受到的损失，增加赔偿的金额为消费者购买商品的价款或者接受服务的费用的一倍。例如，旅游商店向旅游者销售商品构成欺诈的，旅游者可以要求其增加赔偿的金额为旅游者购买该旅游商品价款的一倍。

五、预期违约

（一）预期违约的概念

预期违约是指在旅游合同订立之后履行期限届满之前，当事人一方明确表示或者以自己的行为表示不履行合同义务，另一方当事人要求其承担违约责任的一种合同救济方法。

预期违约起源于英美法等国家，其目的是保护守约方的利益，减少因对方违约而造成的损失，使可能遭受损失的当事人提前获得法律上的救济。我国在《合同法》中施行了预期违约制度。

（二）预期违约的构成要件

（1）预期违约的合同是有效的合同。

（2）预期违约在时间上发生于合同订立之后，履行之前。预期违约是对将来的合同义务的一种违反，而实际违约是对已到期的合同义务的违反。预期违约是对期待债权的侵害，而非对现实债权的侵害。

（3）预期违约的主张可以是旅游合同的任何一方当事人。只要对方当事人以明示的方式，或者从其行为明确推断出将不履行合同，就可以使用预期违约制度来保护自己的权利。预期违约并不要求非违约方是负有先履行合同义务的当事人，此点与不安抗辩权的行使不同。不安抗辩权是指当事人互负债务，有先后履行顺序的，先履行的一方有确切证据表明另一方丧失履行债务能力时，在对方没有履行或者没有提供担保之前，有权中止合同履行的权利。不安抗辩权的行使人只能是负有先履行义务的一方当事人。

（4）预期违约必须有表明当事人不履行合同义务的事实发生。不履行合同义务的事实既可以通过明示方式，也可以通过默示方式表现出来。不管是以口头形式还是以书面形式明确表示将不履行合同，都构成明示预期违约。以合同当事人的行为表明其将不履行合同，构成默示预期违约。由于默示预期违约只是一种推断，所以在认定时应当取得充分的证据来证明，否则反而会造成自己违约，被对方追究违约责任。

（三）预期违约的法律效力

预期违约是可选择的违约补救手段。当事人是否采用预期违约制度保护自己，由自己决定。在预期违约的情形发生时，非违约方当事人可以解除合同，也可以不解除合同。如果选择解除合同，则应当以书面形式通知违约方，在通知送达预期违约方时，合同解除。如果预期违约方不同意解除合同，守约方可以请求人民法院或仲裁机构来裁决。合同解除不影响非违约方要求赔偿损失的权利。

在明示预期违约的情形下，守约方一般可直接通知对方解除合同，并要求对方赔偿损失。在默示预期违约的情形下，守约方一般可以中止履行合同，要求对方提供充分的履行保证，如果在合理的期限内对方未能提供充分的担保，守约方可以解除合同；如果提供了充分的履行担保，守约方则应恢复履行。

☞ 知识拓展

说明：本示范文本不适用于自助游和单项业务委托。本示范文本分为七个部分，分别为：定义和概念、合同的签订、合同双方的权利义务、合同的变更、合同的解除、违约责任、协议条款。

《中国公民出境旅游合同》（示范文本，2007 年 2 月）
使　用　说　明

1. 本合同为示范文本，供中华人民共和国境内（不含港、澳、台地区）经营出境旅游业务的组团旅行社（以下简称"组团社"）与出境旅游者（以下简称"旅游者"）之间签订组团出境旅游合同时使用。

2. 双方当事人应当结合具体情况选择本合同协议条款中所提供的选择项，空格处应以文字形式填写完整。

3. 双方当事人可以书面形式对本示范文本内容予以变更或者补充。变更或者补充的内容，不得减轻或者免除应由组团社承担的责任。

4. 本示范文本由国家旅游局和国家工商行政管理总局共同制定、解释，并在全国范围内推行使用。

《中国公民出境旅游合同》

合同编号：_____

一、定义和概念

第一条　本合同的词语定义

1. 组团社，是指合法取得《企业法人营业执照》并经国家旅游局批准取得组织中国公民以团队形式出境旅游业务资格的旅行社，其名单由国家旅游局统一公布。

2. 旅游者，是指与组团社签订出境旅游合同，参加出境旅游活动的中国公民或者团体。

3. 出境旅游服务，是指组团社依据《旅行社管理条例》等法律法规，组织旅游者到中华人民共和国境外的国家及港、澳、台地区等旅游目的地旅行游览、代办旅游签证/签注，并亲自或者委托经外旅游目的地政府指定的当地旅行社为旅游者代订旅游交通票务、安排餐饮、住宿、游览服务等经营活动。

4. 旅游费用，是指旅游者支付给组团社，用于购买出境旅游服务的费用。

旅游费用包括：必要的签证/签注的费用（旅游者自办的除外）；交通费（含境外机场税）；住宿费；餐费（不含酒水费）；非自费旅游项目景区景点的第一道门票费；行程中安排的其他项目费用；组团社、地接社、境外导游等服务费。

旅游费用不包括：旅游证件的费用和办理离团的费用；个人投保的旅游保险费；合同约定自费项目的费用；合同未约定由组团社支付的费用（包括：行程以外非合同约定活动项目所需的费用、自由活动期间发生的费用等）；境外小费；行程中发生的旅游者个人费用（包括：交通工具上的非免费餐饮费、行李超重费，住宿期间的洗衣、电话、饮料及酒类费，个人伤病医疗费，寻回个人遗失物品的费用及报酬，个人原因造成的赔偿费用等）。

5. 旅行社责任保险，是指旅行社根据保险合同的约定，向保险公司支付保险费，保险公司对旅行社在从事旅游业务经营活动中，致使旅游者人身、财产遭受损害应由旅行社承担的责任，承担赔偿保险金责任的行为。

6. 离团，是指旅游者参加了组团社所组的出境旅游团队后，在境外因疾病、证件丢失等客观原因未能随团队完成约定行程的行为。

7. 脱团，是指旅游者参加了组团社所组的出境旅游团队后，在境外擅自脱离旅游团队，不随团完成约定行程的行为。

8. 转团，是指由于低于成团人数，组团社在保证所承诺的服务内容和标准不变的前提下，经旅游者书面同意，在出发前将其转至其他旅行社所组的出境旅游团队的行为。

9. 不可抗力，是指不能预见、不能避免并不能克服的客观情况，包括因自然原因和社会原因引起的，如自然灾害、战争、罢工、重大传染性疫情、政府行为等。

10. 意外事件，是指因当事人故意或者过失以外的偶然因素而发生的事故。如重大礼宾活动导致的交通堵塞、列车航班晚点等。

11. 业务损失费，是指组团社因旅游者行前退团而产生的经济损失。包括：乘坐飞机（车、船）等交通工具的费用（含预订金）、旅游签证/签注费、酒店住宿费用（含预订金）、旅游观光汽车的人均车租等已发生的实际费用。

12. 黄金周，是指春节、"五一"、"十一"期间的 7 天节假日。其具体日期以当年国务院办公厅通知的放假时间为准。

二、合同的签订

第二条　旅游行程计划说明书

组团社应当提供带团号的《旅游行程计划说明书》（以下简称《计划书》），经双方签字或者盖章确认后作为本合同的组成部分。《计划书》应当对如下内容作出明确的说明：

（1）旅游目的地，线路行程时间（按自然日计算，含乘飞机、车、船等在途时间，不足 24 小时以一日计）；

（2）交通工具及其档次等级（明确交通工具出发时间段以及是否需中转等信息）；

（3）住宿安排及住宿酒店的名称、地点、档次等级（是否有空调、热水等相关的服务设施）；

（4）景点/景区及游览活动等旅游线路内容（含主要景点停留的最少时间）；

（5）用餐（早餐和正餐）的次数及其标准；

（6）购物安排（组团社安排的购物次数不超过行程日数的一半，并同时列明购物场所名称、停留的最多时间及主要商品等内容）；

（7）行程安排的娱乐活动（时间、地点、项目）；

（8）自费项目（如有安排，组团社应在签约时向旅游者提供《境外自费项目表》，由旅游者自愿选择并签字确认后作为本合同的组成部分；自费项目应以不影响原计划行程为原则，代收的自费项目费用不得高于当地同期市场零售价）。

《计划书》用语须准确清晰，不应出现"准×星级"、"豪华"、"优秀导游（领队）服务"、"仅供参考"、"以××为准"、"与××同级"等不确定性用语。

第三条　签订合同

旅游者应当认真阅读本合同有关条款、《计划书》和《境外自费项目表》，在旅游者明晰本合同条款及有关附件内容的情况下，组团社和旅游者应当签订书面合同。

第四条　旅游广告及宣传制品

组团社的旅游广告及宣传制品应当遵循诚实信用的原则，其内容符合《合同法》要约规定的，视为本合同的组成部分，对组团社和旅游者双方具有约束力。

第五条　合同效力

本合同一式两份，双方各持一份，具有同等法律效力，自双方当事人签字或者盖章之日起生效。

三、合同双方的权利义务

第六条　组团社的权利

1. 根据旅游者的身体健康状况及相关条件决定是否接纳旅游者报名参团。

2. 有权核实旅游者提供的相关信息资料。

3. 按照合同约定向旅游者收取全额旅游费用。

4. 旅游团队遇紧急情况时，可采取紧急避险措施。

5. 有权拒绝旅游者提出的超出合同约定的不合理要求。

第七条　组团社的义务

1. 按照合同和《计划书》约定的内容和标准，为旅游者提供质价相符的旅游服务。对可能危及旅游者人身、财产安全的项目和须注意的问题，应当事前向旅游者作出真实说明和明确警示，并采取防止危害发生的措施。

2. 在出团前召开说明会，把根据《计划书》细化的《行程表》和《行程须知》发给旅游者，如实告知旅游的具体行程安排和各项服务标准；所到国家或地区的重要规定、风俗习惯；安全避险措施；境外收取小费的惯例及支付标准、外汇兑换事项；应急联络方式（包括我驻外使领馆及组团社境内、境外的应急联系人及联系方式）。

3. 为旅游团队安排符合《出境旅游领队人员管理办法》资质要求的领队人员。

4. 妥善保管旅游者提交的各项证件。

5. 按照《旅行社投保旅行社责任保险的规定》投保旅行社责任保险，并向旅游者推荐旅游个人保险及其他保险。

6. 行程中不得违反合同约定，强迫或者变相强迫安排旅游者购物、参加自费项目。

旅游者在《计划书》安排的购物点所购物品系假冒伪劣商品时，组团社应当积极协助旅游者进行索赔，自购物之日起90日内，旅游者无法从购物点获得赔偿的，组团社应当先行赔付。

7. 向旅游者提供合法的旅游费用发票。

8. 对《出境旅游报名表》的各项旅游者个人资料信息保密。

9. 积极协调处理旅游者在旅游行程中的投诉。出现纠纷时，采取适当措施防止损失扩大。

10. 由于第三方侵害等不可归责于组团社的原因导致旅游者人身、财产权益受到损害的，组团社应当履行协助义务，避免旅游者人身、财产权益损失扩大。

第八条　旅游者的权利

1. 依法享有《消费者权益保护法》和有关法律法规赋予消费者的各项权利。

2. 在支付旅游费用时有权要求组团社开具发票。

3. 有权要求组团社按照合同和《计划书》的内容和标准，兑现旅游行程服务。

4. 有权拒绝组团社未经事先协商一致的转团行为和合同约定以外的购物及自费项目安排。

第九条　旅游者的义务

1. 如实填写《出境旅游报名表》和签证/签注资料的各项内容，并对所填的内容承担责任。

2. 向组团社提交的因私护照或者通行证有效期应当在半年以上，自办签证/签注者还应当确保所持签证/签注在出游期间有效。

3. 按照合同约定支付旅游费用。

4. 遵守合同约定完成旅游行程，配合领队人员的统一管理。

5. 遵守我国和旅游目的地国家（地区）的法律法规和有关规定，不携带违禁物品出入境，不在境外滞留不归。

6. 尊重旅游目的地国家（地区）的风俗习惯，举止文明，不涉足色情场所，不参与赌博。

7. 妥善保管自己的行李物品，尤其是贵重物品。

8. 行程中发生纠纷，应当本着平等协商的原则解决，采取适当措施防止损失的扩大，不得以拒绝登机（车、船）等行为拖延行程或者脱团。

四、合同的变更

第十条　合同内容的变更

1. 组团社与旅游者双方协商一致，可以变更本合同约定的旅游内容，但应当以书面形式由双方签字确认。由此增加的旅游费用及给对方造成的损失由变更提出方承担，由此减少的旅游费用，组团社应当退还旅游者。

2. 因不可抗力或者意外事件导致无法履行或者继续履行合同的，组团社可以在征得多数旅游团队成员同意后对相应内容予以变更。因紧急情况无法征求意见时，组团社可决定内容的变更，但应当就作出的决定提供必要的说明和证据。

3. 在行前遇到不可抗力或者意外事件的，双方经协商可以取消行程或者延期出行。取消行程的，由组团社向旅游者全额退还旅游费用（但应当扣除已发生的签证/签注费用）。已发生旅游费用的，应当由双方协商后合理分担。

4. 在行程中遇到不可抗力导致无法履行或者继续履行合同的，组团社按本条第 2 款的约定实施变更后，将未发生的旅游费用退回旅游者，增加的旅游费用，应由双方协商后合理分担。

5. 在行程中遇到意外事件导致无法履行或者继续履行合同的，组团社按本条第 2 款的约定实施变更后，将未发生的旅游费用退回旅游者，因此增加的旅游费用由提出变更的一方承担（但因紧急避险所致的，由受益方承担）。

第十一条　组团社转团

当组团低于成团人数不能成团时，组团社可以在保证所承诺的服务内容和标准不变的前提下，将旅游者转至其他组团社所组的出境旅游团队，但必须事先征得旅游者书面同意，在本合同协议条款中注明，并就受让出团的组团社违反本合同约定的行为先行承担责任，再行追偿。

旅游者和受让出团的组团社另行签订合同的，本合同的权利义务终止。

五、合同的解除

第十二条　不同意转团和延期出团的合同解除

在组团社低于成团人数不能成团时，旅游者既不同意转团也不同意延期出团的，视为组团社解除合同，按本合同第十三条、第十五条第 1 款相关约定处理。

第十三条　行程前的合同解除

旅游者和组团社在行前可以书面形式提出解除合同。在出发前 30 日（按出发日减去解除合同通知到达日的自然日之差计算，下同）以上（不含第 30 日）提出解除合同的，双方互不承担违约责任。组团社应当在解除合同的通知到达起 5 个工作日内，向旅游者退还全部旅游费用。组团社提出解除合同的，不得扣除签证/签注费用；旅游者提出解除合同的，如已办理签证/签注的，应当扣除签证/签注费用。

旅游者或者组团社在旅游出发前 30 日以内（含第 30 日，下同）提出解除合同的，由提出解除合同的一方承担违约责任。

第十四条　行程中的合同解除

1. 旅游者未按约定时间到达约定集合出发地点，也未能在出发中途加入旅游团的，视为旅游者自愿解除合同，按照本合同第十六条第 1 款相关约定处理。

2. 旅游者在行程中脱团的，组团社可以解除合同。旅游者不得要求组团社退还旅游费用，如给组团社造成经济损失的，应当承担相应赔偿责任。

六、违约责任

第十五条　组团社的违约责任

1. 组团社在出发前 30 日以内（含第 30 日）取消出团的，向旅游者退还全额旅游费用（不得扣除签证/签注费），并按下列标准向旅游者支付违约金（2%～20%）：

出发前 30 日至 15 日，支付旅游费用总额 2% 的违约金；

出发前 14 日至 7 日，支付旅游费用总额 5% 的违约金；

出发前 6 日至 4 日，支付旅游费用总额 10% 的违约金；

出发前 3 日至 1 日，支付旅游费用总额 15% 的违约金；

出发当日，支付旅游费用总额 20% 的违约金。

如上述违约金不足以赔偿旅游者的实际损失，组团社应当按实际损失对旅游者予以赔偿。

组团社应当在取消出团通知到达日起 5 个工作日内，向旅游者退还全额旅游费用，并支付上述违约金。

2. 组团社未按合同约定提供质价相符的服务，或者未经旅游者同意调整旅游行程（本合同第十条第 2 款规定的情况除外），造成项目减少、旅游时间缩短或者标准降低的，应当采取措施予以补救，未采取补救措施的，应当承担相应的赔偿责任。

3. 组团社领队或者境外导游未经旅游者签字确认，安排旅游者参加本合同约定以外的自费项目的，应当承担擅自安排的自费项目费用；擅自增加购物次数，每次按旅游费用总额的 10% 向旅游者支付违约金。

组团社强迫或者变相强迫旅游者购物的，应当按旅游费用总额的 20% 向旅游者支付违约金。

4. 组团社违反合同约定在境外中止对旅游者提供住宿、用餐、交通等旅游服务的，应当负担旅游者在被中止旅游服务期间所订的同等级别的住宿、用餐、交通等必要费用，并向旅游者支付旅游费用总额 30% 的违约金。如果因此给旅游者造成其他人身、财产损害的，组团社还应当承担损害赔偿责任。

5. 组团社擅自将旅游者转至其他旅行社出团，旅游者在出发前得知的，有权解除合同，要求组团社全额退回已交旅游费用，并按旅游费用总额的 10% 支付违约金；旅游者在出发当日或者出发后得知的，组团社应当按旅游费用总额的 20% 支付违约金。

如上述违约金不足以赔偿旅游者的实际损失，组团社应当按实际损失对旅游者予以赔偿。

6. 与旅游者出现纠纷时，组团社应当采取积极措施防止损失扩大。否则，应当就扩大的损失承担责任。

第十六条　旅游者的违约责任

1. 旅游者出发前 30 日以内（含第 30 日）提出解除合同的，应当按下列标准向组团社支付业务损失费（5%～90%）：

出发前 30 日至 15 日，按旅游费用总额 5%；

出发前 14 日至 7 日，按旅游费用总额 15%；

出发前 6 日至 4 日，按旅游费用总额 70%；

出发前 3 日至 1 日，按旅游费用总额 85%；

出发当日，按旅游费用总额 90%；

如上述支付比例不足以赔偿组团社的实际损失，旅游者应当按实际损失对组团社予以赔偿，但最高额不得超过旅游费用总额。

组团社在扣除上述业务损失费后，应当在旅游者退团通知到达日起 5 个工作日内向旅游者退还剩余旅游费用。

2. 因不听从组团社及其领队的劝谕而影响团队行程，给组团社造成损失的，应当承担相应的赔偿责任。

3. 旅游者超出本合同约定的内容进行个人活动所造成的损失，由其自行承担。

4. 由于旅游者的故意或者过失，使旅行社遭受损害的，应由旅游者赔偿损失。

5. 与组团社出现纠纷时，旅游者应当采取积极措施防止损失扩大。否则，应当就扩大的损失承担责任。

第十七条　其他责任

1. 因旅游者提供材料存在问题或者其他自身原因被有关机关拒签、缓签、拒绝入境、出境的，相关责任和费用由旅游者自行承担，组团社将未发生的费用退还旅游者。如给组团社造成损失的，旅游者还应当承担赔偿责任。

2. 由于第三方侵害等不可归责于组团社的原因导致旅游者人身、财产权益受到损害的，组团社不承担赔偿责任。但因组团社不履行协助义务致使旅游者人身、财产权益损失扩大的，应当就扩大的损失承担赔偿责任。

七、协议条款

第十八条　出发与结束日期

出发日期_____，结束日期_____；具体集合时间、地点及解散地点见《计划书》。

第十九条　旅游费用与支付

（旅游费用以人民币为计算单位）

成人：￥_____元/人；儿童（不满 12 岁的）：￥_____元/人；

合计：￥_____元（其中签证/签注费用￥_____元/人）。

旅游费用支付的方式和时间：_____。

第二十条　个人投保的旅游保险

旅游者_____（同意或者不同意，打勾无效）委托组团社办理个人投保的旅游保险。

保险产品名称：_____

保险金额：_____

保险费：_____

第二十一条　成团人数与不成团安排

组团社最低成团人数：_____；组团低于此人数不能成团时，组团社应当在出发前_____日及时通知旅游者。

如不能成团，旅游者是否同意按下列方式解决：

1. _____（同意或者不同意，打勾无效）组团社延期出团。

2. _____（同意或者不同意，打勾无效）转_____旅行社
出团。

第二十二条　黄金周的特别约定

春节、"五一"、"十一"黄金周旅游高峰期间，组团社和旅游者约定行前退团及取
消出团的提前告知时间、相关责任如下：

提前告知时间	旅游者行前退团，旅游者应当支付组团社的业务损失费占旅游费用总额的百分比	组团社取消出团，组团社应当支付旅游者的违约金占旅游费用总额的百分比
出发前　日至　日		
出发前　日至　日		
出发前　日至　日		
出发前　日至　日		

第二十三条　争议的解决方式

本合同履行过程中发生争议，由双方协商解决；亦可向合同签订地的旅游质量监督
管理所、消费者协会等有关部门或机构申请调解解决。协商或者调解不成的，按下列
第_____种方式解决：

1. 提交_____仲裁委员会仲裁；

2. 依法向人民法院起诉。

第二十四条　其他约定事项

未尽事宜，经旅游者和组团社双方协商一致，可列入补充条款。

（如合同空间不够，可附纸张贴于空白处，在连接处需双方盖章。）

旅游者代表签字（盖章）：_____　　　组团社签字（盖章）：_____

　　　　　　　　　　　　　　　　　　　　　　签约代表：_____

电话：　　　　　　　　　　　　　　　　　　　电话：

传真：　　　　　　　　　　　　　　　　　　　传真：

地址：　　　　　　　　　　　　　　　　　　　地址：

邮编：　　　　　　　　　　　　　　　　　　　邮编：

电子信箱：　　　　　　　　　　　　　　　　　电子信箱：

　　　　　　　　　　　　　　　　　　　　　　签约日期：_____年_____月_____日

　　　　　　　　　　　　　　　　　　　　　　签约地点：_____

★附件 1：出境旅游报名表

旅游线路及编号＿＿＿＿＿＿＿＿＿　　旅游者出团时间意向＿＿＿＿＿＿＿＿

姓　名		性别		民族		出生日期	
年龄	（年龄低于 18 周岁，需要提交家长书面同意出行书）						
身份证号码			联系电话				
身体状况	（需注明是否身体残疾 是否为妊娠中妇女，是否为精神疾病等健康受损情形，组团社在接受旅游者报名后在合理范围内给予特别关照，所需费用由双方协商确定。）						

旅游者全部同行人名单及分房要求（所列同行人均视为旅游者要求必须同时安排出团）：
＿＿＿＿＿与＿＿＿＿＿同住，＿＿＿＿＿与＿＿＿＿＿同住，＿＿＿＿＿与＿＿＿＿＿同住，
＿＿＿＿＿与＿＿＿＿＿同住，＿＿＿＿＿与＿＿＿＿＿同住，＿＿＿＿＿与＿＿＿＿＿同住，
＿＿＿＿＿＿＿＿＿＿为单男/单女需要安排与他人同住，＿＿＿＿＿＿＿＿＿＿不占床位，
＿＿＿＿＿＿＿＿＿＿＿＿＿＿＿＿全程要求入住单间（应当补交房费差额）。

其他补充约定：

旅游者确认签名（盖章）：　　　　　　　　年　　月　　日

以　下　各　栏　由　组　团　社　工　作　人　员　填　写			
营业部名称		组团社经办人	

★附件 2：带团号的《旅游行程计划说明书》
注：合同中加着重号的内容是导游资格考试的重要内容。

【导游考试典型试题】

1. 一般来说，旅行社业务运作过程中，向旅游者提交的旅游线路报价单、媒体旅游广告等均属于（B）。
    A. 要约　　　　　　　　　　　B. 要约邀请
    C. 承诺　　　　　　　　　　　D. 要约磋商
2. 某旅行社对张某表示，他可以 200 元的价格参加"十一"北戴河三日游。张某因去过北戴河，遂将这一消息告诉好友赵某，赵某向旅行社表示愿以同等条件去北戴河旅游，赵某的行为属于（B）。
    A. 承诺　　　　　　　　　　　B. 反要约
    C. 要约　　　　　　　　　　　D. 要约邀请
3. 游客顾某在一家旅游商店购买玉镯，营业员要价 1000 元，游客还价 800 元，经过讨价还价，最终以 850 元成交。成交时，营业员是（D）。

A. 超范围经营　　　　　　　　　　B. 要约人

C. 既是要约人又是受要约人　　　　D. 可能是要约人也可能是受要约人

4. 某家旅行社在报纸上刊登广告,写明"港澳七日游,价格优惠,报名从速"。从我国《合同法》的角度理解,(BDE)。

　　A. 该广告属于要约

　　B. 该广告属于要约邀请

　　C. 该广告的内容是具体确定的

　　D. 该广告说明旅行社希望旅游者向其发出要约

　　E. 该广告是旅行社与旅游者订立合同的预备行为

5. 旅游合同属于(A)范畴。

　　A. 民事合同　　　　　　　　　　B. 经济合同

　　C. 民事合同兼经济合同　　　　　D. 民事合同或经济合同

6. 旅游合同权利、义务所共同指向的对象称为(A)。

　　A. 标的　　　　　　　　　　　　B. 数量

　　C. 质量　　　　　　　　　　　　D. 价金或者酬金

7. 《合同法》规定,合同履行方式不明确的,按照(C)履行。

　　A. 有利于债权人的方式　　　　　B. 有利于债务人的方式

　　C. 有利于实现合同目的的方式　　D. 当事人协商一致的方式

8. 因不可抗力不能履行合同的,根据不可抗力的影响,部分或者全部免除责任,但法律另有规定的除外。当事人迟延履行后发生不可抗力的,(C)。

　　A. 因不可抗力,不承担责任　　　B. 因不可抗力,责任得以减轻

　　C. 不能免除责任　　　　　　　　D. 双方分担责任

9. 在《合同法》的基本原则中,(C)是一项法律适用原则,它可以弥补法律的不足,也可以弥补合同的不足。

　　A. 平等原则　　　　　　　　　　B. 诚实信用原则

　　C. 公平原则　　　　　　　　　　D. 自愿原则

10. 旅游者张某与旅行社采用旅行社提供的格式条款订立了合同,由于对格式条款的理解不一致发生争执,此时,应当(B)解释。

　　A. 本着公平的原则予以　　　　　B. 做出不利于旅行社一方的

　　C. 按照通常理解予以　　　　　　D. 由上级部门做出

11. 下列有关定金和押金的说法中,正确的是(ABC)。

　　A. 都有证明合同成立的功能　　　B. 都有担保合同履行的功能

　　C. 定金具有违约救济功能　　　　D. 押金不能超过合同标的额

　　E. 发生违约时,押金适用押金罚则

12. 下列属于对合同违约所采取的补救措施的是(ABCD)。

　　A. 修理、更换　　　　　　　　　B. 重做、退货

　　C. 减少价款　　　　　　　　　　D. 减少报酬

13. 合同生效的必备条件是(BD)。

A. 当事人具有订立合同的法定资格　　B. 意思表示真实

C. 经上级部门批准　　　　　　　　　D. 不违反法律或者社会公共利益

（分析：当事人具有订立合同的法定资格是订立合同的条件，而不是生效的必备条件。）

14. 一项有效的承诺，必须符合以下条件。（ABCD）

A. 由受要约人向要约人提出

B. 必须是对要约明确表示同意的意思表示

C. 必须在有效的期限内作出

D. 承诺的内容和要约的内容一致

15. 黄先生一家四口准备"十一"黄金周外出旅游，与某旅行社签订"杭州五日游"合同，黄先生支付了全部旅游费用，共计 4600 元。在出发前一天，旅行社通知此旅游团因车票未解决而取消，此时离"十一"黄金周仅有一天时间，黄先生及家人不得不取消外出旅游计划。下列说法正确的是。（ABCD）

A. 旅行社负有违约责任　　　　　　　B. 旅行社应退还全部团款

C. 旅行社应支付违约金 460 元　　　　D. 旅行社应提前 3 天告知黄先生

16. 任何违背当事人意志的旅游合同的内容都是无效或可撤销的。（正确）

17. 因无效代理行为而产生的无效旅游合同，由代理人承担责任。（正确）

第5章
旅游保险法律制度

学习重点

❧ 旅游保险的种类
❧ 旅游责任保险
❧ 旅游保险合同的构成
❧ 旅游保险合同的变更和终止
❧ 旅游保险的理赔

　　旅游保险法是保险法的一种，它是调整旅游保险关系的法律规范的总称。在这一规范体系内，既包括全国性的旅游保险法律或法规，又包括地方性法规；既有综合性的旅游保险法，又有单行的旅游保险法规或条例。

　　我国陆续制定了一些单行的旅游保险法规，例如，《飞机旅客意外事故保险条例》、《火车旅客意外事故保险条例》、《轮船旅客意外事故保险条例》和《汽车旅客意外事故保险条例》等有关旅游交通管理方面的保险法规。国家旅游局和中国人民保险公司于1990年2月7日发布了《关于旅行社接待的海外旅游者在华旅游期间统一实行旅游意外保险的通知》，该通知从1990年4月1日起施行。2009年2月28日，十一届全国人大常委会第七次会议修订《中华人民共和国保险法》，自2009年10月1日起施行。

第一节　旅游保险概述

一、旅游保险及其特点

（一）保险的前提条件

我国《保险法》规定，保险是指投保人根据合同约定，向保险人支付保险费，保险人对于合同约定的可能发生的事故因其发生所造成的财产损失承担赔偿保险金责任，或者当被保险人死亡、伤残、疾病或达到合同约定的年龄、期限等条件时承担给付保险金责任的商业保险行为。保险的存在必须具备三个条件。

1. 必须有危险存在或条件能够满足

投保人与保险公司约定的保险事项必须是客观上可能发生的。如果是以赔偿为目的的给付，则保险事项必须是投保人的活动环境中存在的危险因素；如果是以满足条件为目的的给付，这些条件必须是能够满足的。如果保险公司与投保人约定的保险事项的危险是不可能存在的或条件是不可能实现的，所约定的保险合同就是无效的。

2. 必须形成互助共济关系

投保者通过缴纳保险费，与众多的投保者建立互助共济的关系，建立保险补偿基金，共同取得财产上的保障。

3. 必须有约定的给付或赔偿

保险必须是对约定的事故造成的损失或对约定的条件造成的给付，保险公司才对被保险人负有的一种财产责任。

（二）旅游保险的特点

1. 补偿性

旅游保险的补偿性是指被保险人所得到的赔偿费，具有补助救济的性质。它包含三层含义：

（1）被保险人的财产或人身在旅游中完好无损时，就不能得到赔偿。

（2）人身或财产虽有损伤，但不是自然灾害或意外事故造成的，也不能得到赔偿。

（3）补偿有一定的限度。这种限度是以保险金额来确定的，若损失在保险金额范围内，则按损失的实际情况给予补偿；若损失超过保险金额的范围，其最高的补偿金额只能以保险金额为限，超过部分保险人不承担赔偿责任。

2. 保证性

旅游保险的保证性，是指保险人对被保险人在旅游全过程中的安全负责，即对被保险人在旅游过程中的人身和财产安全负责。保险人向旅游者保证在其遭受自然灾害或意外事故时，给予经济赔偿。

3. 短期性

旅游保险的短期性是指旅游保险与其他保险相比，它的有效期较短。有的是以旅行的旅程计算的；有的是以旅游景点或游览的次数计算的；有的是以旅行社接待计算的。例如，从 1990 年 4 月 1 日起，凡由我国旅行社外联组织接待的海外来华旅游者（包括华侨、港澳台同胞在内），在华期间统一实行旅游意外保险。

二、旅游保险中的风险

风险是指可能发生但尚未发生的危险。保险公司承担的来自旅游者转嫁的风险称为旅游保险风险。它有以下主要特点：

（一）偶然性

旅游保险中风险的发生属于偶然，并无必然性。也就是说，必然发生的危险不属于旅游保险的风险范围。

（二）不可预知性

这是指风险可能发生也可能不发生，在何时、何地、何种情况下、发生在何人身上都是无法预知的。

（三）意外性

所谓意外性，一是指人们未能预见，发生风险事故的因素由于某种条件偶然发生；二是指人们虽预见到可能性，也采取了一定的防范措施，但由于估计不足或措施不力没能阻止风险的发生从而造成损害。也就是说，危险的发生是由自然力或意外情况所致。对于这种意外性的损失，保险公司担负赔偿责任。如果属于被保险人自己有意造成，则保险公司不承担赔偿责任。《旅行社办理旅游意外保险暂行规定》对旅游意外保险的赔偿范围作了明确的规定。旅行社办理的旅游意外保险的赔偿范围应包括旅游者在旅游期间发生意外事故而引起的下列赔偿：①人身伤亡、急性病死亡引起的赔偿；②受伤和急性病治疗支出的医药费；③死亡处理或遗体遣返所需的费用；④旅游者所携带的行李物品丢失、损坏或被盗所需的赔偿；⑤第三者责任引起的赔偿。由上可见，旅游意外保险是以旅游者、导游、领队人员的人身、生命和财产为保险标的的。

三、旅游保险中的事故

（一）旅游保险事故的必备条件

所谓旅游保险事故，是指在旅游中发生的，足以造成旅游者人身和财产损失的，能够引起保险人赔偿的事件。它的构成必须具备以下三个条件：

（1）旅游保险事故必须是在旅游过程中发生的。

（2）旅游保险事故必须是已经造成旅游者人身伤害或财产损失达到一定程度。

（3）旅游保险事故必须能够引起保险人的赔偿。

（二）旅游保险事故分类

1. 自然事故

自然事故由自然力所致，不以人的意志为转移，人力不能避免，也无法控制，又称自然灾害。

2. 意外事故

在旅游保险中的意外事故主要有以下各项：

（1）交通事故。即由于驾驶员之过失而引起的事故。

（2）坠落或溺水事故。此属于旅游者自身的疏忽大意所致。

（3）他人犯罪行为。此属于他人的故意行为引起。

（4）动物袭击。此为动物的失控行为引起。

（5）其他人为原因引起的事故。

值得一提的是，以下几种情况不属于意外事故，保险公司不负赔偿责任：①旅游者故意造成的事故，如自杀、跳车、酗酒、殴斗和犯罪行为；②旅游者的生理现象引起的事故，如疾病、分娩、晕车、晕机、晕船等；③其他原因引起的事故，如药物中毒、麻醉、战争或其他军事行动等。

四、旅游保险的分类

目前，我国有旅游意外保险、旅行社责任保险、旅游平安保险等多种。通常所指的旅游保险就是旅游意外保险。

（一）狭义旅游保险和广义旅游保险

根据参加旅游保险的范围，旅游保险分为狭义旅游保险和广义旅游保险。狭义旅游保险仅指旅游者在旅游景点游览观光中的保险。广义旅游保险包括旅游者游览观光保险、旅客铁路旅行保险、旅客航空旅行保险、旅客水上旅行保险、旅客公路旅行保险等。

（二）国内旅游保险和国外旅游保险

根据参加旅游保险的被保险人的国籍身份及旅游目的地，旅游保险可分为国内旅游保险和国外旅游保险。凡我国公民在国内的旅游保险，称为国内旅游保险；凡海外旅游者（包括华侨、港澳台同胞）来我国大陆旅游的保险，称为国外旅游保险，又称为涉外旅游保险；由旅行社组织的我国公民的出境旅游的保险也称为国外旅游保险。

（三）旅游人身保险和旅游财产保险

根据旅游保险的对象，旅游保险可分为旅游人身保险和旅游财产保险。二者既可以合在一起保险，也可以分开保险。

人身保险业务，有人寿保险、健康保险、意外伤害保险等保险业务。人身保险是以人的寿命和身体作为保险标的的保险。人身保险是一种定额给付性质的保险，投保人投保多少金额，当条件满足时，保险人必须承担给付多少的责任，无须调查损失的有无和大小。

财产保险业务，包括财产损失保险、责任保险和信用保险等保险业务。财产保险是以财产及其有关利益为保险标的的保险。

（四）强制保险和自愿保险

凡是由国家法律强制实施的保险，称为强制保险。强制保险的特点有三：一是保险范围的全面性。凡是在法律规定的范围内的，都必须全部投保。二是保险责任的自动性。强制保险的法律效力，是依照法律规定自动产生、中止和终止的，保险双方当事人不能自行约定，也不能行使解除权或终止权。三是保险条款的统一性。强制保险中，保险合同的内容即保险金额、保险费率、保险期限、赔偿处理等条款，均由国家统一规定，双方当事人不能自行选择、增减。

凡是由双方自愿通过合同确定的保险，称为自愿保险。在自愿保险中，单位或个人是否投保，向哪个保险机构投保，保险机构是否接受投保，要求保障什么危险事故，投保多少金额，保险合同何时生效、终止等，均由双方当事人自行协商确定。

我国的人身保险绝大多数是自愿保险。强制保险只限于旅客搭乘飞机、轮船、火车和汽车时，运输经营者须向保险公司投保旅客意外伤害保险。旅行社在组织旅游团队时必须购买的旅游责任保险，也属于强制保险。

（五）旅游意外保险和旅游责任保险

根据旅游保险责任，旅游保险可分为旅游意外保险和旅游责任保险。

保险人承担自然灾害和意外事故的保险，称为旅游意外事故保险，是指以意外伤害而致身故或残疾为给付保险金条件的人身保险。这类保险一般由旅游者个人投保，也可以由旅游者所在单位投保，或由旅游团体投保。

保险人承担旅游服务部门服务责任的保险，称为旅游责任保险。这类保险一般由旅游服务部门投保。它是财产保险的一种，指保险人承保被保险人的民事损害赔偿责任的险种。责任保险作为一类独成体系的保险业务，始于 19 世纪的欧美国家，在我国的发展主要在 1979 年以后。在我国，责任保险主要集中于汽车第三者责任保险、产品责任保险、公众责任保险、雇主责任保险、企业安全生产责任保险、职业责任保险等有限险种。

第二节　旅行社责任保险

一、旅行社责任保险制度概述

国家旅游局于 1997 年 5 月 13 日发布了《旅行社办理旅游意外保险暂行规定》，从 1997 年 9 月 1 日起施行。2001 年 5 月 1 日，国家旅游局又发布了《旅行社投保旅行社责任保险规定》，2001 年 9 月 1 日起施行。2010 年 11 月 25 日，国家旅游局与中国保险监督管理委员共同公布了《旅行社责任保险管理办法》，自 2011 年 2 月 1 日起施行。

（一）旅游社责任保险的概念

责任保险是指以被保险人对第三者依法应负的赔偿责任为保险标的的保险。由于它的保险人对除保险人、被保险人之外的第三者承担赔偿责任，又称为第三者保险。

根据《旅行社责任保险管理办法》，旅行社责任保险，是指以旅行社因其组织的旅游活动对旅游者和受其委派并为旅游者提供服务的导游或者领队人员依法应当承担的赔偿责任为保险标的的保险。

（二）旅游责任保险与旅游意外保险的区别

《保险法》规定，责任保险属于财产保险的范畴，意外保险则属于人身保险的范畴，二者在性质、特点上存在很大的差别。

1. 保险标的不同

旅行社责任保险的标的是旅行社依法应承担的对旅游者的经济赔偿责任，是一种无形的利益标的和抽象的物权。旅行社责任保险标的既包括旅游者人身伤亡赔偿责任等人身责任，也含有旅游者行李物品的丢失、损坏或被盗所引起的赔偿责任和由于旅行社责任争议引起的诉讼费用等财产责任。而且，其中所涉及的受益对象——旅游者是在旅行社从事旅游业务经营活动中有可能遭受损害的个人或群体，在投保时只是一个模糊群体概念，与具体的人或物没有直接关系。而旅游意外保险的保险标的是特定被保险人的身体和生命。它所涉及的保障对象——旅游者和旅行社派出的导游、领队在投保时必须具体明确，是特定的个人。

2. 保险合同的主体不同

旅游意外保险和旅行社责任保险的投保人都是中华人民共和国境内的旅行社，但保险人分别是中国境内的寿险公司、财险公司。在旅游意外保险合同中，被保险人是旅游者、导游或领队人员，旅行社仅作为其代理人代办旅游意外保险，保险公司的赔偿并不能代替旅行社的责任赔偿。而旅行社责任保险的被保险人则是旅行社，既直接保障旅行社的利益，也间接保障旅游者的利益。

3. 保费来源、投保方式不同

旅行社责任保险中，由于被保险人是旅行社，保费可计入成本，但不得在销售价格中单独列项，只能由旅行社支付。旅游意外保险是由旅行社投保的，保险费包含在销售价格中，由旅游者支付。在投保时，两者存在明显差别，责任保险由旅行社按年度投保，而且组团社、地接社均要投保；意外保险由旅游者自愿投保。

4. 保险期限、索赔时效不同

《旅行社责任保险管理办法》规定，旅行社责任保险的保险期间为 1 年。入境旅游的旅游意外保险期限从旅游者入境后参加旅行社安排的旅游行程时开始，直至该旅游行程结束，办完出境手续时为止；国内旅游、出境旅游的旅游意外保险期限从旅游者在约定的时间登上由旅行社安排的交通工具开始，直至该次旅行结束离开旅行社安排的交通工具为止。如果旅游者自行终止旅行社安排的旅游行程，其保险期限至其终止旅游行程的时间为止。此外，旅游者在终止双方约定旅游行程后自行旅游的，不在旅游意外保险之列。

当事故发生后，旅行社责任保险的索赔时效是自旅行社知道保险事故发生之日起 2 年内，否则，旅行社向保险公司请求赔偿或者给付保险金的权利消灭；旅游意外保险的索赔时效一般以事故发生之日起 180 天内为限。

5. 赔偿依据、赔付额度不同

旅行社责任保险以有关法律、法规或执法部门的裁决为依据承担相应的赔偿责任。只有当旅行社给旅游者造成损害的行为违反了有关法律、法规，依法应承担赔偿责任时，保险人才会履行赔偿责任。旅游意外保险的赔偿依据是保险合同中约定的意外事故发生并造成了旅游者、导游或领队的伤亡等事实，保险人按约定承担给付保险金的责任。

在赔付额度方面，旅行社责任保险只是补偿受害的旅游者、旅行社的实际损失，在规定保险金的同时，也规定了相应的赔偿限额。《保险法》规定，重复投保的，各保险人一般要按照保险金额与保险金总额的比例分别承担相应的赔偿责任。如果被保险人已经从第三者取得损害赔偿，保险人赔偿时可相应扣减其已得的金额。旅游意外保险则是对人身因意外事故造成伤害时赔付保险金，人的身体、生命是无法用金钱来衡量的，只规定了保险金的最低标准，无赔偿限额。即使重复投保，保险人也是根据事先约定分别进行赔偿，即受害人已从第三者处获取赔偿，亦不能冲减保险人应付的保险金。

二、旅行社责任保险的承保范围

《旅行社责任保险管理办法》规定，旅行社责任保险的保险责任，应当包括旅行社在组织旅游活动中依法对旅游者的人身伤亡、财产损失承担的赔偿责任和依法对受旅行社委派并为旅游者提供服务的导游或者领队人员的人身伤亡承担的赔偿责任。具体包括下列情形：

（1）因旅行社疏忽或过失应当承担赔偿责任的；

（2）因发生意外事故旅行社应当承担赔偿责任的；

（3）国家旅游局会同中国保险监督管理委员会规定的其他情形。

三、保险期限和赔偿金额

《旅行社责任保险管理办法》第十五条规定："旅行社责任保险的保险期间为1年。"第十六条规定："旅行社应当在保险合同期满前及时续保。"第十七条规定："旅行社投保旅行社责任保险，可以依法自主投保，也可以有组织统一投保。"第十八条规定："旅行社在组织旅游活动中发生本办法第四条所列情形的，保险公司依法根据保险合同约定，在旅行社责任保险责任限额内予以赔偿。责任限额可以根据旅行社业务经营范围、经营规模、风险管控能力、当地经济社会发展水平和旅行社自身需要，由旅行社与保险公司协商确定，但每人人身伤亡责任限额不得低于20万元人民币。"

第三节　旅游保险合同

一、旅游保险合同的构成

《保险法》规定，保险合同是指投保人与保险人约定保险权利义务关系的协议。因此，保险合同成立必须具备保险合同主体、客体和内容这三个要素。

（一）旅游保险合同的主体

保险合同的主体，是指保险合同的参加者或当事人。保险合同主体一般包括保险合同的当事人和保险合同的关系人。此外，还有一种人虽不是保险合同的主体，但他是居于当事人之间的媒介或为保险合同的订立与履行起重要的辅助作用，又称保险中介。

保险合同的当事人一般是指保险人、投保人和被保险人。

1. 保险人

保险人又称承保人，《保险法》规定，保险人是指与投保人订立保险合同，并按照合同约定承担赔偿或者给付保险金责任的保险公司。旅行社办理旅游意外保险，必须在境内保险公司办理，即旅游意外保险合同的保险人是我国境内的各类保险公司。

2. 投保人

投保人又称要保人，《保险法》规定，投保人是指与保险人订立保险合同，并按照合同约定负有支付保险费义务的人。投保人可以是自然人，也可以是法人。人身保险的投保人在保险合同订立时，对被保险人应当具有保险利益。财产保险的被保险人在保险事故发生时，对保险标的应当具有保险利益。如果投保人对保险标的不具有法律上承认的利益，在保险事故发生时，可能遭受的损失或失去的利益得不到承认，那么这样的保险合同是不能成立的。在旅游保险合同中，投保人可以是旅游企业，也可以是旅游者个人或旅游团。如《旅游意外保险合同》中的投保人是旅游者，《旅游责任保险合同》中的投保人是旅行社。

3. 被保险人

《保险法》规定，被保险人是指其财产或者人身受保险合同保障，享有保险金请求权的人。无论是财产保险合同，还是人身保险合同，投保人与被保险人既可以是同一人，也可以是不同的人。如果投保人与被保险人同为一人，仅限于为自己的利益而订立保险合同。旅游意外保险合同的被保险人是旅游者、导游、领队人员。

4. 受益人

在保险合同中，除了合同当事人之外，还有保险合同的关系人。它主要指受益人，又称保险金受领人。受益人是指人身保险合同中由被保险人或者投保人指定的享有保险金请求权的人。受益人可以是投保人或者被保险人，也可以是第三人。如果投保人或者被保险人没有在保险合同中指明受益人，则被保险人的法定继承人为受益人。旅游意外保险合同的受益人可以是被保险人——旅游者、导游、领队人员，也可以是他们指定的第三人。如果没有指定受益人，则旅游者、导游、领队人员的法定继承人是受益人。

（二）旅游保险合同的客体

保险合同的客体，又称保险标的，是指保险合同双方当事人权利和义务指向的对象。保险标的是保险合同的核心，也是确定保险条件、保险金额、计算保险费率和赔偿标准的依据。《保险法》规定：保险标的是指作为保险对象的财产及其有关利益或者人的寿命和身体。由此可见，保险标的可分为两类：

1. 人的寿命和身体

这里所说的人，是指已经出生且具有生命的自然人，尸体、胎儿以及法人等不能列入其中。人身保险合同的客体是人的寿命和身体，这种保险标的无法用金钱来衡量，因而在订立保险合同时，预先由双方当事人约定保险金额。因此，在人身保险合同中，保险标的与被保险人往往是合二为一的。

2. 财产及其有关利益

财产，是指现实存在的并为人们所控制和利用而具有经济价值的生产资料和消费资料。它包括动产和不动产、有形物和无形物。财产保险合同的客体，一般是有形物，但当财产遭受损失时，除了财产本身的经济损失外，还会连带引起各种利益以及责任和信用等无形物的损失，后者也往往成为财产保险合同的标的。

旅游意外保险合同的客体，亦即旅游意外保险的标的是旅游者、导游、领队人员的人身、生命和财产。

（三）旅游保险合同的内容

保险合同的内容，即保险合同双方当事人的权利和义务。在保险合同成立后，双方当事人的权利和义务就主要体现在一些条款上。

1. 当事人、关系人

旅游保险合同的当事人采用记名与不记名两种形式。一般来说，双方共同签署的保险单形式的保险合同都采用记名的形式，记有保险公司的名称与投保人、被保险人和受益人的姓名。票证形式的保险合同，除飞机票需要记载旅客姓名外，其他票证都不记载被保险人的姓名。在旅游保险合同中，记名与不记名的合同都具有同样的效力。

2. 保险费

旅游人身保险的保险费收取分为涉外旅游保险费、国内旅游保险费、特定旅游保险费和旅行保险费。财产保险费有两种标准：国内旅游保险一般按规定费率计算。涉外旅游的财产保险费和人身保险费合在一起。

3. 保险责任和责任免除

旅游保险合同确定保险人的保险责任和责任免除有两方面的依据：一是依据《保险法》或有关旅游保险的法律法规；二是依据投保人与保险人协商附加的条款。

4. 保险期限

旅游分涉外旅游和国内旅游，旅游保险也分涉外旅游保险和国内旅游保险。这两种旅游保险的期限是不同的。涉外旅游保险以一个旅游周期为一个旅游保险期，一般以20天为准，超过期限的，另付保险费；国内旅游保险一般以天为计算单位，一个旅程为一个保险期，超过保险期的天数，另加保险费。特定旅游保险以旅游者进入旅游景点时到走出旅游景点时为一个旅游保险期。旅行社责任保险的保险期限为1年。

5. 保险金额

保险金额所涉及的赔偿项目一般包括旅游者意外受伤的全部赔偿费、受伤治疗的医疗费、遗体处理费、行李赔偿费。数额可因其为国内旅游保险与涉外旅游保险而有所不同。财产保险的赔偿额按实际损失确定。

6. 索赔申请

凡是旅游保险合同或保险单规定的被保险人或受益人均为合法的索赔申请人。保险合同未规定受益人的或以票据形式参加旅游保险的受难者，其法定继承人为合法的索赔申请人。

如果发生损失，被保险人、投保人或受益人应立即通知保险人或索赔代理人进行检验。在一般情况下，没有检验报告不可以索赔。申请索赔的期限一般从事故发生起不超过1年，也有的地方规定为6个月。超过期限而未申请索赔以弃权论，保险人可以不再受理。

二、旅游保险合同的成立

旅游保险合同是指投保人与保险人之间就旅游保险有关问题，通过协商所达成的一种书面协议。

（一）旅游保险合同的形式

1. 由双方共同签署的合同

这种形式的合同的主要特点是协议双方必须在同一个合同上签名盖章方为有效。

2. 由投保申请单与保险单形成的合同

这种形式的合同只要两种单据文件结合在一起，即发生法律效力。通常，保险单上的条款包括三种内容，即在原保险单上印成的基本条款、用粘贴的方法附加的条款和用书写或打字的方法附加的条款。这些条款都具有同等的效力。如果这些条款出现矛盾，所依据的顺序分别是：书写的附加条款、打字的附加条款、粘贴的附加条款、基本条款。

3. 票据形式的合同

这种形式的合同以旅游者所购买乘坐交通工具的票据为依据，如火车站出售的火车票、汽车客运站出售的汽车票、民航公司出售的飞机票以及水运部门出售的轮船票等。它们既是旅游者乘坐交通工具的凭证，又是参加旅游保险的凭证。有些旅游点也以门票兼作旅游保险的凭证。采用这种保险合同形式必须以运输部门或旅游部门与保险部门签订的保险合同为基础，并经过保险部门认可，才有保险效力。

（二）旅游保险合同的成立

旅游保险合同的形式不同，其成立的时间也不相同。由双方共同签署的保险合同，以双方在合同中约定的时间为准；由投保申请单与保险单形成的保险合同，以保险公司签发保险单之日为准；票据形式的保险合同，以旅客或游客购买票据之时算起。

三、旅游保险合同的生效

旅游保险合同的生效，是指旅游保险合同在何种情况下发生保险效力，保险人在何种情况下开始对被保险人承担保险责任，被保险人在何种情况下发生的意外事故，才能获得保险赔偿。

旅游保险合同的生效，必须同时具备两个条件：一是旅游保险合同已经成立；二是被保险人已经开始旅行游览。以上两个条件必须同时具备，缺一不可。因此，旅游保险合同的生效，有两种情况：一是当上述两个条件同时出现时，旅游保险合同在成立时就生效；二是当上述两个条件分别出现时，只有在后一个条件出现时，旅游保险合同才生效。

旅游保险合同成立的情况不同，合同的生效时间也不同。有的是检票进站时生效，有的是旅游出发时生效，有的是购票进门时生效。

四、旅游保险合同的变更和终止

（一）旅游保险合同的变更

1. 内容变更

旅游保险合同内容的变更包括乘坐交通工具的变更、旅游项目或旅游线路的变更以及旅游期限的变更。一般情况下，保险人、投保人均不得擅自变更合同内容。一方需要变更合同内容时，有保险合同或保险单的必须经另一方同意方为有效。只有在特殊情况下，保险人可以依法强制变更合同内容。没有保险合同或保险单的，如持有客票的被保险人要求变更保险内容需经过铁路、公路、航空、航运部门的签字同意后方可生效。

2. 主体变更

主体变更包括保险人的变更、被保险人的变更和受益人的变更。旅游保险合同或保险单上记名的被保险人需要变更时，必须经投保人与保险人协商同意后方能进行。不记名的被保险人可以随意变更，如票据式保险，就以票据持有人为准。记名受益人需变更时必须由投保人申请变更。不记名受益人在一定范围内可随意变更，但不能超出被保险人直系亲属和法定继承人的范围。

（二）旅游保险合同的终止

（1）合同因解除而终止。解除旅游保险合同需要投保人和保险人协商一致并按规定承担违约责任。一方要求解除合同，应提前通知另一方。

（2）因合同履行而终止。被保险人的旅游或旅行正常结束，没有发生人身或财产损失；或者发生了损失，但保险人已经支付了赔偿；或当事人在法定期限内放弃了申请。

（3）因被保险人放弃旅游而终止。

（4）被保险人在法定期限内退票可导致旅游保险合同终止。

第四节　旅游保险的理赔

一、理赔的申请

投保人、被保险人或者受益人知道保险事故发生后，应当及时通知保险人。在旅游保险中，票证是受益人申请理赔的主要证据，也是保险公司受理理赔申请并给予赔偿的主要依据。因此，受益人申请理赔时除应填报理赔申请书之外，还应提供关于旅游保险关系存在的证明，如合同、单据或票据；由各自与之相关的主管部门出具的关于事故的证明；关于人身或财产损失情况的证明；关于受益人身份的证件、证明等。

值得一提的是，保险公司一般不主动理赔，必须由申请人主动提出申请。特殊情况下，特别是一些较大的集体交通事故，保险公司也可主动理赔。

二、理赔的调查和处理

理赔是保险公司对保险事故进行调查处理，核定后作出是否给予赔偿的过程。

（一）受理申请

保险公司在接到被保险人或受益人的理赔申请后，应立即受理，指定理赔人员负责调查处理，并明确责任范围。例如，《旅行社投保旅行社责任保险规定》对旅行社责任保险的责任范围和非责任范围作了明确的划分。

1. 旅行社责任保险的责任范围

（1）旅游者人身伤亡赔偿责任。

（2）旅游者因治疗支出的交通、医药费赔偿责任。

（3）旅游者死亡处理和遗体遭返费用赔偿责任。

（4）对旅游者必要的施救费用，包括必要时近亲属探望需支出的合理的交通、食宿费用，随行未成年人的送返费用，旅行社人员和医护人员前往处理的交通、食宿费用，行程延迟需支出的合理费用等赔偿责任。

（5）旅游者行李物品的丢失、损坏或被盗所引起的赔偿责任。

（6）由于旅行社责任争议引起的诉讼费用。

（7）旅行社与保险公司约定的其他赔偿责任。

2. 旅行社责任保险的非责任范围

（1）旅游者在旅游行程中，由自身疾病引起的各种损失或损害，旅行社不承担赔偿责任。

（2）由旅游者个人过错导致的人身伤亡和财产损失，以及由此导致需支出的各种费用，旅行社不承担赔偿责任。

（3）旅游者在自行终止旅行社安排的旅游行程后，或在不参加双方约定的活动而自行活动的时间内，发生的人身、财产损害，旅行社不承担赔偿责任。

（二）调查核实

调查活动包括审查申请人提供的各种证件、证明，理赔人员亲临事故现场进行实地考察，邀请专家对事故进行分析研究等。在进行调查时，主要应查明旅游保险合同、保险单及其他有关保险凭证是否有效，查明保险事故发生的事实和原因，还要查明事故造成损失的事实、损失的程度。

（三）作出处理

保险公司的理赔人员根据调查核实的事实，提出赔偿或不赔偿或赔偿多少的具体意见，报经有关领导批准并执行，通知被保险人或受益人领取赔款从而结束理赔程序。

三、理赔的仲裁和诉讼

如果对保险公司的处理结果有不同意见，双方可先协商解决；协商不能达成协议时，理赔申请人可根据约定或仲裁协议向仲裁机构申请仲裁；无仲裁协议或当事人事先约定的解决方式为诉讼解决时，理赔申请人可向法院起诉。需要向法院起诉的旅游保险纠纷，必须经保险公司作出理赔处理后，理赔申请人才能向法院起诉。

☞ 知识拓展

《旅行社责任保险管理办法》
（2010 年 11 月 25 日国家旅游局、中国保险监督管理委员会发布）

第一章　总　　则

第一条　为保障旅游者的合法权益，根据《中华人民共和国保险法》和《旅行社条例》，制定本办法。

第二条　在中华人民共和国境内依法设立的旅行社，应当依照《旅行社条例》和本办法的规定，投保旅行社责任保险。

本办法所称旅行社责任保险，是指以旅行社因其组织的旅游活动对旅游者和受其委派并为旅游者提供服务的导游或者领队人员依法应当承担的赔偿责任为保险标的的保险。

第三条 投保旅行社责任保险的旅行社和承保旅行社责任保险的保险公司，应当遵守本办法。

第二章 投 保

第四条 旅行社责任保险的保险责任，应当包括旅行社在组织旅游活动中依法对旅游者的人身伤亡、财产损失承担的赔偿责任和依法对受旅行社委派并为旅游者提供服务的导游或者领队人员的人身伤亡承担的赔偿责任。

具体包括下列情形：

（一）因旅行社疏忽或过失应当承担赔偿责任的；

（二）因发生意外事故旅行社应当承担赔偿责任的；

（三）国家旅游局会同中国保险监督管理委员会（以下简称中国保监会）规定的其他情形。

第五条 中国保监会及其派出机构依法对旅行社责任保险的保险条款和保险费率进行管理。

第六条 旅行社责任保险的保险费率应当遵循市场化原则，并与旅行社经营风险相匹配。

第七条 旅行社投保旅行社责任保险的，应当与保险公司依法订立书面旅行社责任保险合同（以下简称保险合同）。

第八条 旅行社与保险公司订立保险合同时，双方应当依照《中华人民共和国保险法》的有关规定履行告知和说明义务。

第九条 订立保险合同时，保险公司不得强制旅行社投保其他商业保险。

第十条 保险合同成立后，旅行社按照约定交付保险费。保险公司应当及时向旅行社签发保险单或者其他保险凭证，并在保险单或者其他保险凭证中载明当事人双方约定的合同内容，同时按照约定的时间开始承担保险责任。

第十一条 保险合同成立后，除符合《中华人民共和国保险法》规定的情形外，保险公司不得解除保险合同。

第十二条 保险合同成立后，旅行社要解除保险合同的，应当同时订立新的保险合同，并书面通知所在地县级以上旅游行政管理部门，但因旅行社业务经营许可证被依法吊销或注销而解除合同的除外。

第十三条 保险合同解除的，保险公司应当收回保险单，并书面通知旅行社所在地县级以上旅游行政管理部门。

第十四条 旅行社的名称、法定代表人或者业务经营范围等重要事项变更时，应当及时通知保险公司。必要时应当依法办理保险合同变更手续。

第十五条 旅行社责任保险的保险期间为1年。

第十六条 旅行社应当在保险合同期满前及时续保。

第十七条 旅行社投保旅行社责任保险，可以依法自主投保，也可以有组织统一投保。

第三章 赔 偿

第十八条 旅行社在组织旅游活动中发生本办法第四条所列情形的，保险公司依法根据保险合同约定，在旅行社责任保险责任限额内予以赔偿。

责任限额可以根据旅行社业务经营范围、经营规模、风险管控能力、当地经济社会发展水平和旅行社自身需要，由旅行社与保险公司协商确定，但每人人身伤亡责任限额不得低于 20 万元人民币。

第十九条　旅行社组织的旅游活动中发生保险事故，旅行社或者受害的旅游者、导游、领队人员通知保险公司的，保险公司应当及时告知具体的赔偿程序等有关事项。

第二十条　保险事故发生后，旅行社按照保险合同请求保险公司赔偿保险金时，应当向保险公司提供其所能提供的与确认保险事故的性质、原因、损失程度等有关的证明和资料。

保险公司按照保险合同的约定，认为有关的证明和资料不完整的，应当及时一次性通知旅行社补充提供。

旅行社对旅游者、导游或者领队人员应负的赔偿责任确定的，根据旅行社的请求，保险公司应当直接向受害的旅游者、导游或者领队人员赔偿保险金。旅行社怠于请求的，受害的旅游者、导游或者领队人员有权就其应获赔偿部分直接向保险公司请求赔偿保险金。

第二十一条　保险公司收到赔偿保险金的请求和相关证明、资料后，应当及时作出核定；情形复杂的，应当在 30 日内作出核定，但合同另有约定的除外。保险公司应当将核定结果通知旅行社以及受害的旅游者、导游、领队人员；对属于保险责任的，在与旅行社达成赔偿保险金的协议后 10 日内，履行赔偿保险金义务。

第二十二条　因抢救受伤人员需要保险公司先行赔偿保险金用于支付抢救费用的，保险公司在接到旅行社或者受害的旅游者、导游、领队人员通知后，经核对属于保险责任的，可以在责任限额内先向医疗机构支付必要的费用。

第二十三条　因第三者损害而造成保险事故的，保险公司自直接赔偿保险金或者先行支付抢救费用之日起，在赔偿、支付金额范围内代位行使对第三者请求赔偿的权利。旅行社以及受害的旅游者、导游或者领队人员应当向保险公司提供必要的文件和所知道的有关情况。

第二十四条　旅行社与保险公司对赔偿有争议的，可以按照双方的约定申请仲裁，或者依法向人民法院提起诉讼。

第二十五条　保险公司的工作人员对当事人的个人隐私应当保密。

第四章　监督检查

第二十六条　县级以上旅游行政管理部门依法对旅行社投保旅行社责任保险情况实施监督检查。

第二十七条　中国保监会及其派出机构依法对保险公司开展旅行社责任保险业务实施监督管理。

第五章　罚　则

第二十八条　违反本办法第十二条、第十六条、第十八条的规定，旅行社解除保险合同但未同时订立新的保险合同，保险合同期满前未及时续保，或者人身伤亡责任限额低于 20 万元人民币的，由县级以上旅游行政管理部门依照《旅行社条例》第四十九条的规定处罚。

第二十九条　保险公司经营旅行社责任保险，违反有关保险条款和保险费率管理规定的，由中国保监会或者其派出机构依照《中华人民共和国保险法》和中国保监会的有关规定予以处罚。

第三十条　保险公司拒绝或者妨碍依法检查监督的，由中国保监会或者其派出机构依照《中华人民共和国保险法》的有关规定予以处罚。

第六章　附　则

第三十一条　本办法由国家旅游局和中国保监会负责解释。

第三十二条　本办法自2011年2月1日起施行。国家旅游局2001年5月15日发布的《旅行社投保旅行社责任保险规定》同时废止。

【导游考试典型试题】

1. 下列选项中，不属于保险标的的是（D）。
   A. 财产及有关利益　　　　　　　　B. 人的寿命
   C. 人的身体　　　　　　　　　　　D. 合同双方当事人约定的权利和义务

2. 旅行社投保旅行社责任保险采取的投保方式是（A）。
   A. 一年一保　　　　　　　　　　　B. 两年一保
   C. 三年一保　　　　　　　　　　　D. 五年一保

3. 投保人是指与保险人订立保险合同，并按照保险合同负有（B）义务的人。
   A. 支付违约金　　　　　　　　　　B. 支付保险费
   C. 支付手续费　　　　　　　　　　D. 支付保险金

4. 旅游保险合同法律关系由（A）三大要素构成。
   A. 合同主体、客体、内容　　　　　B. 保险人、投保人、被保险人
   C. 旅行社、旅客、保险公司　　　　D. 保险人、投保人、受益人

5. 旅游意外保险的投保人应为（A）。
   A. 旅游者　　　　　　　　　　　　B. 组团社
   C. 地接社　　　　　　　　　　　　D. 导游人员

6. 旅游保险中，保险人对被保险人在旅游全过程中的安全负责是指旅游保险的（A）。
   A. 保证性　　　　　　　　　　　　B. 补偿性
   C. 短期性　　　　　　　　　　　　D. 公平性

7. 旅行社责任保险合同的投保人、被保险人和受益人分别是（C）。
   A. 旅行社、旅游者、旅游者　　　　B. 旅行社、旅游者、旅行社
   C. 旅行社、旅行社、旅行社　　　　D. 旅游者、旅游者、旅游者

8. 旅游保险合同主要包括（ABCD）。
   A. 保险人的名称和住所　　　　　　B. 保险责任和责任免除
   C. 投保期间和保险责任开始时间　　D. 保险费以及支付金额

9. 旅游保险中的风险具有以下主要特征（ABCD）。

    A. 可预测性　　　　　　　　　B. 偶然性

    C. 不可预知性　　　　　　　　D. 意外性

10. 保险合同的当事人一般是指（ABC）。

    A. 保险人　　　　　　　　　　B. 投保人

    C. 被保险人　　　　　　　　　D. 受益人

11. 涉外旅游以一个旅游周期为一个旅游保险期，一般以 20 天为准，超过期限的另付保险费。（正确）

12. 责任保险又称为第三者保险。（正确）

13. 动物袭击造成的旅游者人身伤害，保险公司不应该负责赔偿。（错误）

第6章
出入境管理法律制度

学习重点

- 护照与签证
- 边防检查制度
- 海关检查制度
- 外国旅游者在我国旅行和居留的管理
- 中国公民出国旅游管理制度

第一节　出入境证件管理

《中华人民共和国护照法》（以下简称《护照法》）由十届全国人大常委会第二十一次会议于 2006 年 4 月 29 日通过，自 2007 年 1 月 1 日起施行。公安部于 2007 年 10 月 25 日发布《中华人民共和国普通护照和出入境通行证签发管理办法》，自 2007 年 12 月 15 日起施行。

☞ 知识拓展

我国主要出入境管理法律法规

《中华人民共和国公民出境入境管理法》：1985 年 11 月 22 日六届全国人大常委会第十三次会议通过。

《中华人民共和国公民出境入境管理法实施细则》：1986 年 12 月 3 日国务院批准，1986 年 12 月 26 日公安部、外交部、交通部发布；1994 年 7 月 13 日国务院批准修订，1994 年 7 月 15 日公安部、外交部、交通部发布。

《中华人民共和国外国人入境出境管理法》：1985 年 11 月 22 日全国人大常委会发布，1986 年 2 月 1 日起实施。

《中华人民共和国外国人入境出境管理法实施细则》：1986 年 12 月 3 日国务院批准，1986 年 12 月 27 日公安部、外交部发布；1994 年 7 月 13 日国务院批准修订，1994 年 7 月 15 日公安部、外交部发布；2010 年 4 月 19 日国务院第 108 次常务会议通过修改的决定，2010 年 4 月 24 日公布，自公布之日起施行。

一、护照

（一）护照的概念

护照（passport）既是主权国家发给本国公民出入境及到国外旅行、居留的合法身份证明和国籍证明，也是维护国家主权、保护本国公民利益和保障国际正常交往所必备的重要证件。《护照法》第二条规定："中华人民共和国护照是中华人民共和国公民出入国境和在国外证明国籍和身份的证件。"

每种护照均有一定的有效期限，各国不尽相同，分为 1 年、2 年、5 年或 10 年不等。《护照法》规定，普通护照的有效期，护照持有人未满 16 周岁的为 5 年，16 周岁以上的为 10 年。

颁发护照、签证的机关，通常是外交部或移民部门以及驻外使馆或领事机关。在国内，我国外交部，各省、自治区、直辖市外事办公室及设区的市人民政府外事部门，负责颁发外交和公务护照；公安部和各地公安机关负责颁发普通护照。在国外，我国驻外国大使馆、领事馆及外交部授权的机关负责颁发护照。

（二）我国护照的种类

《护照法》第三条规定："护照分为普通护照、外交护照和公务护照。"

普通护照主要发给侨民和临时出国的一般公民。外交护照（diplomatic passport）主要发给从事外交工作的政府高级官员、外交及领事官员、驻外外交官的配偶和未成年子女、参加重要国际会议的代表或政府代表团的成员等。公务护照（service passport）是发给国家公务人员的护照，也有的国家称这种供政府官员使用的护照为"官员护照"。此外，各国都把这种护照发给驻外使（领）馆中的不具有外交身份的工作人员及其配偶和未成年子女。

目前，世界上大多数国家颁发外交护照、公务护照和普通护照；个别国家只发一种护照（如英国）；少数国家发两种护照（如印度和巴基斯坦等）；也有的国家发四五种护照（如美国和法国等）；还有个别国家不分护照种类，只在护照上注明持照人的职业和身份。

《护照法》规定，公民因前往外国定居、探亲、学习、就业、旅行、从事商务活动等非公务原因出国的，由本人向户籍所在地的县级以上地方人民政府公安机关出入境管理机构申请普通护照。

普通护照由公安部出入境管理机构或者公安部委托的县级以上地方人民政府公安机关出入境管理机构以及中华人民共和国驻外使馆、领馆和外交部委托的其他驻外机构签发。外交护照由外交部签发。公务护照由外交部、中华人民共和国驻外使馆、领馆或者外交部委托的其他驻外机构以及外交部委托的省、自治区、直辖市和设区的市人民政府外事部门签发。

外交官员、领事官员及其随行配偶、未成年子女和外交信使持用外交护照。在中华人民共和国驻外使馆、领馆或者联合国、联合国专门机构以及其他政府间国际组织中工作的中国政府派出的职员及其随行配偶、未成年子女持用公务护照。上述规定之外的公民出国执行公务的,由其工作单位依照《护照法》第四条的规定向外交部门提出申请,由外交部门根据需要签发外交护照或者公务护照。

（三）护照的作用和内容

1. 护照的作用

公民在国家或地区间往来,必须持有本国政府颁发的合法护照,同时护照内必须具有前往国家或地区的有效签证,这样才能离开本国国境,进入前往国家或地区。如果持照人在国外旅行、居留期间发生意外,所在国首先必须依照其所持护照,判明身份和国籍,然后再决定如何处理。同样,护照颁发国的驻外机构也要根据护照来决定如何提供帮助或外交保护等。

2. 护照的内容

护照本身的内容,各个国家都比较相近。封面印有国徽和国名的全称及护照种类的名称,封底都印有使用护照的注意事项。我国护照的封二有护照号码,护照持有人的姓名、性别、出生日期、出生地,护照的签发日期、有效期、签发地点和签发机关等,并贴有本人照片;内芯第一页印有"中华人民共和国外交部请各国军政机关对持照人予以通行的便利和必要的协助"字样,并附有英文译文,此外还有签发机关的盖章。也有的国家的护照上还包括持照人的职业、籍贯、身高、眼睛和头发的颜色、显著特征等。为了方便各国颁发签证,护照内包括许多签证页,每一页上都印有"VISA"字样。

（四）护照的申请

公民申请普通护照,应当提交本人的居民身份证、户口簿、近期免冠照片以及申请事由的相关材料。国家工作人员因《护照法》第五条规定的原因出境申请普通护照的,还应当按照国家有关规定提交相关证明文件。公安机关出入境管理机构应当自收到申请材料之日起15日内签发普通护照,对不符合规定不予签发的,应当书面说明理由,并告知申请人享有依法申请行政复议或者提起行政诉讼的权利。在偏远地区或者交通不便的地区或者因特殊情况,不能按期签发护照的,经护照签发机关负责人批准,签发时间可以延长至30日。公民因合理紧急事由请求加急办理的,公安机关出入境管理机构应当及时办理。

护照由持证人保存、使用,不得涂改、损坏,严防遗失。如果遗失护照,应报告主管部门,在登报申明或挂失声明后申请补发。因情况变化,需变更护照或加注的,应提交申请,携带加注事项证明或说明材料到指定的机关办理。

（五）护照的领取和有效地区

1. 护照、证件的领取

（1）申请人或申请人的法定监护人凭本人身份证领取护照、证件，同时出具领证收条。多人申请商务出国的，可让其中一人或法人代表凭所有申请人身份证领取护照、证件。

（2）地、州、市（县）申请人需要在省公安厅出入境管理处领取护照、证件的，凭相关地、州、市（县）公安局出入境管理部门出具的同意申请人在省公安厅出入境管理处领取护照、证件的"批准通知书"领证。

（3）申请人对领取的护照、出境卡及有关证件认真核对无误后，由申请人在"持照（证）人签名处"用钢笔亲笔签名。

2. 护照的有效地区

有效地区是护照的重要内容之一，我国的护照上都印有"本护照前往世界各国有效"。有的国家的护照则印有"本护照限往×国有效"或"持照人不得前往×国及×地区"等字样。

二、代替护照使用的其他证件

目前，有一些国家为旅游者颁发代替护照的证件，如法国的通行证、英国的旅行证、澳大利亚的身份证等。在我国，旅行证、出入境通行证和海员证等可以代替护照使用。

短期出国的公民在国外发生护照遗失、被盗或者损毁不能使用等情形，应当向中华人民共和国驻外使馆、领馆或者外交部委托的其他驻外机构申请中华人民共和国旅行证。公民从事边境贸易、边境旅游服务或者参加边境旅游等，可以向公安部委托的县级以上地方人民政府公安机关出入境管理机构申请中华人民共和国出入境通行证。公民以海员身份出入国境和在国外船舶上工作的，应当向交通部委托的海事管理机构申请中华人民共和国海员证。

旅行证是代替护照使用的国际旅行证，与护照具有同等效力，是中国旅游者出入境的主要证件之一，由中国驻外国的外交代表机关、领事机关或者外交部授权的其他驻外机关颁发，分一年一次有效和两年多次有效两种。旅行证由持证人保存、使用，需要变更或加注旅行证的记载事项，应提交变更材料、加注事项的证明或说明材料向颁证机关提出申请。

中华人民共和国出入境通行证是出入中国国（边）境的通行证件，分一次有效和多次有效，由省、自治区、直辖市公安厅（局）及其授权的公安机关签发。一次有效的，在出境时由边防检查站收缴。

三、签证

签证（visa），是一个国家的主权机关在本国或外国公民所持的护照或其他旅行证件上签注、盖印，以表示允许其出入本国国境或者经过国境的手续，也可以说是颁发给他们的一项签注式的证明。

签证一般都签注在护照上，也有的签注在代替护照的其他旅行证件上，有的还颁发另纸签证。如美国和加拿大的移民签证是一张 A4 大的纸，签证一般来说须与护照同时使用，方有效力。

（一）签证的种类

签证有多种分类方式。根据签证的性质分为外交签证、公务签证、普通签证和礼遇签证（少数国家有）；按作用分为非移民签证和移民签证。许多国家的入境签证还分为定居、旅游观光、留学、任职等项签证。有的国家只有入境、再入境和过境签证，而没有出境或出入境签证。按国际惯例，一般发给与护照相应的签证，但有的国家规定可以发给高于或低于护照种类的签证。

我国只对外国人发给签证。《外国人入境出境管理法实施细则》（以下简称《实施细则》）规定，根据外国人来中国的身份和所持护照的种类，分别发给外交签证、礼遇签证、公务签证、普通签证。

签发普通签证时，根据外国人申请来中国的事由，在签证上标明相应的汉语拼音字母：①D 字签证发给来中国定居的人员；②Z 字签证发给来中国任职或者就业的人员及其随行家属；③X 字签证发给来中国留学、进修、实习 6 个月以上的人员；④F 字签证发给应邀来中国访问、考察、讲学、经商、进行科技文化交流及短期进修、实习等活动不超过 6 个月的人员；⑤L 字签证发给来中国旅游、探亲或者因其他私人事务入境的人员，其中 9 人以上组团来中国旅游的，可以发给团体签证；⑥G 字签证发给经中国过境的人员；⑦C 字签证发给执行乘务、航空、航运任务的国际列车乘务员、国际航空器机组人员及国际航行船舶的海员及其随行家属；⑧J-1 字签证发给来中国常驻的外国记者，J-2 字签证发给临时来中国采访的外国记者。

申请 L 字签证来华旅游的，须有中国旅游部门的接待证明，必要时须提供离开中国后前往国家（地区）的飞机票、车票或者船票。

（二）签证机关

中国政府在国外管理外国人入境、过境签证的机关是中国的外交代表机关、领事机关和外交部授权的其他驻外机关。一般情况下，外国人要进入中国国境，须在我国的驻外代表机关办理签证。特殊情况下，未在驻外代表机关办理签证，可在中国公安部授权的口岸签证机关办理签证。

外国人入境，应当向中国的外交代表机关、领事机关或者外交部授权的其他驻外机关申请办理签证。外国人持有中国国内被授权单位的函电，并持有与中国有外交关系或者官方贸易往来国家的普通护照，因下列事由确需紧急来华而来不及在上述中国驻外机关申办签证的，也可以向公安部授权的口岸签证机关申请办理签证：①中方临时决定邀请来华参加交易会；②应邀来华参加投标或者正式签订经贸合同；③按约来华监装出口、进口商检或者参加合同验收；④应邀参加设备安装或者工程抢修；⑤应中方要求来华解决索赔问题；⑥应邀来华提供科技咨询；⑦应邀来华团组办妥签证后，经中方同意临时增换；⑧看望危急病人或者处理丧事；⑨直接过境人员由于不可抗拒的原因不能在 24 小时内乘原机离境或者需改乘其他交通工具离境；⑩其他被邀请确实来不及在上述中国驻外机关申请签证，并持有指定的主管部门同意在口岸申办签证的函电。不属上述情况者，口岸签证机关不得受理其签证申请。

《实施细则》第二条规定："公安部授权的口岸签证机关设立在下列口岸：北京、上海、天津、大连、福州、厦门、西安、桂林、杭州、昆明、广州（白云机场）、深圳（罗湖、蛇口）、珠海（拱北）。"

（三）签证的内容

各国签证的内容大体相同，包括签证的有效期（validity, date of expiry, validuntil）、停留期（duration of stay, period of stay, length of stay）、有效次数（times of validity）、入境口岸（port of entry）、偕行人员（accompanying persons）等。

我国采用一次签证、多次签证和免除签证制度。外国人在我国入境、出境、过境，应在有效期内按指定的入出境口岸、交通工具和路线通行，中途非经许可不得停留，一般一次签证一次有效，有时也采用对等原则，办理多次签证，如乘务员签证。边民往来、访客朝圣可凭护照、过境通行证、边境公务证在指定的地点出入境。截至 2010 年 5 月 24 日，我国已与 69 个国家达成了互免签证协议。中国公民持有关护照前往有关国家短期旅行通常无须事先申请签证。

（四）签证的申请

《实施细则》规定，外国人申请签证须回答被询问的有关情况并履行下列手续：①提供有效护照或者能够代替护照的证件；②填写签证申请表，交近期 2 寸半身正面免冠照片；③交验与申请入境、过境事由有关的证明。

外国人来中国定居或者居留 1 年以上的，在申请入境签证时，还须交验所在国政府指定的卫生医疗部门签发的或者卫生医疗部门签发的并经过公证机关公证的健康证明书。健康证明书自签发之日起 6 个月有效。

外国人持有联程客票并已定妥联程座位搭乘国际航班从中国直接过境，在过境城市停留不超过 24 小时，不出机场的，免办过境签证；要求离开机场的，须向边防检查站申请办理停留许可手续。

国际航行船舶在中国港口停泊期间，外国船员及其随行家属要求登陆，不出港口城市的，向边防检查站申请登陆证；要求在陆地住宿的，申请住宿证。有正当理由需要前往港口城市以外的地区，或者不能随原船出境的，须向当地公安局申请办理相应的签证。

中国公民凭护照或其他有效证件出入境，无须办理中国签证，但若作为允许旅游者前往一个国家或中途经过或停留的证件，中国旅游者在经批准出境获得护照后，应申办欲前往国的签证或入境许可证。出国旅游应向所去国的驻华使、领馆申请办理签证；没有使、领馆，也没有其他使馆代办业务的，则需到办理该国签证的国家办理。

（五）国外旅行团旅游签证通知权的行使

我国国际旅行社组织的到我国境内旅游的签证通知权和权限如下：

（1）中央部门所属的国际旅行社组织的国际旅行团，由国家旅游局以函电通知驻外大使馆、领事馆和代表处，核发团体签证，或由中央部门所属国际旅行社将盖有国家旅游局签证通知专用章和统一编号的函件寄往国外旅行社，由国外旅行社持确认函电到我国驻外代表机构办理签证。

（2）省、自治区、直辖市所属国际旅行社组织的外国旅行团，只能由各省、自治区、直辖市旅游局以函电通知驻外大使馆、领事馆和代表处核发旅行团签证。

（3）中国国际旅行社集团、中国旅行社集团和中国青年旅行社集团在国家旅游局委托范围内可代理国家旅游局行使国外旅行团签证通知权。

《公安部、国家旅游局关于授予口岸签证机关团体旅游签证权的通知》（公境[2001] 1584号）（以下简称《通知》）规定，为方便外国人来中国旅游，自2002年1月1日起，经国务院批准，由国家旅游局批准的旅行社组织接待的外国旅游团，可在公安部授权的口岸签证机关办理团体旅游签证。公安部授权的口岸签证机关设在下列对外开放口岸：北京、上海、天津、重庆、大连、福州、厦门、西安、桂林、杭州、昆明、广州（白云）、深圳（罗湖、蛇口）、珠海（拱北）、海口、三亚、济南、青岛、烟台、威海、成都、南京。

《通知》规定，旅游团人数不限，在华停留时间最长不超过1个月。旅游团成员抵达口岸前，由接待社向口岸签证机关申请团体旅游签证。接待社提前3天将旅游团名单传送至口岸签证机关。口岸签证机关提前1天将审批情况通知接待社。已经批准的旅游团名单原则上只能减人，不能增人或者换人。口岸签证机关在旅游团成员抵达口岸后，发给团体旅游签证，也可在旅游团抵达口岸前24小时提前做好签证交接待社。旅游团凭各省级旅游局（委）核发的"团体旅游签证表"登机。入境时，旅游团向边防检查站提交护照、团体旅游签证表两联，旅游团成员免填"入出境登记卡"。

第二节　外国旅游者旅行和居留的管理

外国旅游者是指从国外来我国旅行游览超过24小时的外国自然人和无国籍者。外国旅游者的法律地位是指外国旅游者入境、出境、通过我国国境以及在我国居住、旅行、考察、经商办企业等期间的权利和义务。

一、外国旅游者的法律地位

（一）国际法的规定

在国际交往中，根据国际法的规定，双方可以条约和协议的形式给予外国人以下几种待遇：

1. 国民待遇

国民待遇又称公民待遇或平等待遇，是一国给予外国旅游者在民事方面与旅游地国的公民享有同等待遇，也就是将适用于本国公民的某些民事权利同样赋予外国人。法律和条约中规定的国民待遇有以下显著特点：

（1）执行国民待遇一般都是互惠的。

（2）授予国民待遇一般都有特定的范围。国民待遇授予各国均限于公民的人身权、财产保护权、诉讼权、企业经营权、船舶遇难海上救助、发明专利、商标注册的申请与保护等方面。

（3）国民待遇的适用一般都有一定的限制。按照国际法的规定，外国旅游者在旅游地国只享有民事权利,不享有政治权利。外国旅游者不得损害旅游地国的独立、主权和安全。外国旅游者要尊重旅游地国人民的风俗习惯。

各国为了自身的利益也规定了适用国民待遇的例外。如英国政府规定不准外国人拥有船舶所有权,不得充任商船船长、总工程师、引水员;美国多数州不准外国人当律师;俄罗斯政府规定不准外国人担任飞行员、船员、公证员、领事职员等。

2. 互惠待遇

互惠待遇即两国根据平等互惠的原则,规定外国旅游者的权利和义务,双方都对对方公民给予规定的相等待遇,例如互免签证、承认驾驶执照、简化海关检查手续、简化旅游者的入境、过境、居留、旅行手续等。

1989 年 4 月 14 日各国议会联盟和世界旅游组织通过了著名的《海牙旅游宣言》,该宣言对简化旅行、访问和旅游逗留的手续提出的建议主要有:

(1) 各国应考虑简化旅游手续,减少旅游限制性立法的影响,以免妨碍国际旅游业的发展。

(2) 为确保简化旅游手续,各国应进行各方面的规划和有效的协调,各国应在简化旅游手续方面通过一项国家政策,并授权简化旅游手续委员会付诸实施。

(3) 各国应致力于对特殊旅游团体,如青年、残疾人和老年人,实施强化的简化旅游的手续。在这方面可考虑对发放的旅游证件、护照、签证实行减免税和对公共交通实行优惠价格。

此外,各国应采取各种必要措施,为残疾人的旅行、访问和旅游逗留提供便利,满足他们的特殊需要和要求。

3. 最惠国待遇

这是一种民事经济法律关系,指一国在贸易、航海、关税、公民的法律地位等方面给予另一国的优惠待遇不得低于现在或将来给予任何第三国的优惠待遇。最惠国待遇涉及三类国家:一是承担给予最惠国待遇的缔约的一方;二是已经或将来取得前类国家给予优惠的第三国;三是依第三国享有的优惠待遇而享受该优惠的缔约另一方。最惠国待遇是一国境内外国人法律地位平等的标志。最惠国待遇具有以下特点:

(1) 最惠国待遇是以双边或多边条约的形式加以规定的。

(2) 最惠国待遇的实施,以条约约定的适用范围为限。

(3) 凡提供优惠待遇的国家给予任何第三国的优惠待遇,受惠国即可依据最惠国条款的规定,自动取得与第三国相同的待遇。

(4) 最惠国待遇要求处于旅游地的旅游者同第三国旅游者之间享有平等的待遇。

(二) 我国的规定

我国宪法规定了外国旅游者在我国的法律地位,允许外国人在中国投资、经商、办企业,保护他们的合法权益,外国人的其他合法权益也受中国法律保护。

《外国人入境出境管理法》规定,外国人入境、过境和在中国境内居留,必须经中国政府主管机关许可。外国人入境、出境、过境,必须从对外国人开放的或者指定的口岸通行,接受边防检查机关的检查。外国的交通工具入境、出境、过境,必须从对外国人开放的或者指定的口岸通行,接受边防检查机关的检查和监护。中国政府保护在中国境内的外国人的合法权利和利益。外国人的人身自由不受侵犯，非经人民检察院批准或决定或者人民法院决定，并由公安机关或者国家安全机关执行，不受逮捕。外国人在中国境内必须遵守中国法律，不得危害中国国家安全、损害社会公共利益、破坏社会公共秩序。

（三）管辖权

1. 属人管辖权

属人优先权管辖是指本国国民即使在本国境外也适用本国法律。该国的国民必须忠于国籍国，其本国亦有义务为他提供保护。这是普遍实行的国际法准则。一国通过外交途径对在国外的本国旅游者的合法权益所进行的保护，是国际社会通行的惯例，为各国所遵从。

根据国家主权原则，一方面国家对某领域内的外国人有属地优先权，另一方面也有保护其在外国的本国国民合法权益的属人优先权。就一个外国旅游者而言，他受到双重管辖，既要服从旅游地国的管辖，也要服从国籍国的管辖，这就是外国人特定的法律地位的表现。

2. 属地管辖权

按照国际法的规定，主权国家对外国人和无国籍人员实行属地优先权管辖。国家可自主地规定外国旅游者的法律地位和待遇。外国旅游者须服从旅游地国的管辖，遵守旅游地国的法律法规。外国旅游者的生命及财产安全等合法权益受主权国家（包括国籍国和旅游地国）保护。属地优先权管辖被现代国际社会所肯定，它是国家主权的体现，是维护国际和平的需要。

二、旅行规定

外国人在我国旅游期间，应遵守我国法律、法规的规定，服从有关部门的管理，如有违反规定或者违法行为，有关部门或管理机构给予相应处罚。属于违反有关治安管理规定的，由公安机关依法处罚，上述行为情节严重，触犯刑律的，依法追究刑事责任。

（一）在开放地区旅行的规定

外国人持有有效签证和居留证件，可以前往中国政府规定的对外国人开放的地区旅行，无须申请并获得许可。我国对外国人开放的地区不断扩大，至 2002 年 3 月，开放地区已达 1455 个。

（二）在未开放地区旅行的规定

我国法律规定，外国人前往不对外开放的地区旅行，必须向当地公安机关申请旅行证。《实施细则》规定，外国人前往不对外国人开放的市、县旅行，须事先向所在市、县公安局申请旅行证，获准后方可前往。申请旅行证须履行下列手续：①交验护照或者居留证件；②提供与旅行事由有关的证明；③ 填写旅行申请表。外国人旅行证的有效期最长为 1 年，但不得超过外国人所持签证或者居留证件的有效期限。外国人领取旅行证后，如要求延长旅行证有效期、增加不对外国人开放的旅行地点、增加偕行人数，必须向公安局申请延期或者变更。外国人未经允许，不得进入不对外开放的场所。

三、外国人居留制度

外国人在中国居留，必须持有中国政府主管机关签发的身份证件或者居留证件。身份证件或者居留证件的有效期限，根据入境的事由确定，在中国居留的外国人应当在规定的时间内到当地公安机关缴验证件。

（一）居留证的种类

1. 外国人居留证

外国人居留证发给在中国居留 1 年以上的人员。外国人居留证有效期可签发 1 ~ 5 年，由市、县公安局根据外国人居留的事由确定。对依照中国法律在中国投资或者同中国的企业、事业单位进行经济、科技、文化合作以及其他需要在中国长期居留的外国人，经中国政府主管机关批准，公安机关可以发给 1 ~ 5 年长期居留资格的证件，有显著成效的可以发给永久居留资格的证件。凡持定居签证（D）、职业签证（Z）、学习签证（X）的外国人，必须自入境之日起 10 日内到居住地公安机关办理居留手续。

☞ 知识拓展

持标有 D、Z、X、J-1 字签证的外国人，必须自入境之日起 30 日内到居住地市、县公安局办理外国人居留证或者外国人临时居留证。上述居留证件的有效期即为准许持证人在中国居留的期限。

2. 外国人永久居留证

外国人永久居留证发给获得永久居留资格的外国人。这种证件不仅是外国人的一种居留身份，而且是中国主管部门给予外国人的一种礼遇。我国法律规定，具有下列情况之一的外国人，有可能获得在中国的永久居留资格：①对中国的社会主义革命和建设有重大贡献；②在中国投资数额巨大、同中国企事业单位进行经济、科技、文化合作需长期在中国居留；③长期在中国居住的知名人士或有其他特殊贡献的外国人。

☞ 知识拓展

外国人永久居留证的有效期为 5 年或者 10 年。被批准在中国永久居留的未满 18 周岁的外国人，发给有效期为 5 年的外国人永久居留证；被批准在中国永久居留的 18 周岁以上的外国人，发给有效期为 10 年的外国人永久居留证。持外国人永久居留证的外国人应当在证件有效期满前 1 个月以内申请换发；证件内容变更的，应当在情况变更后1 个月以内申请换发；证件损坏或者遗失的，应当及时申请换发或者补发。

3. 外国人临时居留证

外国人临时居留证发给在中国居留不满 1 年的人员。凡持有访问签证（F）、旅游签证（L）、过境签证（G）、乘务签证（C）的外国人，可以在签证注明的期限内在中国停留，不需办理居留证件。根据中国政府同外国政府签订的协议免办签证的外国人，在中国停留不超过 30 日的，不需办理居留手续；需在中国停留 30 日以上的，需申请居留证件。

外国人如果持 D、Z、X 字签证在中国居留 1 年以下，可申请外国人临时居留证，该居留证的有效期为 6～12 月。

外国人申请居留证件须回答被询问的有关情况并履行下列手续：①交验护照、签证和与居留事由有关的证明；②填写居留申请表；③申请外国人居留证的，还要交验健康证明书，交近期 2 寸半身正面免冠照片。

对因为政治原因要求避难的外国人，经中国政府主管机关批准，准许在中国居留。对不遵守中国法律的外国人，中国政府主管机关可以缩短其在中国停留的期限或者取消其在中国居留的资格。持居留证件的外国人在中国变更居留地点，必须依照规定办理迁移手续。未取得居留证件的外国人和来中国留学的外国人，未经中国政府主管机关允许，不得在中国就业。

（二）外国人临时居留住宿的有关规定

《实施细则》第二十九条规定："外国人在宾馆、饭店、旅店、招待所、学校等企业、事业单位或者机关、团体及其他中国机构内住宿，应当出示有效护照或者居留证件，并填写临时住宿登记表。在非开放地区住宿还要出示旅行证。"第三十条规定："外国人在中国居民家中住宿，在城镇的，须于抵达后 24 小时内，由留宿人或者本人持住宿人的护照、证件和留宿人的户口簿到当地公安机关申报，填写临时住宿登记表；在农村的，须于 72 小时内向当地派出所或者户籍办公室申报。"第三十一条规定："外国人在中国的外国机构内或者在中国的外国人家中住宿，须于住宿人抵达后 24 小时内，由留宿机构、留宿人或者本人持住宿人的护照或者居留证件，向当地公安机关申报，并填写临时住宿登记表。"第三十三条规定："外国人在移动性住宿工具内临时住宿，须于 24 小时内向当地公安机关申报。为外国人的移动性住宿工具提供场地的机构或者个人，应于 24 小时前向当地公安机关申报。"

住宿人在一地办理住宿登记手续后，又需到本市其他地区住宿的，需在所在地的户籍派出所重新办理住宿登记手续。临时离开本市时，住宿人需将临时住宿登记卡交回派出所保存，返回后可继续使用。当住宿人不再住宿时，应将临时住宿登记卡交回户籍派出所。

第三节　我国的入出境检查制度

我国从 1985 年开始，先后制定和颁布了《中国公民出境入境管理法》、《外国人入境出境管理法》、《海关法》、《国境卫生检疫法》和《出境入境边防检查条例》等一系列法律法规，对出入中国国境的人员、交通工具和行李物品的检查与管理作出了规定。

一、边防检查制度

为维护国家的主权、安全和社会秩序，便利出境、入境的人员和交通工具的通行，我国在对外开放的港口、航空港、车站和边境通道等口岸设立出境入境边防检查站，对出境、入境的人员及其行李物品、交通工具及其载运的货物实施边防检查。

（一）对人员的检查和管理

1. 出入境验证

《出境入境边防检查条例》第七条规定："出境、入境的人员必须按照规定填写出境、入境登记卡，向边防检查站交验本人的有效护照或者其他出境、入境证件（以下简称出境、入境证件），经查验核准后，方可出境、入境。"第十二条规定："上下外国船舶的人员，必须向边防检查人员交验出境、入境证件或者其他规定的证件，经许可后，方可上船、下船。口岸检查、检验单位的人员需要登船执行公务的，应当着制服并出示证件。"

2. 不准出入境的人员

《出境入境边防检查条例》规定，出境、入境的人员有下列情形之一的，边防检查站有权阻止其出境、入境：①未持出境、入境证件；②持有无效出境、入境证件；③持用他人出境、入境证件；④持用伪造或者涂改的出境、入境证件；⑤拒绝接受边防检查；⑥未在限定口岸通行；⑦国务院公安部门、国家安全部门通知不准出境、入境；⑧法律、行政法规规定不准出境、入境。

出境、入境的人员有上述第三项、第四项或者中国公民有上述第七项、第八项所列情形之一的，边防检查站可以扣留或者收缴其出境、入境证件。

3. 不准入境的外国人

对不准入境的外国人，一般令其乘原交通工具返回，或限制其活动范围，乘最后一班交通工具返回。《实施细则》规定，下列外国人不准入境：①被中国政府驱逐出境，未满不准入境年限的；②被认为入境后可能进行恐怖、暴力、颠覆活动的；③被认为入境后可能进行走私、贩毒、卖淫活动的；④患有精神病和麻风病、艾滋病、性病、开放性肺结核病等传染病的（2010 年 4 月 24 日修改为患有严重精神病、传染性肺结核病或者有可能对公共卫生造成重大危害的其他传染病的）；⑤不能保障其在中国期间所需费用的；⑥被认为入境后可能进行危害我国国家安全和利益的其他活动的。

4. 不准出境的外国人

《外国人入境出境管理法》规定，有下列情形之一的外国人，不准出境：①刑事案件的被告人和公安机关或者人民检察院或者人民法院认定的犯罪嫌疑人；②人民法院通知有未了结民事案件不能离境；③有其他违反中国法律的行为尚未处理，经有关主管机关认定需要追究。

5. 其他人员检查规定

《出境入境边防检查条例》规定，抵达中华人民共和国口岸的船舶的外国籍船员及其随行家属和香港、澳门、台湾船员及其随行家属，要求在港口城市登陆、住宿的，应当由船长或者其代理人向边防检查站申请办理登陆、住宿手续。经批准登陆、住宿的船员及其随行家属，必须按照规定的时间返回船舶。登陆后有违法行为，尚未构成犯罪的，责令立即返回船舶，并不得再次登陆。从事国际航行船舶上的中国船员，凭本人的出境、入境证件登陆、住宿。

中华人民共和国与毗邻国家（地区）接壤地区的双方公务人员、边境居民临时出境、入境的边防检查，双方订有协议的，按照协议执行；没有协议的，适用《出境入境边防检查条例》的规定。毗邻国家的边境居民按照协议临时入境的，须在协议规定范围内活动；需要到协议规定范围以外活动的，应当事先办理入境手续。

边防检查站认为必要时，可以对出境、入境的人员进行人身检查。人身检查应当由两名与受检查人同性别的边防检查人员进行。

出境、入境的人员有下列情形之一的，边防检查站有权限制其活动范围，进行调查或者移送有关机关处理：①有持用他人出境、入境证件嫌疑；②有持用伪造或者涂改的出境、入境证件嫌疑；③国务院公安部门、国家安全部门和省、自治区、直辖市公安机关、国家安全机关通知有犯罪嫌疑；④有危害国家安全、利益和社会秩序嫌疑。

（二）对交通工具的检查和监护

《出境入境边防检查条例》对交通工具的检查和监护作了如下具体规定。

出境、入境的交通运输工具离、抵口岸时，必须接受边防检查。对交通运输工具的入境检查，在最先抵达的口岸进行；出境检查，在最后离开的口岸进行。在特殊情况下，经主管机关批准，对交通运输工具的入境、出境检查，也可以在特许的地点进行。

交通运输工具的负责人或者有关交通运输部门，应当事先将出境、入境的船舶、航空器、火车离、抵口岸的时间、停留地点和载运人员、货物情况，向有关的边防检查站报告。交通运输工具抵达口岸时，船长、机长或者其代理人必须向边防检查站申报员工和旅客的名单；列车长及其他交通运输工具的负责人必须申报员工和旅客的人数。

对交通运输工具实施边防检查时，其负责人或者代理人应当到场协助边防检查人员进行检查。

出境、入境的交通运输工具在中国境内必须按照规定的路线、航线行驶。外国船舶未经许可不得在非对外开放的港口停靠。出境的交通运输工具自出境检查后到出境前，入境的交通运输工具自入境后到入境检查前，未经边防检查站许可，不得上下人员、装卸物品。

边防检查站对处于下列情形之一的出境、入境交通运输工具，有权进行监护：

（1）离、抵口岸的火车、外国船舶和中国客船在出境检查后到出境前、入境后到入境检查前和检查期间；

（2）火车及其他机动车辆在国（边）界线距边防检查站较远的区域内行驶期间；

（3）外国船舶在中国内河航行期间；

（4）边防检查站认为有必要进行监护的其他情形。

发现出境、入境的交通运输工具载运不准出境、入境人员，偷越国（边）境人员及未持有效出境、入境证件的人员，交通运输工具负责人应当负责将其遣返，并承担由此发生的一切费用。

出境、入境的交通运输工具有下列情形之一的，边防检查站有权推迟或者阻止其出境、入境：

（1）离、抵口岸时，未经边防检查站同意，擅自出境、入境；

（2）拒绝接受边防检查、监护；

（3）被认为载有危害国家安全、利益和社会秩序的人员或者物品；

（4）被认为载有非法出境、入境人员；

（5）拒不执行边防检查站依法作出的处罚或者处理决定；

（6）未经批准擅自改变出境、入境口岸。

边防检查站在上述情形消失后，对有关交通运输工具应当立即放行。

出境、入境的船舶、航空器，由于不可预见的紧急情况或者不可抗拒的原因，驶入对外开放口岸以外地区的，必须立即向附近的边防检查站或者当地公安机关报告并接受检查和监护；在驶入原因消失后，必须立即按照通知的时间和路线离去。

（三）对行李物品、货物的检查

具体检查内容包括：对违禁物品的检查；对秘密文件、资料的检查；对武器的检查。《出境入境边防检查条例》作了如下具体规定。

（1）边防检查站根据维护国家安全和社会秩序的需要，可以对出境、入境人员携带的行李物品和交通运输工具载运的货物进行重点检查。

（2）出境、入境的人员和交通运输工具不得携带、载运法律、行政法规规定的危害国家安全和社会秩序的违禁物品；携带、载运违禁物品的，边防检查站应当扣留违禁物品，对携带人、载运违禁物品的交通运输工具负责人依照有关法律、行政法规的规定进行处理。

（3）任何人不得非法携带属于国家秘密的文件、资料和其他物品出境；非法携带属于国家秘密的文件、资料和其他物品的，边防检查站应当予以收缴，对携带人依照有关法律、行政法规的规定进行处理。

（4）出境、入境的人员携带或者托运枪支、弹药，必须遵守有关法律、行政法规的规定，向边防检查站办理携带或者托运手续；未经许可，不得携带、托运枪支、弹药出境、入境。

二、海关检查制度

海关是国家的进出关境监督管理机关。世界各国都制定了海关法。海关依照海关法和其他有关法律法规，监管进出境的运输工具、货物、行李物品、邮递物品和其他物品，征收关税和其他税费，查缉走私，并编制海关统计和办理其他海关业务。我国于1987年1月颁布了《海关法》（2000年7月8日修正）。

（一）对进出境运输工具的检查

《海关法》第十四条规定："进出境运输工具到达或者驶离设立海关的地点时，运输工具负责人应当向海关如实申报，交验单证，并接受海关监管和检查。停留在设立海关的地点的进出境运输工具，未经海关同意，不得擅自驶离。进出境运输工具从一个设立海关的地点驶往另一个设立海关的地点的，应当符合海关监管要求，办理海关手续，未办结海关手续的，不得改驶境外。"第十五条规定："进境运输工具在进境以后向海关申报以前，出境运输工具在办结海关手续以后出境以前，应当按照交通主管机关规定的路线行进；交通主管机关没有规定的，由海关指定。"

（二）对进出境行李物品的监督和检查

海关对入出境旅游者的行李物品的监督和管理主要包括旅游者个人携带进出境物

品、邮寄进出境物品等。个人携带进出境的行李物品、邮寄进出境的物品，应当以自用、合理数量为限，并接受海关监管。在交验之前应该填写"旅客行李物品申报单"一式二份向海关申报。海关查验后签章，双方各执一份，旅游者回程时交海关查验。进出境物品的所有人应当向海关如实申报，并接受海关查验。海关加施的封志，任何人不得擅自开启或者损毁。经海关登记准予暂时免税进境或者暂时免税出境的物品，应当由本人复带出境或者复带进境。过境人员未经海关批准，不得将其所带物品留在境内。进出境物品所有人声明放弃的物品、在海关规定期限内未办理海关手续或者无人认领的物品，以及无法投递又无法退回的进境邮递物品，由海关依照规定处理。

旅游者不得携带禁止进出境的物品。根据有关法律规定，旅游者申报的属于禁止进出境的物品，应由海关扣留，并限定 3 个月内由旅游者或者其代理人退运出境或退回国内任何地点，过期不退，即由海关没收。由于政治、文化、道德、卫生有害而被扣留的物品，都不发还，由海关按国家有关规定处理。旅游者携带的金银（包括黄金、白金、白银及其制品）、珠宝、钻石饰物、货币、货币票据、有价证券、邮票和国家规定须经审查或检疫的物品，如果《海关对进出国境旅客行李物品监督办法》没有规定，按照国家有关规定办理。如由我方全程陪同的外国自费旅游团体和在我国境内无社会关系的外国人所携带的珠宝、首饰和金银饰物，可免予在海关申报表上登记。其他外国短期旅游者所携带的珠宝饰物和金银饰物在两件以内可免予登记，超过两件的全部登记。

目前，绝大多数国家在海关检查上简化了手续。有的国家免检，如欧盟国家在海关处写明"不用报关"，或无人办公；有的国家实行口头申报，很少开箱检查；有的国家只填写海关申报单。只有少数国家在过关时既填申报单，又开箱检查。我国的海关也简化了手续。未带违禁物品和征税物品的人员，可以从绿色通道直接过关。

三、安全检查制度

我国海关和边防检查站为了保证旅游者生命财产的安全，防止武器、凶器、爆炸品等有害安全的物品带入，要对旅游者进行安全检查。检查的方法是通过安全门、使用磁性探测器近身检查、红外线透视、搜身、开箱检查等。

《出境入境边防检查条例》规定，边防检查站为维护国家主权、安全和社会秩序，履行下列职责：①对出境、入境的人员及其行李物品、交通运输工具及其载运的货物实施边防检查；②按照国家有关规定对出境、入境的交通运输工具进行监护；③对口岸的限定区域进行警戒，维护出境、入境秩序；④执行主管机关赋予的和其他法律、行政法规规定的任务。

四、卫生检疫制度

卫生检疫是指国境卫生检疫机关依法律规定对进出国境的旅游者及其携带的动植物和交通运输工具等实施传染病检疫、监测和卫生监督。

我国于 1986 年 12 月颁发了《卫生检疫法》，1989 年 3 月卫生部发布了《卫生检疫法实施细则》等一系列法规。

《卫生检疫法》规定，在中华人民共和国国际通航的港口、机场以及陆地边境和国界江河的口岸设立国境卫生检疫机关，依照该法规定实施传染病检疫、监测和卫生监督。《卫生检疫法》所指的传染病是指检疫传染病和监测传染病。检疫传染病指鼠疫、霍乱、黄热病以及国务院确定和公布的其他传染病；监测传染病由国务院卫生行政管理部门确定和公布。

入境、出境的人员、交通工具、运输设备以及可能传染检疫传染病的行李、货物、邮包等物品都应当接受检疫，经国境卫生检疫机关许可方准入境或出境。在国外或国内有检疫传染病大流行的时候，国务院可以下令封锁有关国境或采取其他紧急措施。

（一）旅游者入出境卫生监测的规定

《卫生检疫法》对入出境人员的监测作了专门的规定：

（1）国境卫生检疫机关对入出境人员实施传染病监测，并采取必要的预防、控制措施。

（2）国境卫生检疫机关有权要求入出境人员填写健康证明卡，出示某种传染病的预防接种证书、健康证明或其他有关证明。

（3）对患有监测传染病的人、来自国外传染病流行区的人或与监测传染病密切接触的人，国境卫生检疫机关应当区别情况，发给就诊方便卡，实施留验或采取其他预防、控制措施，并及时通知当地卫生行政管理部门。

（二）旅游者入出境检疫的规定

《卫生检疫法》第二章对旅游者入出境检疫作了具体规定：

（1）入境的旅游者和交通工具，必须在最先到达的国境口岸的指定地点接受检疫。除引航员外，未经国境卫生检疫机关许可，任何人不准上下交通工具，不准装卸行李、货物、邮包等物品。出境的旅游者和交通工具，必须在最后离开的国境口岸接受检疫。

（2）来自外国的船舶、航空器因故停泊、降落在中国境内非口岸地点的时候，船舶、航空器的负责人应当立即向就近的国境卫生检疫机关或者当地卫生行政管理部门报告。除紧急情况外，未经国境卫生检疫机关或者当地卫生行政管理部门许可，包括旅游者在内的任何人不准上下船舶、航空器，不准装卸行李、货物、邮包等。

（3）国境卫生检疫机关依据检疫医师的检疫结果，对未染有传染病的旅游者、交通工具或已实施卫生处理的交通工具，签发入境检疫证或出境检疫证。

（4）国境卫生检疫机关对检疫传染病的染疫人必须立即将其隔离，隔离期限根据医学检查结果确定；对检疫传染病染疫嫌疑人应当将其留验，留验期限根据该传染病的潜伏期决定。因患检疫传染病而死亡的尸体，必须就近火化。

（5）接受入境检疫的旅游者的交通工具有下列情形之一的，应当实施消毒、除鼠、除虫或其他卫生处理：①来自检疫传染病疫区；②被检疫传染病污染；③发现有与人类健康有关的啮齿动物或病媒昆虫。如果旅游者拒绝对其交通工具进行卫生处理，除有特殊情况外，准许该交通工具在国境卫生检疫机关的监督下，立即离开我国国境。

五、动植物检疫制度

为了保护我国农、林、牧、渔业生产和人体健康，防止危害动植物的病、虫、杂草及其他有害生物由国外传入或国内传出，我国制定了动植物检疫的法律，在我国边境口岸设立了专门的动植物检疫站，代表国家对入出境的动物、植物、植物产品及运载动植物的交通工具等执行检疫和检查。旅游者应主动接受检疫，并按有关规定入出境。

六、入出境口岸

《外国人入境出境管理法》和《中国公民出境入境管理法》对入出境口岸作了专门的规定。外国人入境、出境、过境，必须从对外国人开放的或者指定的口岸通行，接受边防检查机关的检查。外国人的交通工具入境、出境、过境，必须从对外国人开放的或者指定的口岸通行，接受边防检查机关的检查和监护。中国公民出境入境，从对外开放的或者指定的口岸通行，接受边防检查机关的检查。

第四节　中国公民出国旅游管理制度

1990 年我国发布了《关于组织我国公民赴东南亚三国旅游的暂行管理办法》。经国务院批准，国家旅游局、公安部于 1997 年 7 月 1 日联合发布了《中国公民自费出国旅游管理暂行办法》，对中国公民自费出国旅游作了规定。2002 年 5 月 27 日国务院发布了《中国公民出国旅游管理办法》，自 2002 年 7 月 1 日起施行。

一、中国旅游者出入境的权利和义务

（一）出入境的权利

中国旅游者出入境的合法权益受中国法律保护，同时也受前往国法律的保护。中国旅游者持护照出入本国国境不需办理签证；公安机关对于中国旅游者出境申请应在规定的时间内答复；申请人有权查询规定时间没有审批结果的原因，受理部门应作答复；申请人认为不批准出境不符合法律规定，可向上一级公安机关申诉，受理机关应作出处理和答复；旅游者本人保存、使用其护照，非经法定事由和特定机关，不受吊销、收缴和扣押；旅游者有权按规定缴纳有关费用。

（二）出入境的义务

中国公民出国旅游应申办有效证件，并妥善保管护照等证件；由指定口岸或对外开放的口岸出入境，应向边检站出示中国护照或其他有效证件，填写出入境登记卡，接受"一关四检"的检查和其他检查，遵守中国及前往国家的法律，不得有危害祖国安全、荣誉和利益的行为。

二、中国公民出境限制

《中国公民出境入境管理法》规定，有下列情形之一的，不准出境：①刑事案件的被告人和公安机关或者人民检察院或者人民法院认定的犯罪嫌疑人；②人民法院通知有

未了结民事案件不能离境；③被判处刑罚正在服刑；④正在被劳动教养；⑤国务院有关主管机关认为出境后将对国家安全造成危害或者对国家利益造成重大损失。

三、出国（境）旅游管理制度

出国旅游在广义上也称出境旅游，指持护照或其他有效证件前往其他国家或地区的旅游，包括边境游、港澳台游和出国游。通常根据旅游费用来源可分为公费、自费以及其他三类。根据出境方式可分为有组织与非组织两类。我国目前所指出国（境）旅游特指中国公民自费出国（境）旅游，即由中国旅游企业组织中国公民以团队形式自费前往国（境）外旅游，包括探亲、访友等其他短期因私出国（境）事宜。

我国政府参照国际上的一般做法，对开办公民自费出国（境）旅游采取有计划、有组织、有控制发展的指导方针。

（一）总量控制、配额管理制度

具体内容请参看附录《中国公民出国旅游管理办法》第六条、第七条。

（二）出国目的地审批制度

《旅行社条例》第二十五条规定："经营出境旅游业务的旅行社不得组织旅游者到国务院旅游行政主管部门公布的中国公民出境旅游目的地之外的国家和地区旅游。"

出国目的地指我国政府批准，允许旅行社组织旅游团队前往的国家和地区。《中国公民出国旅游管理办法》第二条规定："出国旅游的目的地国家，由国务院旅游行政部门会同国务院有关部门提出，报国务院批准后，由国务院旅游行政部门公布。任何单位和个人不得组织中国公民到国务院旅游行政部门公布的出国旅游的目的地国家以外的国家旅游；组织中国公民到国务院旅游行政部门公布的出国旅游的目的地国家以外的国家进行涉及体育活动、文化活动等临时性专项旅游的，须经国务院旅游行政部门批准。"

成为中国公民出国（境）旅游目的地的条件是：对方是我国客源国，有利于双方旅游合作与交流；政治上对我国友好，开展国民外交符合我国对外政策目标；旅游资源有吸引力，具备适合我国旅游者的接待服务设施；对我国旅游者在政治、法律等方面没有歧视性、限制性、报复性政策；旅游者有安全保障，具有良好的可进入性。

中国公民可以自费出境旅游的国家和地区最初只有新加坡、新西兰、马来西亚、泰国、菲律宾、韩国、日本、澳大利亚、印度尼西亚，以及中国香港、澳门两个特别行政区。从 2001 年 6 月 10 日起，我国新增越南、缅甸、柬埔寨、文莱 4 个国家作为出境旅游目的地。2002 年，中国又相继开放了老挝、德国、尼泊尔、马耳他、埃及、土耳其等 6 个国家作为旅游目的地。2003 年 4 月 1 日起，斯里兰卡、马尔代夫、南非、印度 4 个国家开始正式组团。随后，俄罗斯、乌克兰、瑞士、希腊、克罗地亚等国相继批准为中国公民自费出境的旅游目的地。截至 2008 年底，已开放的旅游目的地国家和地区达 135 个，其中实施 92 个。另外，我国与几乎所有的毗邻国家都开展了边境旅游。

☞ 知识拓展

截至 2011 年 12 月 28 日，中国已批准 140 个国家和地区为中国公民出境旅游目的地，实施 111 个。

（三）组团社审批制度

组团社是指经国务院旅游行政主管部门或者其委托的省、自治区、直辖市旅游行政管理部门批准，具有经营中国公民自费出国（境）旅游业务资格的旅行社。

1. 组团社应当具备的条件

（1）取得经营出境旅游业务许可证，并在工商行政管理部门办理设立登记的旅行社（《中国公民出国旅游管理办法》规定取得国际旅行社资格满 1 年）。

（2）经营入境旅游业务有突出业绩。

（3）经营期间无重大违法行为和重大服务质量问题。

2. 审批程序

《旅行社条例》第九条规定："申请经营出境旅游业务的，应当向国务院旅游行政主管部门或者其委托的省、自治区、直辖市旅游行政管理部门提出申请，受理申请的旅游行政管理部门应当自受理申请之日起 20 个工作日内作出许可或者不予许可的决定。予以许可的，向申请人换发旅行社业务经营许可证，旅行社应当持换发的旅行社业务经营许可证到工商行政管理部门办理变更登记；不予许可的，书面通知申请人并说明理由。"未经国务院旅游行政管理部门批准取得出国旅游业务经营资格，任何单位和个人不得擅自经营或者以商务、考察、培训等方式变相经营出国旅游业务。

（四）团队方式出国（境）旅游制度

团队是指由有经营权的旅行社组织的 3 人以上的出国（境）旅游团。我国规定，除我国香港、澳门等地开放了个人游外，公民自费出国旅游主要以团队的形式进行。组团社必须为旅游团派遣持有合格资格证书的领队，负责安排团队活动，代表组团社与境外接待社接洽，保证团队旅游服务质量，处理突发事宜，使团队的活动在领队的带领下进行。

（五）出境旅游领队人员依法管理制度

国家旅游局于 2002 年 10 月 28 日发布了《出境旅游领队人员管理办法》（自发布之日起施行）。

1. 领队人员与领队业务

出境旅游领队人员（简称"领队人员"），是指依照《出境旅游领队人员管理办法》规定取得出境旅游领队证（简称"领队证"），接受具有出境旅游业务经营权的国际旅行社（简称"组团社"）的委派，从事出境旅游领队业务的人员。

领队业务，是指为出境旅游团提供旅途全程陪同和有关服务，作为组团社的代表，协同境外接待旅行社（简称"接待社"）完成旅游计划安排，以及协调处理旅游过程中相关事务等活动。

2. 申请领队证的条件

（1）有完全民事行为能力的中华人民共和国公民；

（2）热爱祖国，遵纪守法；

（3）可切实负起领队责任的旅行社人员；

（4）掌握旅游目的地国家或地区的有关情况。

3. 领队人员的职责

（1）遵守《中国公民出国旅游管理办法》的有关规定，维护旅游者的合法权益；

（2）协同接待社实施旅游行程计划，协助处理旅游行程中的突发事件、纠纷及其他问题；

（3）为旅游者提供旅游行程服务；

（4）自觉维护国家利益和民族尊严，并提醒旅游者抵制任何有损国家利益和民族尊严的言行。

（六）旅行社出境旅游服务质量标准化制度

2002 年 7 月 27 日，国家旅游局首次发布《旅行社出境旅游服务质量》（自发布之日起实施），对出境旅游服务质量范围、规范性引用文件、术语和定义、出境旅游产品设计要求、服务提供要求、服务质量的监督和改进等方面作出了明确的规定。

二、边境旅游

边境旅游是出国旅游的一部分，指经批准和指定的旅游部门组织与接待我国及毗邻国家的公民在双方政府商定的边境地区进行旅游活动。其特点是：由特定部门组织；接待对象主要是两个邻近国家的公民；通常有双边协议，并在规定的区域内进行。

我国自 1987 年国务院批准辽宁省丹东市开办丹东至朝鲜新义州中朝一日游以来，至今已在边境开放了近 50 个旅游口岸，每年入出境参游人员已达 250 多万人次，边境旅游涉及 7 个省区。在边境旅游蓬勃发展的过程中，也出现了一系列新的问题。经国务院 1996 年 3 月 8 日批准，1997 年 10 月 15 日，国家旅游局、外交部、公安部、海关总署联合发布施行了《边境旅游暂行管理办法》（以下简称《办法》），对边境旅游作了明确的规定。

（一）主管部门

《办法》规定国家旅游局是边境旅游的主管部门，负责制定边境旅游有关政策和管理办法，对边境旅游进行宏观管理，批准承办边境旅游的施行社。边境省、自治区旅游局负责对本行政区域内的边境旅游业务的管理、监督、指导和协调，依据有关法规制定边境旅游管理的实施细则，定期向国家旅游局报告开展边境旅游情况。边境市、县旅游局在上级旅游主管部门的指导下，负责协调管理本地区的边境旅游活动。

（二）申请开办边境旅游业务的条件

《办法》规定了申请开办边境旅游业务的必备条件：

（1）经国务院批准对外国人开放的边境市、县；

（2）有国家正式批准对外开放的国家一、二类口岸，口岸联检设施基本齐全；

（3）有旅游行政管理部门批准可接待外国旅游者的旅行社；

（4）具备就近办理参游人员出入境证件的条件；

（5）具备交通条件和接待设施；

（6）同对方国家边境地区旅游部门签订了意向性协议。

（三）我国公民参加边境旅游的办法和出入境手续

《办法》规定了我国公民参加边境旅游的办法和边境旅游的出入境手续。严禁公费参游，不准异地申办出境证件，旅游团队应整团出入境，严禁滞留不归或从事非法移民活动，严禁携带违禁物品出入境。

【导游考试典型试题】

1. 中国公民因私出境，应向（D）提出申请。
   A. 组团社　　　　　　　　　　　　B. 国家旅游局或其授权的省级旅游局
   C. 组团社所在地的市县公安机关　　D. 户口所在地的市县公安机关

2. 边境旅游是（C）的一部分，是指经批准和指定的旅游部门组织与接待我国及毗邻国家的公民在双方政府商定的边境地区进行旅游活动。
   A. 国内旅游　　　　　　　　　　　B. 散客旅游
   C. 出国旅游　　　　　　　　　　　D. 团队旅游

3. 外国旅游者在中国境内受中国法律保护，人身自由不受侵犯，非经（B）批准或人民法院决定，并由规定的机关执行，不受逮捕。
   A. 公安机关　　　　　　　　　　　B. 人民检察院
   C. 国家安全机关　　　　　　　　　D. 国家监督机关

4. 外国人前往不对外国人开放的地区旅行，必须向当地（D）申请旅游证件。
   A. 人民政府　　　　　　　　　　　B. 外交机关
   C. 旅游机关　　　　　　　　　　　D. 公安机关

5. 中国旅游者的出境申请未得到批准，如果申请人认为不批准不符合出境法律规定，有权向（D）提出申诉。
   A. 受理申请的旅游行政管理部门
   B. 受理申请的旅游行政管理部门的上一级部门
   C. 受理申请的公安机关
   D. 受理申请的公安机关的上一级公安机关

6. 持有（ABCD）的外国人可以在签证注明的期限内不办理居留证件在中国居留。
   A. F 字签证　　　　　　　　　　　B. L 字签证
   C. G 字签证　　　　　　　　　　　D. C 字签证
   E. D 字签证

7. 下列情况下不准外国人入境的是（ABCD）。
   A. 被中国政府驱逐出境，未满不准入境年限
   B. 被认为入境后可能进行恐怖、暴力、颠覆活动
   C. 被认为入境后可能进行走私、贩毒、卖淫活动
   D. 不能保障其在中国期间所需费用
   E. 和中国政府持有不同的政治见解，曾经对中国政府提出批评

8. 对不遵守中国法律的外国人，中国政府主管机关可以（AB）。
   A. 缩短其在中国停留的期限　　　　B. 取消其在中国居留的资格
   C. 没收护照　　　　　　　　　　　D. 注销护照

E. 治安拘留

9. 下列在中国旅游的外国旅游者，不准出境的是（ABCD）。

    A. 刑事案件的被告人

    B. 人民法院通知有未了结民事案件的

    C. 有其他违反中国法律的行为尚未处理，经有关主管机关认定需要追究的

    D. 公安机关或者人民检察院或者人民法院认定的犯罪嫌疑人

    E. 持用无效出境证件的

10. 中国公民有下列情形之一的，边防检查站可以扣留或收缴其出境、入境证件。（AB）

    A. 持用他人出境、入境证件

    B. 持用伪造或者涂改的出境、入境证件

    C. 持用无效出境、入境证件

    D. 拒绝接受边防检查

11. 外交官员、领事官员及其随行配偶、成年子女和外交信使持用外交护照。（错误）

12. 我国在每年的 3 月底以前确定本年度组织出国旅游的人数安排总量。（错误）

第7章
旅游交通管理法律制度

学习重点

✎ 旅游交通的基本原则

✎ 旅游运输合同的成立与终止

✎ 航空承运人的责任

✎ 铁路运输企业的责任

✎ 旅客的主要权利和义务

我国先后颁布了《民用航空法》、《铁路法》、《公路运输管理暂行条例》、《海上交通安全管理法》、《内河交通安全管理条例》、《旅游汽车、游船管理办法》等法律、法规，初步形成了旅游交通法规体系，为促进旅游业以及交通运输业的健康、持续发展奠定了基础。

第一节　旅游交通管理概述

一、旅游交通

旅游交通主要包括航空、铁路、公路、水运4种基本运输方式。特定意义上的旅游交通，诸如旅游包机、旅游车、游船、景区索道等则是专门为旅游者提供交通运输服务的。

☞ **知识拓展**

我国的国道编号根据国道地理走向分为三类：第一类是以北京为中心的放射线国道，其编号为 1××；第二类是南北走向国道（纵线国道），其编号为 2××；第三类是东西走向国道（横线国道），编号为 3××。

国家高速公路是国道网的重要组成部分，路线字母标识符采用汉语拼音"G"。首都放射线的编号为 1 位数，以北京市为起点，放射线的止点为终点，从 1 号高速公路开始，按路线的顺时针方向排列编号，编号区间为 G1～G9；纵向路线以北端为起点，南端为终点，按路线的纵向由东向西顺序编排，路线编号取奇数，编号区间为 G11～G89；横向路线以东端为起点，西段为终点，按路线的横向由北向南顺序编排，路线编号取偶数，编号区间为 G10～G90。

旅游交通具有的特点是：①旅游交通产品具有季节性、区域性。②旅游交通产品是无形的服务产品，具有不可储存性与替代性。

现代旅游交通是工业革命的直接产物。英国的詹姆斯·瓦特于 1765 年发明了双向式蒸汽机，并于 1769 年取得了专利。蒸汽机很快被运用到制造轮船、火车等交通工具上。1804 年，英国的特里维西克制造了世界上第一台蒸汽机车；1807 年，美国的富尔顿发明了世界上第一艘蒸汽机船；1825 年，英国的斯蒂芬森建造了世界上第一条铁路；1903 年，美国的莱特兄弟试制成功世界上第一架飞机。旅游交通在旅游业的发展和经营中占有十分重要的地位，起着巨大的作用，被人们称为旅游业的大动脉。

二、旅游交通法规

（一）旅游交通法规的定义

旅游交通法规是调整旅游交通运输中各种关系的法律规范的总称。它包括三个方面的含义。

（1）旅游交通法规是由一系列法律规范构成的整体，而不是单指某一部法律。构成旅游交通法规体系的有航空、铁路、公路、海上、内河等运输方面的规范以及旅游景区、景点的索道等特殊交通工具的运输规范。

（2）旅游交通法规体系既包括国内旅游交通法规，又包括国际旅游交通规范。

（3）旅游交通运输中的法律关系主要分为两大类：一是旅游交通运输管理关系；二是旅游交通运输合同关系。这两类法律关系分属于纵向法律关系和横向法律关系，性质不同。

（二）旅游交通法规的渊源

旅游交通法规的渊源是指旅游交通法律规范的各种表现形式，除了旅游交通管理体制之外，主要包括旅游交通国内法和旅游交通国际公约两个方面。

1. 旅游交通国内法

我国先后制定了一系列调整交通运输关系的单项法律、法规。在航空运输方面，有《中国民用航空旅客、行李国内运输规则》、《中国民用航空旅客、行李国际运输规则》、《民用航空法》、《民用航空安全保卫条例》、《国内航空运输旅客身体损害赔偿暂行规定》、《民用航空运输不定期飞行管理暂行规定》等。在铁路运输方面，有《旅客意外伤害强制保险条例》、《铁路路外人员伤亡事故处理暂行规定》、《旅客发生急病死亡处理办法》、《铁路旅客及行李包裹运输规程》、《铁路法》等。在公路、海上运输方面，有《道路运输条例》、《公路汽车旅客运输规则》、《公路运输管理暂行条例》、《海上轮船旅客及行李包裹运送试行规则》、《水路运输管理条例》等。

2. 旅游交通国际公约

为协调世界各国有关旅游交通运输的经济和法律事务，促进世界旅游交通业的发展，充分维护保障旅游者的合法权益，世界上成立了许多旅游交通运输方面的国际组织，如国际民用航空组织（International Civil Aviation Organization，ICAO）、国际航空运输协会（International Air Transport Association，IATA）、国际铁路联盟、国际海事组织（International Maritime Organization，IMO）等。

在旅游交通运输国际组织和有关国家政府的努力下，各国制定了一系列的国际交通运输方面的国际公约。例如，1961 年在瑞士伯尔尼签订的《国际铁路运输公约》，是目前调整国际铁路客运关系的一项基本公约，该公约于 1975 年生效；1961 年签订的《布鲁塞尔公约》，是国际海上旅客运输的主要国际公约。这些国际交通运输公约为解决旅游交通运输方面的国际纠纷提供了法律依据。

三、旅游交通的基本原则

（一）安全运输原则

安全运输是旅游交通的基本要求，亦是旅游交通法规的重要内容与原则。要真正做到严格遵守安全运输原则，应做好如下工作：①树立安全意识；②加强职业培训；③保障设施完好；④注重安全检查。安全运输原则要求旅游交通运输企业及其职工树立"安全第一"的思想。

（二）合理运输原则

合理运输原则是指通过科学管理手段，根据旅游者空间流向与流量特征，合理选择各种旅游交通工具，精心编排旅游线路，以最小的成本，取得最佳的经济、社会效益。合理运输是旅游交通法规的基本原则，也是旅游部门与交通部门的共同任务，为此应做好以下工作：①科学编排旅游线路；②周密协调交通工具；③改善交通管理模式。

（三）计划运输原则

计划运输原则是旅游交通法规的一项重要原则。交通部门与交通企业应当遵守国家有关法律、法规，加强市场的调查研究，编制和实施旅游交通运输计划。编制和实施旅游交通运输计划要从全局出发、综合平衡、保证重点、全面安排。旅游交通运输计划确定以后，还要按照先重点、后一般，先计划内、后计划外的次序，有组织地进行旅游交通运输活动，保证旅游旺季、旅游热点地区的旅游者能"进得来、出得去、散得开"。此外，旅游接待部门和交通运输部门密切配合，相互协调，是制订和实施旅游交通计划的另一重要环节。

除必须坚持以上三大原则外，还应根据旅游交通运输的特点，遵循正点运输、快捷运输、舒适运输、灵活运输以及游览性运输等原则。

第二节　承运人的权利和义务

一、旅游运输合同的成立与终止

旅游运输合同是旅游交通法规所调整的一种横向法律关系，是旅游交通法规的重要调整对象。

（一）旅游运输合同的成立

旅游运输合同是指承运人将旅客或者行李物品从起运地点运输到约定地点，旅客、托运人或者收货人支付票款或者运输费用的协议。它包括客运合同、货运合同与多式联运合同三种形式。从旅游交通运输的实际情况看，旅游运输合同的成立通常有两种情况。

1. 预订成立的旅游运输合同

按照旅游业的业务特点，旅客或者除旅客以外的第三人（如旅行社）可以通过信件、电报、电传、电子邮件等多种有效形式向承运人预订旅游交通工具。如果承运人对旅客或第三人的预订要约予以承诺，则旅游运输合同宣告成立，成立时间以承运人的承诺到达要约人时为依据。如果旅客不能按照约定前来取得运输凭证（乘客票和行李票），或者到期承运人不能向旅客提供约定运输服务均属于违约行为，应承担各自的违约责任。

2. 直接购买成立的旅游运输合同

旅客直接到售票窗口购票，或者到所设立的售票点、代办点等处购票，旅客取得承运人签发的乘客票和行李票，即证明旅游运输合同的成立，成立时间以承运人出具票据，旅客拿到票据时为依据。乘客票和行李票是旅游运输合同成立的有力凭证，是一种高度简化形式的、非以双方签字形式出现的书面格式合同。值得注意的是乘客票除飞机票之外都是不记名的，可以自由转让，持有乘客票（除飞机票以外）的当事人虽然可能变更，但承运人不得据此不履行承运义务，否则应承担违约责任。

（二）旅游运输合同的终止

（1）自然终止，即旅客支付了票款或者运输费用，承运人按照约定旅游线路将旅客安全、快捷、舒适、正点送达约定地点，旅客离开交通工具开始，旅游运输合同终止。

（2）驱逐终止。如果旅客在乘运期间实施各种违法犯罪行为，或者违反国家有关旅游交通法规的规定，承运人有权单方解除合同，将其驱逐，双方旅游运输合同关系终止。

（3）延期终止。如果旅客因自己的原因不能按照客票记载的时间乘坐，应当在约定的时间内办理延期乘坐的变更手续；如果旅客超出客票所约定的乘运区间，应当向承运人补交客票款。在以上情形下，承运人与旅客之间形成新的旅游运输合同关系，旅游运输合同继续延续至新的旅游运输合同的终止。

（4）违约终止。如果承运人或旅客严重违反了旅游运输合同的约定义务，另一方当事人有权终止合同关系。例如，承运人无法提供约定的交通工具，擅自变更交通线路，擅自增加不合理运输费用等，旅客可以终止合同，追究承运人的违约责任。

二、承运人的权利

（一）收取运输费用与服务费的权利

我国铁路、公路、水路的旅客运输都明确规定，退票必须在一定时间内办理。火车必须在开车前，汽车必须在开车前20分钟，轮船必须在开航前2小时办理退票手续。如遇特殊情况，火车、汽车可以在开车后2小时之内办理，轮船可以在开船后1小时以内办理。火车团体客票（30人及其以上）退票，必须在开车前6小时办理，特殊情况可酌情办理。各种情形的退票，均应收取退票费。

中国民用航空总局自1985年1月1日起施行的《中国民用航空旅客、行李国内运输规则》规定，团体旅客（15人及其以上）订座后自愿取消和变更，民航按照以下规定收取退座手续费：

（1）在航班规定起飞日7天以前提出，不收取费用。

（2）在航班规定起飞时间前7天以内，72小时以前提出，每人收取票价10%的退座手续费。

（3）在航班规定起飞时间前72小时至规定起飞日前一天中午12时前提出，或到此时仍不购订座之票，均收取票价20%的退座手续费。

如果团体旅客购票后自愿退票，民航按照下列规定收取退票费：

（1）在航班规定起飞日7天以前提出，每人收取4元费用。

（2）在航班规定起飞时间前7天以内，72小时以前提出，每人收取票价10%的退票手续费。

（3）在航班规定起飞时间前72小时至规定起飞日前一天中午12时前提出，或到此时仍不购订座之票，均收取票价20%的退票手续费。

（4）在航班规定起飞日前一天中午12小时以后至航班规定起飞前提出，收取50%的退票费。

（5）团体旅客误机，客票作废，票款不退。

（二）在一定情况下，承运人有拒乘的权利

通常情况下，承运人不得无故拒绝旅客乘运的要求，但是旅客及其行李物品如果违反了有关旅游交通法规的规定，承运人可以拒绝其乘运，甚至可以驱逐旅客。《中国民用航空旅客、行李国内运输规则》对载运限制有以下规定：

（1）对于无成人陪伴的儿童（8岁以下）拒绝乘运。

（2）孕妇及病残者须持有医疗单位出具的适宜乘机的证明，经民航同意方可乘机，否则拒绝乘运。

（3）对于因精神病或健康状况，可能危及自身或影响其他旅客安全的旅客，民航不予载运，已购客票，按照退票处理。

（4）对违反政府法律、法令和民航规章的旅客，民航应拒绝其乘机，已购客票作废，票款不退。

☞ **知识拓展**

2004 年 7 月 12 日，中国民用航空总局令第 124 号发布《关于修订〈中国民用航空旅客、行李国内运输规则〉的决定》，对部分条款进行了修订和删除，自 2004 年 8 月 12 日起施行，对团体旅客退票和载运限制做了重新规定。

由于承运人或旅客原因，旅客不在客票有效期内完成部分或全部航程，可以在客票有效期内要求退票。旅客要求退票，应凭客票或客票未使用部分的乘机联和旅客联办理。退票只限在出票地、航班始发地、终止旅行地的承运人或其销售代理人售票处办理。票款只能退给客票上列明的旅客本人或客票的付款人。

旅客自愿退票，除凭有效旅客票外，还应提供旅客本人的有效身份证件，分别按下列条款办理：①革命残废军人要求退票，免收退票费；②持婴儿客票的旅客要求退票，免收退票费；③持不定期客票的旅客要求退票，应在客票的有效期内到原购票地点办理退票手续；④旅客在航班的经停地自动终止旅行，该航班未使用航段的票款不退。

团体旅客指统一组织的人数在 10 人以上（含 10 人），航程、乘机日期和航班相同的旅客。团体旅客非自愿或团体旅客中部分成员因病要求变更或退票，分别按照以下规定办理：

航班取消、提前、延误、航程改变或承运人不能提供原定座位时，承运人应优先安排旅客乘坐后续航班或签转其他承运人的航班。因承运人的原因，旅客的舱位等级变更时，票款的差额多退少不补。

航班取消、提前、延误、航程改变或承运人不能提供原定座位时，旅客要求退票，始发站应退还全部票款，经停地应退还未使用航段的全部票款，均不收取退票费。

旅客因病要求退票，需提供医疗单位的证明，始发地应退还全部票款，经停地应退还未使用航段的全部票款，均不收取退票费。患病旅客的陪伴人员要求退票，按因病退票规定办理。

对于载运限制，无成人陪伴儿童、病残旅客、孕妇、盲人、聋人或犯人等特殊旅客，只有在符合承运人规定的条件下经承运人预先同意并在必要时做出安排后方予载运。传染病患者、精神病患者或健康情况可危及自身或影响其他旅客安全的旅客，承运人不予承运。根据国家有关规定不能乘机的旅客，承运人有权拒绝其乘机，已购客票按自愿退票处理。承运人为了运输安全，可以会同旅客对其行李进行检查；必要时，可会同有关部门进行检查。如果旅客拒绝接受检查，承运人对该行李有权拒绝运输。

2010 年 12 月 1 日起施行的《铁路旅客运输规程》规定，20 人以上乘车日期、车次、到站、座别相同的旅客可作为团体旅客，承运人应优先安排；如填发代用票时除代用票持票本人外，每人另发一张团体旅客证。旅客要求退票时，按下列规定办理，核收退票费：①旅客退票必须在购票地车站或票面发站办理。②在发站开车前，特殊情况也可在开车后 2 小时内，退还全部票价。团体旅客必须在开车 48 小时以前办理。③旅客开始旅行后不能退票，但如因伤、病不能继续旅行，经站、车证实，可退还已收票价与已乘区间票价差额。已乘区间不足起码里程时，按起码里程计算。同行人同样办理。④

退还带有"行"字戳迹的车票时，应先办理行李变更手续。⑤因特殊情况经站长同意在开车后 2 小时内改签的车票不退。⑥站台票售出不退。市郊票、定期票、定额票的退票办法由铁路运输企业自定。必要时，铁路运输企业可以临时调整退票办法。

（三）有要求旅客赔偿的权利

如果旅客违反旅游运输合同的约定，例如旅客预订座位，在约定的期限内未能购买订座客票，给航空部门造成损失的，承运人有权要求其赔偿。在旅游运输过程中，旅客损害或破坏旅游交通工具、交通设施，旅游交通部门或企业有权要求其赔偿，情况严重，依法由司法机关处理。

三、承运人的义务

（一）保障人身、财产安全

承运人应当保证其提供的旅游交通运输服务符合保障人身、财产安全的要求。对可能危及人身、财产安全的情形，应当向旅客作出真实的说明和明确的警示，并说明和标明正确使用或者接受服务的方法以及防止危害发生的方法。《民用航空法》规定，飞机在飞行前应当实施必要的检查，未经检查不得起飞。发现民用航空器、机场、气象条件不符合规定，不能保障安全飞行的，不得飞行。同时，还有严格周密的旅客安全检查制度：一是检查证件。要检查核对每位旅客的飞机票、登机牌、身份证。二是检查行李物品。三是进行人身检查。旅客必须经过安全门接受检查，必要时使用仪器对身体局部作进一步细微检查。

因发生在民用航空器或其他交通工具上，或者在旅客上、下交通工具过程中，或者交通运输期间的事件，造成旅客人身伤亡，旅客随身携带行李物品毁灭、遗失或者损坏，旅客托运的行李包裹毁灭、遗失或者损坏，承运人应当承担责任。承运人如果能证明旅客人身伤亡是由于旅客本人的健康状况造成的，承运人不承担责任；如果能证明旅客随身携带或托运的行李物品的毁灭、遗失或者损坏是由行李物品本身的自然属性、质量或者缺陷，承运人或者其受雇人、代理人以外的人包装货物且货物包装不良而造成的，承运人不承担责任；如果旅客人身、财产的损失是由于战争或者武装冲突等原因所造成的，则承运人不承担责任。

【案例】

张某从事个体客运，有一次半路上碰到了同学李某，李某上车后掏出钱来买票，张某拒绝了。后来，车子开进了路边的小沟，李某受伤，花去治疗费、医药费等共 4000元。李某要求其同学张某承担赔偿责任，张某认为李某是免费乘车，不属于一般意义上的乘客，故不赔偿。请问张某是否应该承担赔偿责任？

分析：承运人应当对运输过程中旅客的伤亡承担损害赔偿责任，这一规定同样适用于按照规定免票、持优待票或者经承运人许可搭乘的无票旅客，故张某应该承担赔偿责任。

（二）提供正点、快捷、舒适服务

《民用航空法》①以及《中国民用航空旅客、行李国内运输规则》规定，组织旅客运输应提供良好的服务准则，保障安全、迅速、舒适、便利地完成运输任务，定期航班的航行、暂停、终止经营航线，应报国务院民用航空运输主管部门批准。民航航班的班期时刻，是民航组织运输和旅客安排旅行的依据，不得随意变更。航班由于天气、机务、航行等方面的原因在中途站延误，由此引起的额外食宿费用由民航负担，同时应向旅客赔偿其他因延误而造成的损失。

☞ 知识拓展

《中国民用航空旅客、行李国内运输规则》第五十五条规定："由于机务维护、航班调配、商务、机组等原因，造成航班在始发地延误或取消，承运人应当向旅客提供餐食或住宿等服务。"第五十六条规定："由于天气、突发事件、空中交通管制、安检以及旅客等非承运人原因，造成航班在始发地延误或取消，承运人应协助旅客安排餐食和住宿，费用可由旅客自理。"第五十七条规定："航班在经停地延误或取消，无论何种原因，承运人均应负责向经停旅客提供膳宿服务。"

第三节　航空和铁路运输企业的责任

一、航空承运人的责任

依据《民用航空法》的规定，承运人的责任主要包括：承运人对旅客的责任；承运人对旅客随身携带物品的责任；承运人对旅客托运行李的责任；承运人对延误旅客、行李运输的责任；关于国内航空运输承运人的赔偿责任；关于国际航空运输承运人的赔偿责任；承运人责任的免除或者减轻的规定等。

（一）承运人对旅客的责任

《民用航空法》规定，因发生在民用航空器上或者在旅客上、下民用航空器过程中的事件，造成旅客人身伤亡的，承运人应当承担责任；但是，旅客的人身伤亡完全是由于旅客本人的健康状况造成的，承运人不承担责任。此项规定是关于承运人对旅客人身伤亡的责任的规定。其含义如下：

（1）承运人承担责任的对象是旅客。通常情况下，旅客即运输客票的持票人，但承运人同意某人不经其出票而登机时，该乘机人员虽不持有客票但仍是旅客。

（2）承运人承担民事责任的范围仅限于旅客的人身伤亡，而不包括旅客精神上的伤害，也不包括因旅客的伤亡给其他人造成的精神痛苦。

（3）承运人承担民事责任的前提是旅客人身伤亡是发生在民用航空器上或在旅客上、

---

① 1995 年 10 月 30 日八届全国人大常委会第十六次会议通过，根据 2009 年 8 月 27 日十一届全国人大常委会第十次会议《关于修改部分法律的决定》修正。

下民用航空器过程中的事件造成的，且这一事件与旅客的人身伤亡存在着因果关系。

（4）对部分由旅客本人的健康状况造成的旅客人身伤亡，承运人应当承担部分责任。

（二）承运人对旅客随身携带物品和托运行李的责任

《民用航空法》规定，因发生在民用航空器上或者在旅客上、下民用航空器过程中的事件，造成旅客随身携带物品毁灭、遗失或者损坏的，承运人应当承担责任。因发生在航空运输期间的事件，造成旅客的托运行李毁灭、遗失或者损坏的，承运人应当承担责任。旅客随身携带物品或者托运行李的毁灭、遗失或者损坏完全是由于行李本身的自然属性、质量或者缺陷造成的，承运人不承担责任。行李包括托运行李和旅客随身携带的物品。因发生在航空运输期间的事件，造成货物毁灭、遗失或者损坏的，承运人应当承担责任；但是，承运人证明货物的毁灭、遗失或者损坏完全是由于下列原因之一造成的，不承担责任：①货物本身的自然属性、质量或者缺陷；②承运人或者其受雇人、代理人以外的人包装货物造成的货物包装不良；③战争或者武装冲突；④政府有关部门实施的与货物入境、出境或者过境有关的行为。

航空运输期间，是指在机场内、民用航空器上或者机场外降落的任何地点，托运行李、货物处于承运人掌管之下的全部期间。航空运输期间不包括机场外的任何陆路运输、海上运输、内河运输过程；但是，此种陆路运输、海上运输、内河运输是为了履行航空运输合同而装载、交付或者转运，在没有相反证据的情况下，所发生的损失视为在航空运输期间发生的损失。

（三）承运人对延误旅客、行李运输的责任

《民用航空法》第一百二十六条规定："旅客、行李或者货物在航空运输中因延误造成的损失，承运人应当承担责任；但是，承运人证明本人或者其受雇人、代理人为了避免损失的发生，已经采取一切必要措施或者不可能采取此种措施的，不承担责任。"

航空运输中是指承运人的责任期间；延误是指承运人未能按照运输合同约定的时间将旅客、行李运抵目的地。运输合同约定的时间，一般指承运人的班机时刻表或者机票载明的旅客抵达目的地的时间。此外，从国际航空司法实践看，航班的撤销也作延误处理。

在运输中，若承运人不能证明延误是天气条件、机械损坏等无法控制的原因造成的，或者不能证明承运人本人或其受雇人、代理人已采取了一切必要措施，就应对因延误引起的下列损失承担责任：

（1）旅客在等待另一航班过程中所支出的特殊费用。

（2）旅客误乘下一经停地点航班的损失。

（3）旅行社购买另一航空公司机票而额外支出的票款。

（四）承运人责任免除或者减轻的规定

《民用航空法》第一百二十七条规定："在旅客、行李运输中，经承运人证明，损失是由索赔人的过错造成或者促成的，应当根据造成或者促成此种损失的过错的程度，相应免除或者减轻承运人的责任。旅客以外的其他人就旅客死亡或者受伤提出赔偿请求时，经承运人证明，死亡或者受伤是旅客本人的过错造成或者促成的，同样应当根据造成或者促成此种损失的过错的程度，相应免除或者减轻承运人的责任。在货物运输中，经承运人证明，损失是由索赔人或者代行权利人的过错造成或者促成的，应当根据造成或者促成此种损失的过错的程度，相应免除或者减轻承运人的责任。"

关于旅客、行李运输中承运人的免责问题，法律规定主要包括以下内容：在旅客、行李运输中，如果损失完全是由于索赔人的过错造成的，应当免除承运人的责任；如果损失是由于索赔人的过错促成的，应当根据促成此种损失的过错的程度，相应减轻承运人的责任。

所谓过错是指行为人的故意或过失的作为或者不作为，如旅客在托运行李时负有申报危险品的义务而没有申报，旅客的代理人在代旅客提取行李时不慎将行李丢失或损坏等。

二、航空承运人的赔偿规定

（一）国内航空运输承运人的赔偿责任

《民用航空法》第一百二十八条规定："国内航空运输承运人的赔偿责任限额由国务院民用航空主管部门制定，报国务院批准后公布执行。旅客或者托运人在交运托运行李或者货物时，特别声明在目的地点交付时的利益，并在必要时支付附加费的，除承运人证明旅客或者托运人声明的金额高于托运行李或者货物在目的地点交付时的实际利益外，承运人应当在声明金额范围内承担责任；本法第一百二十九条的其他规定，除赔偿责任限额外，适用于国内航空运输。"

承运人责任限制制度是指发生重大的航空事故时，作为责任人的承运人，一般情况下可以根据法律的规定，将自己的赔偿责任限制在一定范围内进行赔偿的法律制度。根据这一制度，当航空运输过程中发生的旅客人身伤亡、行李物品灭失、损坏的数额没有超出法定责任限额时，承运人应当按实际损失赔偿旅客或者托运人；当损失数额超过法定责任限额时，承运人仅在法定责任限额内承担赔偿责任。当然，法律允许合同双方当事人另行约定高于法定责任限额的赔偿责任限额。就该合同而言，该赔偿责任限额一经约定即取代法定责任限额，一旦发生损失且损失额巨大时，承运人将在双方约定的赔偿责任限额的范围内承担责任。

《国内航空运输旅客身体损害赔偿暂行规定》规定，国内航空旅客运输中发生的旅客身体损害赔偿，承运人按照该规定应当承担赔偿责任的，对每名旅客的最高赔偿金额为人民币 7 万元。此外，旅客可以自选向保险公司投保航空运输人身意外伤害险。此项保险金额的给付，不免除或减少承运人应当承担的赔偿责任。

☞ 知识拓展

经国务院批准，2006 年 2 月 28 日中国民用航空总局令第 164 号发布《国内航空运输承运人赔偿责任限额规定》(2006 年 3 月 28 日起施行) 规定，国内航空运输承运人应当在下列规定的赔偿责任限额内按照实际损害承担赔偿责任，但是《民用航空法》另有规定的除外：①对每名旅客的赔偿责任限额为人民币 40 万元；②对每名旅客随身携带物品的赔偿责任限额为人民币 3000 元；③对旅客托运的行李和运输的货物的赔偿责任限额为每公斤人民币 100 元。旅客自行向保险公司投保航空旅客人身意外保险的，此项保险金额的给付，不免除或者减少承运人应当承担的赔偿责任。

（二）国际航空运输承运人的赔偿责任

《民用航空法》规定，国际航空运输承运人的赔偿责任限额是：

（1）对每名旅客的赔偿责任限额为 16600 计算单位，但是，旅客可以同承运人书面约定高于本项规定的赔偿责任限额。

（2）对托运行李或者货物的赔偿责任限额，每公斤为 17 计算单位。

（3）对每名旅客随身携带的物品的赔偿责任限额为 332 计算单位。

计算单位是指国际货币基金组织规定的特别提款权，其人民币数额为法院判决之日、仲裁机构裁决之日或者当事人协议之日，按照国家外汇管理机关的"国际货币基金组织的特别提款权"对人民币的换算办法计算得出的人民币数额。

无论是国内航空运输还是国际航空运输中的赔偿责任限制，只要能够证明航空运输中的损失是由于承运人的故意或者重大过失造成的，承运人就无权援用上述赔偿责任限制制度，即承运人不仅无权援用法定的赔偿责任限额，同时也无权援用约定的赔偿责任限额。在这种情况下，承运人将承担无限责任。

☞ 知识拓展

《刑法》危害公共安全罪部分重要条款

第一百三十一条 （重大飞行事故罪）航空人员违反规章制度，致使发生重大飞行事故，造成严重后果的，处三年以下有期徒刑或者拘役；造成飞机坠毁或者人员死亡的，处三年以上七年以下有期徒刑。

第一百三十二条 （铁路运营安全事故罪）铁路职工违反规章制度，致使发生铁路运营安全事故，造成严重后果的，处三年以下有期徒刑或者拘役；造成特别严重后果的，处三年以上七年以下有期徒刑。

三、铁路运输企业的责任

（一）铁路运输企业违约责任

《铁路法》第十二条规定："铁路运输企业应当保证旅客按车票载明的日期、车次乘车，并到达目的站。因铁路运输企业的责任造成旅客不能按车票载明的日期、车次乘车的，铁路运输企业应当按照旅客的要求，退还全部票款或者安排改乘到达相同目的站的其他列车。"

（二）铁路运输企业对行李物品的赔偿责任

《铁路法》规定，铁路运输企业应当对承运的货物、包裹、行李自接受承运时起到交付时止发生的灭失、短少、变质、污染或者损坏，承担赔偿责任：

（1）托运人或者旅客根据自愿申请办理保价运输的，按照实际损失赔偿，但最高不超过保价额。保价运输是指旅客、托运人在托运货物、行李和包裹时，可以按照货物、行李和包裹的实际价值向铁路运输企业申明价格，并按照申明的价格支付相应的保价费用，在发生物品损坏时，按照申明的价格进行赔偿。

（2）未按保价运输承运的，按照实际损失赔偿，但最高不超过国务院铁路主管部门规定的赔偿限额；如果损失是由于铁路运输企业的故意或者重大过失造成的，不适用赔偿限额的规定，按照实际损失赔偿。

托运人或者旅客根据自愿可以向保险公司办理货物运输保险，保险公司按照保险合同的约定承担赔偿责任。托运人或者旅客根据自愿，可以办理保价运输，也可以办理货物运输保险；还可以既不办理保价运输，也不办理货物运输保险。不得以任何方式强迫办理保价运输或者货物运输保险。

☞ 知识拓展

《铁路旅客运输规程》规定，承运人与旅客、托运人、收货人因合同纠纷产生索赔或相互间要求办理退补费用的有效期为 1 年。有效期从下列日期起计算：①身体损害和随身携带物品损失时，为发生事故的次日；②行李、包裹全部损失时为运到期终了的次日，部分损失时为交付的次日；③给铁路造成损失时，为发生事故的次日；④多收或少收运输费用时，为核收该项费用的次日。责任方自接到赔偿要求书的次日起，一般应于30 天内向赔偿要求人做出答复并尽快办理赔偿。多收或少收时应于 30 天内退补完毕。

四、铁路运输企业的赔偿规定

1994 年 8 月 30 日，经国务院批准，铁道部发布了《铁路旅客运输损害赔偿规定》（以下简称《规定》），其主要内容如下：

（1）适用范围。凡是在中华人民共和国境内的铁路旅客运输中发生的旅客人身伤亡及其自带行李损失，依照《规定》应当由铁路运输企业赔偿的，均可适用《规定》。这里的"铁路旅客运输中"是指自旅客经检票进站至到达行程终点出站时止。"旅客"是指持有效车票凭证乘车的人员以及按照国务院铁路主管部门有关规定免费乘车的儿童；此外，经铁路运输企业同意，根据铁路货物运输合同，随车护送货物的人，也被视为旅客。

（2）赔偿限额。铁路运输企业依照《规定》应当承担赔偿责任的，对每名旅客人身伤亡的赔偿责任限额为人民币 4 万元，自带行李损失的赔偿责任限额为人民币 800元。铁路运输企业和旅客可以书面约定高于上述规定的赔偿责任限额。此外，铁路运输企业依照《规定》给付赔偿金，不影响旅客按国家有关铁路旅客意外伤害强制保险规定获取保险金。

（3）索赔时效。旅客或者其继承人向铁路运输企业要求赔偿的请求，应当自事故发生之日起 1 年内提出，铁路运输企业应当自接到赔偿请求之日起 30 日内作出答复。

（4）免责事由。由于不可抗力或者旅客自身原因造成人身伤亡和自带行李损失的，铁路运输企业不承担赔偿责任。

☞ 知识拓展

2007 年 9 月 1 日起施行的《铁路交通事故应急救援和调查处理条例》做了新的规定：事故造成人身伤亡的，铁路运输企业应当承担赔偿责任；但是人身伤亡是不可抗力或者受害人自身原因造成的，铁路运输企业不承担赔偿责任。违章通过平交道口或者人行过道，或者在铁路线路上行走、坐卧造成的人身伤亡，属于受害人自身的原因造成的人身伤亡。事故造成铁路旅客人身伤亡和自带行李损失的，铁路运输企业对每名铁路旅客人身伤亡的赔偿责任限额为人民币 15 万元，对每名铁路旅客自带行李损失的赔偿责任限额为人民币 2000 元。铁路运输企业与铁路旅客可以书面约定高于上述规定的赔偿责任限额。事故造成铁路运输企业承运的货物、包裹、行李损失的，铁路运输企业应当依照《铁路法》的规定承担赔偿责任。

第四节　旅客的主要权利和义务

一、旅客的权利

（一）按规定免费携带行李物品的权利

我国民航、铁路、公路、水运旅客运输对旅客随身携带的行李物品的免费重量有不同的规定，在规定的范围内，旅客享有的此项权利，任何人和单位不得干预。①

（1）民航规定。每一全票的旅客免费行李额，头等舱（包括成人票和儿童票）40公斤、公务舱 30 公斤、经济舱 20 公斤。婴儿票无免费行李额。

（2）铁路规定。成人 20 千克、儿童 10 千克、外交人员 35 千克。

（3）公路规定。成人 10 千克、儿童 5 千克。

（4）轮船规定。成人 30 千克、儿童 15 千克。

☞ 知识拓展

2004 年 8 月 12 日起施行《中国民用航空旅客、行李国内运输规则》规定，托运行李的重量每件不能超过 50 千克，体积不能超过 40 厘米×60 厘米×100 厘米，超过上述规定的行李，须事先征得承运人的同意才能托运。自理行李的重量每件不能超过 10 千克，体积不超过 20 厘米×40 厘米×55 厘米。随身携带物品的重量，每位旅客以 5 千克为限。持头等舱客票的旅客，每人可随身携带两件物品。每件随身携带物品的体积均不得超过 20 厘米×40 厘米×55 厘米。超过上述重量、件数或体积限制的随身携带物品，应作为托运行李托运。每位旅客的免费行李额（包括托运行李和自理行李）：持成人票或儿童票的头等舱旅客为 40 千克，公务舱旅客为 30 千克，经济舱旅客为 20 千克。持

---

①　为方便广大考生报考导游证，此处引用自导游资格考试指定参考书。近年来，对这些规定已经做了调整。

婴儿票的旅客无免费行李额。搭乘同一航班前往同一目的地的两个以上的同行旅客如在同一时间、同一地点办理行李托运手续，其免费行李额可以按照各自的客票价等级标准合并计算。构成国际运输的国内航段，每位旅客的免费行李额按适用的国际航线免费行李额计算。

2010 年 12 月 1 日起施行的《铁路旅客运输规程》规定，旅客携带品由自己负责看管。每人免费携带品的重量和体积是：儿童（含免费儿童）10 千克，外交人员 35 千克，其他旅客 20 千克。每件物品外部尺寸长、宽、高之和不超过 160 厘米，杆状物品不超过 200 厘米，但乘坐动车组列车不超过 130 厘米；重量不超过 20 千克。残疾人旅行时代步的折叠式轮椅可免费携带并不计入上述范围。

（二）按规定接受服务的权利

旅客有权享用约定的交通工具，交通运输部门不得擅自改变交通运输的班次、起止时间，交通工具的类型、档次等。在交通运输期间，旅客有权享受交通部门提供的一切免费的或者收费的服务和设施设备。

（三）按规定购买优惠票的权利①

客运客票是旅客乘坐旅游交通工具具有法律效力的凭证。我国民航按照乘机对象的不同具体分为成人票、革命残废军人票、儿童票和婴儿票四个类别。革命残废军人按票价的 80% 购票；年龄满 2 周岁未满 12 岁的儿童，按成人票价的 50% 购买儿童票；未满 2 周岁的婴儿按成人票价的 10% 购买婴儿票，但该票不提供座位，如需要单独占用座位，应购买儿童票。成人旅客携带未满 2 周岁的婴儿超过 1 名时，超过的人数应购买儿童票，并提供座位。铁路运输规定，1 米以下儿童免票，每个成人可带 2 名，超过部分购 1/4 票；1～1.3 米购半票，1.3 米以上购成人票。公路运输规定，1 米以下儿童免票，但只能带 1 名，不提供座位，超过部分购半票；1～1.3 米购半票，提供座位。水路运输规定，1.1 米以下儿童免票，1.1～1.3 米购儿童票。

☞ 知识拓展

2004 年 8 月 12 日起施行《中国民用航空旅客、行李国内运输规则》规定，革命伤残军人和因公致残的人民警察凭《革命伤残军人证》和《人民警察伤残抚恤证》，按照同一航班成人普通票价的 50% 购票。儿童按照同一航班成人普通票价的 50% 购买儿童票，提供座位。婴儿按照同一航班成人普通票价的 10% 购买婴儿票，不提供座位；如需要单独占用座位，应购买儿童票。航空公司销售以上优惠客票，不得附加购票时限等限制性条件。

2010 年 12 月 1 日起施行的《铁路旅客运输规程》规定，承运人一般不接受儿童单独旅行（乘火车通学的学生和承运人同意在旅途中监护的除外）。随同成人旅行身高 1.2～1.5 米的儿童，享受半价客票、加快票和空调票（以下简称儿童票），超过 1.5 米

---

① 为方便广大考生报考导游证，此处引用自导游资格考试指定参考书。近年来，对这些规定已经做了调整。

时应买全价票。每一成人旅客可免费携带一名身高不足 1.2 米的儿童,超过一名时,超过的人数应买儿童票。儿童票的座别应与成人车票相同,其到站不得远于成人车票的到站。免费乘车的儿童单独使用卧铺时,应购买全价卧铺票,有空调时还应购买半价空调票。

（四）享有按规定获得赔偿的权利

由于承运人的违约造成的违约责任以及由于承运人的原因导致的旅客人身或财产的损失等侵权行为,旅客享有按规定获得赔偿的权利。

值得注意的是,旅游交通运输中所引起的违约责任与侵权责任虽均属于民事责任,但两者又有较为明显的区别。首先,违约责任是对旅游交通运输合同当事人约定义务的违反,是对相对权利的侵犯,而侵权责任是对法定义务的违反,是对绝对权利的侵犯;其次,违约责任是在订立旅游交通运输合同时即已存在的法律关系,而侵权责任是由于侵权行为的发生而使当事人双方产生法律关系,分别成为债权人和债务人。在旅游交通运输中发生的民事纠纷,往往会同时导致两种责任,受害人可以在两种责任之中任选一项获得赔偿。

二、旅客的义务

（一）支付合法费用

承运人向旅客提供交通运输服务,有权要求旅客支付票款或运输费用。由于旅客的原因导致的误机、漏乘、错乘、客票遗失、超程乘运、越级乘运等引起客票变更、补票、退票服务,应按照规定支付相应的服务费用。例如,旅客可以按照铁路的规定,办理退票或改乘其他列车的手续。旅客退票实际上是向铁路运输企业提出解除铁路运输合同的请求,由于是旅客单方解约,所以应向铁路运输企业交纳违约费用,即"退票费"。旅客要求办理改乘手续,实际上是向铁路运输企业提出变更合同的请求,在变更合同的情况下,旅客也应承担相应的法律责任,即向铁路运输企业支付签证费以及其他规定的手续费。

（二）遵守有关规定

按照有关规定,在购票、托运行李物品时,应该出具相应的证明。旅客变更运输合同的内容或者终止运输合同时,必须符合有关规章的规定与约定。

旅客携带或者托运的行李物品不得夹带武器,易燃、易爆、有毒、有腐蚀性、有放射性、可聚合物质,磁性物质以及其他危险物品。旅客也不得携带国家法律、法规和规章禁止携出、携入或者过境的物品。旅客乘坐飞机不得随身携带武器,不准在交运的行李物品中夹带机密文件、保密资料、技术资料、外交信袋、证券、货币、易碎物品、流质物品、贵重物品如金银、首饰、手表、照相机等,不得携带小动物以及其他妨碍公共卫生、秩序和容易损坏飞机、污染环境的物品。

旅客托运行李物品时对运输单或者托运单上的各项声明、说明,应认真阅读、理解并认真填写各项要求填写的内容。

☞ 知识拓展

《中国民用航空旅客、行李国内运输规则》规定,承运人承运的行李,按照运输责任分为托运行李、自理行李和随身携带物品。重要文件和资料、外交信袋、证券、货币、汇票、贵重物品、易碎易腐物品，以及其他需要专人照管的物品，不得夹入行李内托运。承运人对托运行李内夹带上述物品的遗失或损坏按一般托运行李承担赔偿责任。国家规定的禁运物品、限制运输物品、危险物品，以及具有异味或容易污损飞机的其他物品，不能作为行李或夹入行李内托运。承运人在收运行李前或在运输过程中，发现行李中装有不得作为行李或夹入行李内运输的任何物品，可以拒收或随时终止运输。旅客不得携带管制刀具乘机。管制刀具以外的利器或钝器应随托运行李托运，不能随身携带。

（三）接受相关检查

旅客乘机、车、船应接受相关的客票检查、行李检查，甚至身份检查。

☞ **知识拓展**

《铁路旅客运输规程》规定下列物品不得带入车内：①国家禁止或限制运输的物品；②法律、法规、规章中规定的危险品、弹药和承运人不能判明性质的化工产品；③动物及妨碍公共卫生（包括有恶臭等异味）的物品；④能够损坏或污染车辆的物品；⑤规格或重量超过该规程第五十一条规定的物品。

为方便旅客的旅行生活，可限量携带下列物品：①气体打火机 5 个，安全火柴 20 小盒。②不超过 20 毫升的指甲油、去光剂、染发剂，不超过 100 毫升的酒精、冷烫精，不超过 600 毫升的摩丝、发胶、卫生杀虫剂、空气清新剂。③军人、武警、公安人员、民兵、猎人凭法规规定的持枪证明佩带的枪支子弹。④初生雏 20 只。

第五节　国际航空协定

一、国际航空协定的适用范围

国际航空协定适用于国际航空运输。国际航空运输是指承运人与旅客所订立的合同，不论运输中有无间断或转运，其始发地和目的地在两个缔约国领土内，或虽在一个缔约国领土内而在另一缔约国甚至非缔约国有一个约定的经停点的任何运输。

二、国际航空协定的法律渊源

1929 年 10 月 12 日，德国、奥地利、苏联、比利时、巴西、法国等 23 个国家在华沙共同签订了《华沙公约》，全称为《统一国际航空运输某些规则的公约》。为适应国际航空运输的发展，各国不断对《华沙公约》进行修改和补充，形成了以《华沙公约》为核心，包括一系列补充修正性公约或议定书在内的调整国际航空运输的国际公约体系，包括：1929 年签订的《华沙公约》，1955 年签订的《海牙议定书》，1961 年签订的《瓜达拉哈拉公约》，1971 年签订的《危地马拉议定书》，1975 年签订的蒙特利尔第 1、2、3、4 号附加议定书。

"华沙公约"体系是目前国际航空运输的重要法典，缔约国都在按这一体系的统一规定处理责任与赔偿问题。我国分别于 1958 年 7 月和 1975 年 8 月批准了《华沙公约》和《海牙议定书》，1979 年 12 月 11 日加入了 1966 年的《蒙特利尔协议》。中国民用航空局参照上述有关国际公约，结合我国航空运输实际，制定了《中国民航旅客、行李国际运输规则》，于 1984 年 10 月 1 日起施行，后被《中国民用航空旅客、行李国际运输规则》废止，后者自 1998 年 4 月 1 日起施行。

☞ 知识拓展

法律的渊源（法律形式）指那些来源不同（制定法与非制定法、立法机关制定与政府制定，等等）因而具有法的不同效力和作用的法的外在表现形式。

三、国际航空运输承运人的责任公约

国际航空协定所确立的承运人责任制度，是一种可以减责或免责的、有限额但限额可以突破的过失责任制度。在这一制度下采用过失推定原则，即在运输过程中若发生损害，首先推定承运人犯有过失，要承担责任。承运人如果想减、免责任就必须证明其没有过失或不完全是他的过失造成的。因此，举证的责任不在旅客而在承运人。

《华沙公约》明确规定了承运人的责任范围。在航空器上或者上、下航空器的过程中，对于旅客因死亡、受伤或身体上的任何其他损害而产生的损失，承运人应负连带责任；在航空运输期间，对于运输的行李物品或者货物的延误、毁灭、遗失或者损坏而产生的损失，承运人应负连带责任。

国际航空协定规定，承运人如果证明他及其雇佣人员为了避免损失的发生已经采取了一切必要的措施或不可能采取这种措施时，承运人不承担责任；如果承运人证明损失的发生是由于受害人的过失造成或促成的，法院可以按照国际航空协定的规定免除或者减轻承运人的责任。但国际航空协定同时规定：在承运人不出具客票而承运旅客，承运人开具的客票不合格，损失的发生是由于承运人有意的不良行为造成这三种情形下，承运人无权援引公约关于免除或者限制承运人责任的规定。

四、国际航空协定的赔偿公约

《华沙公约》对每位旅客损害赔偿的最高限额为 125000 金法郎，对每公斤行李的最高赔偿限额为 400 金法郎。旅客可以办理声明价值并缴纳附加费，承运人在损害事故发生后，按旅客的声明价值进行赔偿。1955 年的《海牙议定书》将旅客损害赔偿责任限额由 125000 金法郎提高到 250000 金法郎。1966 年达成的《蒙特利尔协议》对前往、来自或停经美国的每一旅客的责任限额提高到 7.5 万美元（包括法律费用），或者 5.8 万美元（不包括法律费用），并对旅客的赔偿采取绝对责任制。

《中国民航旅客、行李国际运输规则》规定，由连续承运人共同承担的运输中，中国民航承担运输的航段，其责任限额与上述一致。例如，我国参加《华沙公约》后，中国民航国际客运规则明确规定，凡持有国际客票的旅客搭乘中国民航飞机，在运载过程中如遇有伤亡或其他身体上的损害而发生损失时，或持有国际客票的旅客交运的行李在中国民航承运过程中遇有遗失、损坏或短少时，经查确系中国民航的责任，由中国民

航按《华沙公约》的有关条款负赔偿责任。中国民航以公司名义于 1979 年 12 月 11 日加入 1966 年的《蒙特利尔协议》后，对于乘坐中国民航来往于美国的旅客，如果人身财产受到侵害，按较高的标准予以赔偿。

【导游考试典型试题】

1. 航空公司将客票售出，便意味着与旅客签订了（D）。

    A. 购票协议   B. 行李运输合同

    C. 订座协议   D. 航空运输合同

2. 在旅客、行李运输中，损失如果是由于索赔人的过错造成的，应当根据促成此种损失的程度，承运人（C）。

    A. 应承担责任   B. 责任可以免除

    C. 责任相应减轻   D. 不承担责任

3. 我国《民用航空法》规定，因（D），承运人不承担责任。

    A. 飞机坠毁造成乘客死亡   B. 空中颠簸造成乘客受伤

    C. 乘客在飞机上被劫持者杀害   D. 乘客死亡给他人造成精神痛苦

4. 铁路运输承运人按照规定给付赔偿金，（C）旅客按照国家有关铁路旅客意外伤害强制保险规定获取保险金。

    A. 影响   B. 部分影响

    C. 不影响   D. 影响或部分影响

5. 旅客、行李或者货物在航空运输中的下列损失，承运人应当承担责任。（A）

    A. 因延误造成的损失

    B. 完全因索赔人的过错造成的损失

    C. 承运人证明本人或者其受雇人、代理人为了避免损失的发生，已经采取一切必要措施的

    D. 承运人证明本人或者其受雇人、代理人为了避免损失的发生，不可能采取此种措施的

6. 承运人对运输过程中货物的毁损、灭失承担赔偿责任，但承运人若能证明货物的毁损、灭失是由于（ABCD）等原因造成的，不承担损害赔偿责任。

    A. 不可抗力   B. 货物本身的自然性质

    C. 货物本身的合理损耗   D. 托运人、收货人的过错

    E. 意外事件

7. 旅客在乘机期间受到的人身伤害，航空公司应当负赔偿责任的有（ABCDE）。

    A. 因为劫机事件导致旅客受伤

    B. 因为飞机颠簸导致旅客摔伤

    C. 旅客在飞行途中由于飞机颠簸突发心脏病死亡

    D. 飞机故障导致旅客受伤

    E. 飞行中行李脱落砸伤旅客

8. 铁路运输合同是明确铁路运输企业与旅客、托运人之间权利义务的关系协议，其包括（ABCD）。

    A. 旅客车票   B. 行李票

    C. 包裹票   D. 货物运单

    E. 站台票

9. 承运人对行李的责任规定中，"航空运输期间"是指（BCDE）。

    A. 在机场外   B. 在民用航空器上

    C. 在机场内   D. 在机场外降落的任何地点

    E. 托运行李处于承运人掌管之下的全部期间

10. 旅游运输合同的形式有（ABC）。

    A. 货运合同   B. 客运合同

    C. 多式联运合同   D. 运输合同

11. 旅游交通产品具有（ABCD）特性。

    A. 季节性   B. 区域性

    C. 替代性   D. 不可储存性

12. 多式联运合同不属于旅游运输合同。（错误）

第 *8* 章

旅游资源管理法律制度

学习重点

- ✎ 旅游资源分类
- ✎ 文物的保护及管理
- ✎ 风景名胜区的保护
- ✎ 旅游景区质量等级的划分与评定

第一节　旅游资源管理概述

一、旅游资源基本构成及分类

（一）旅游资源

旅游资源是一个国家或地区旅游事业赖以生存的物质基础。对旅游资源的认识，目前存在两种不同的观点。

一种观点从传统的旅游资源观出发，认为旅游资源是指吸引旅游者前往观赏的各种自然风光、历史遗迹、建筑成就、民族风情以及人文习俗等。这种相对静止的旅游资源观将旅游资源分为自然旅游资源和人文旅游资源两大类。前者包括地貌、水文、气候、动植物、化石等；后者主要包括反映古今人类政治、经济、文化、艺术和宗教等活动的人文景观和民俗。

另一种观点从现代的旅游资源观出发，认为旅游资源是自然界和人类社会凡能对旅游者产生吸引力，可以为旅游业开发利用，并可产生经济效益、社会效益和环境效益的各种事物和因素。这种动态的旅游资源观既包括物质形态方面的因素，如自然因素和人类制造的有形产品；也包括更高一层次的超物质形态的人文因素，如文化的、经济的因素等。其外延比传统的旅游资源观要宽得多。这种旅游资源观要求人们在认识旅游资源时必须具备三种意识。

1. 发展意识

在不同的发展阶段，对旅游资源的内涵必须有不同的认识，对旅游资源的利用也应适时而改变。"不同的发展阶段"主要指区域旅游业发展的不同历史阶段和全国乃至世界旅游业发展的不同历史阶段两个部分。因此，发展意识包括微观和宏观两个方面的意识。

2. 整体意识

资源要素是一个复合要素，它由众多内涵不同、功能各异的单项资源组合而成，如自然风光、寺庙建筑、经济环境等。另外，旅游资源各组成部分之间的关系既是并列的，又是重叠交叉的。

3. 市场意识

对旅游资源的认识应以市场需求为导向。对旅游资源的评价、开发总是与市场的需求相一致的。所以，我们在衡量市场需求时，既要预测需求总量，又要加强市场定位方面的工作。

(二) 旅游资源基本构成

根据旅游市场需求状况，通常人们将旅游资源的基本构成分为基本因素和推进因素两大类。

1. 基本因素

基本因素是一个国家先天拥有的、适宜发展旅游业的资源要素，包括自然旅游资源和人文旅游资源两大类。

自然旅游资源主要由适宜的气候条件、优美的自然风光和珍奇的动植物以及天然的疗养条件等组成。其显著特点是资源的模仿性差，如海南岛的海滨浴场，黄山的云海、奇峰等根本无法模仿或复制，具有独特性和垄断性。

人文旅游资源主要包括历史文物古迹、民俗传统文化等。其显著特点是独特性强，任何民族或国家的传统文化、本土文化都具有相对独立性。与此同时，它还有极大的脆弱性，一旦被破坏，就很难恢复，甚至永远无法恢复。

2. 推进因素

推进因素是指超出基本因素之上的，通过投资和发展而创造的因素，如经济因素、区位因素等。经济因素指经济实力或潜力。它在旅游经济活动中不仅充当资本供应的角色，而且也是一种重要的资源吸引物。区位因素是指优越的地理位置或良好的竞争环节。世界上，借助优越的地理位置或良好的竞争环境，使旅游业逢勃发展的成功范例很多。

（三）旅游资源分类

人文旅游资源是指人类历史发展过程中所形成的各种有形古物或无形的文化传统。构成人文旅游资源的主要有文化遗址、历史名城、古代建筑、古典园林、帝王陵墓、宗教圣地、雕绘艺术、博物馆、革命旧址、现代建筑、民族风情、工艺美术、名菜佳肴等。

自然旅游资源是地球表面自然生态系统中具有旅游价值的景观。它由地貌（山地、高原、丘陵、平原、盆地、沙漠等）、水文（江河、湖泊、泉水、海洋等）、气候（气温、日照、风、湿度等）以及生物（稀有植物、珍禽异兽等）等自然要素组成。

中华人民共和国国家质量监督检验检疫总局 2003 年 2 月 24 日发布，2003 年 5 月 1 日起实施的中华人民共和国国家标准《旅游资源分类、调查与评价》（GB/T 18972—2003），将旅游资源划分为"主类"、"亚类"、"基本类型" 3 个层次，其中主类 8 个、亚类 31 个、基本类型 155 个。

根据《旅游资源分类、调查与评价》（GB/T 18972—2003）表 1 的划分，自然旅游资源分为 4 个主类（地文景观、水域风光、生物景观、天象与气候景观）、17 个亚类、71 个基本类型。根据《旅游资源分类、调查与评价》（GB/T 18972—2003）表 2 的划分，人文旅游资源分为 4 个主类（遗址遗迹、建筑与设施、旅游商品、人文活动）、14 个亚类、84 个基本类型。

二、旅游资源保护法

（一）旅游资源保护法的概念

旅游资源保护法是国家对旅游资源保护、开发和利用的各种法律、法规与规章的总称。最主要的旅游资源保护法律法规有《风景名胜区管理条例》、《文物保护法》等。其他法律中也有关于保护旅游资源的条款，如《环境保护法》、《森林法》、《草原法》和《海洋环境保护法》等。

我国政府对旅游资源的保护重视较早。1950 年 5 月，中央人民政府就颁发了《古迹、珍贵文物、图书及稀有生物保护办法》，提出对文物古迹要"妥为保护，严禁破坏、损毁及散失"；提出"珍贵化石稀有生物，各地人民政府应妥为保护，严禁任意采捕"。1951 年 5 月我国颁布了《关于地方文物名胜古迹的保护管理办法》。1961 年 3 月 4 日，国务院又公布了第一批全国重点文物保护单位名单，并制定了《文物保护管理暂行条例》。在保护旅游资源的法制建设方面，1979 年 9 月 13 日，五届全国人大常委会第十一次会议原则通过了《环境保护法（试行）》；1982 年 11 月 19 日，五届全国人大常委会第二十五次会议通过了《文物保护法》；1985 年 6 月 7 日，国务院颁发了《风景名胜区管理暂行条例》（2006 年 9 月，国务院正式发布《风景名胜区条例》）。2003 年 3 月 24 日，国家质量监督检验检疫总局发布了《旅游资源分类、调查和评价》、《旅游规划通则》和《旅游区（点）质量等级的划分与评定》；2005 年 7 月 6 日，发布《旅游景区质量等级评定管理办法》。这使我国在保护旅游资源方面逐步步入依法管理的轨道。

（二）旅游资源保护法的主要内容

（1）规定了旅游资源保护的范围。

（2）规定了旅游资源开发、利用、保护原则，如对风景名胜区和文物评定等级与分级管理的原则，保护环境和自然资源、防治污染和其他公害原则。各级人民政府制定城乡建设规划时，事先要由城市规划部门会同文化行政管理部门商定对本行政区各级文物保护单位的保护措施，纳入规划等。

（3）规定了旅游资源管理机构的职权和任务。国家设立了专门的旅游资源管理机构，如文物保护机构、风景名胜区管理机构、自然保护区管理机构、环境保护机构等。

（4）规定了各级旅游资源管理机构和旅游者的义务。

（5）规定了有关的法律责任。如《文物保护法》加大了对破坏文物、危及文物安全的行为处罚的力度，增加对文物保护的法律条款。除了原来的行政处罚和追究刑事责任外，还增加了承担民事责任的条款。例如，《文物保护法》第六十五条规定："违反本法规定，造成文物灭失、损毁的，依法承担民事责任。"

（三）人文旅游资源保护法

我国《宪法》第二十二条规定："国家保护名胜古迹、珍贵文物和其他重要历史文化遗产。"同时，国家还制定和颁布了一系列保护人文旅游资源的法律、法规和规范性文件，主要有《文物保护法》、《水下文物保护法》等。此外，《环境保护法》、《海关法》、《城市规划法》、《关于惩治盗掘古文化遗址古墓葬犯罪的补充规定》、《治安管理处罚条例》等法律法规中也有许多保护人文旅游资源的内容。

国务院颁布和批准颁布的行政法规有《全国重点文物保护单位名单》、《文物保护法实施细则》、《关于进一步加强环境保护的决定》、《河道管理条例》、《国务院关于进一步加强文物工作的通知》、《国务院批转国家建委等部门〈关于保护我国历史文化名城的请示〉的通知》等。

国家有关机关根据法律、行政法规的规定制定颁发的部门规章和规章性文件主要有文化部颁发的《文物出境、鉴定管理办法》，国家计委、国家环境保护委员会颁发的《建设项目环境保护设计规定》，国家文物局颁发的《全国重点文物保护单位保护范围、标志说明、记录档案和保管机构工作规范（试行）》等。

我国还参加和批准了《保护世界文化和自然遗产公约》、《关于武装冲突情况下保护文化遗产的公约》、《关于禁止和防止非法进口文化遗产和非法转让其所有权的方法的公约》等国际上通用的公约。

（四）自然旅游资源保护法

新中国成立后，特别是党的十一届三中全会以后，我国政府先后颁布了一系列法律、法规，加强对自然旅游资源的保护，其中最重要的有《环境保护法》、《森林法》、《草原法》、《风景名胜区条例》、《水土保持条例》等。这些法律法规和其他法律中的相关条款共同构成了我国的自然旅游资源保护法。因此，自然旅游资源保护法是国家用以管理和保护自然旅游资源的一系列法律规范的总和。

第二节　文物保护法律制度

一、文物及其所有权

（一）文物的所有权

《文物保护法》第五条规定："中华人民共和国境内地下、内水和领海中遗存的一切文物，属于国家所有。古文化遗址、古墓葬、石窟寺属于国家所有。国家指定保护的纪念建筑物、古建筑、石刻、壁画、近代现代代表性建筑等不可移动文物，除国家另有规定的以外，属于国家所有。"同时，我国《宪法》还规定国有财产神圣不可侵犯。也就是说，任何单位、任何个人侵犯国有文物，必将受到国家法律的严惩。

我国除了国家所有的文物外，还有相当数量的文物属于集体所有和个人所有，如家传的古器物、书画、私家园林；具有历史价值和民族特色的生活用品、生产工具；具有文物价值和地方特色的民居、祠堂、牌坊；私人购置和从先辈继承下来的文物等。《文物保护法》第六条规定："属于集体所有和私人所有的纪念建筑物、古建筑和祖传文物以及依法取得的其他文物，其所有权受法律保护。文物的所有者必须遵守国家有关文物保护的法律、法规的规定。"

（二）文物的分类

文物是指遗留在社会上或埋藏在地下的历史文化遗产。根据不同的标准，可将文物分成多种类型。

1. 出土文物和传世文物

根据文物的来源，可将文物分为出土文物和传世文物。出土文物是文物考古工作者从地下发掘出来，或者在工农业建设过程中和其他动土活动中从地下发掘出来的地藏文物，主要指历史文物。传世文物是新中国成立前私人收藏的文物、祖传的文物和宫廷官府收藏的文物，包括历史文物和革命文物，还有废旧物资回收部门拣选出来的文物。

2. 馆藏文物和散存文物

根据文物的保存方法，可将文物分为馆藏文物和散存文物。馆藏文物是指国家文物单位收藏和保管的文物，包括历史文物、革命文物、出土文物和传世文物。散存文物是指流散在社会，由单位和个人保存的尚未被国家文物部门收藏和保管的文物，包括出土文物和传世文物。

3. 历史文物和革命文物

根据文物的性质，可将文物分为历史文物和革命文物。历史文物是指各个历史时期遗留下来的遗迹和遗物，如古文化遗址、古墓葬、石刻艺术、古建筑、古代生产工具、古代生活用品、古代兵器和各种文化艺术品。革命文物是指反映中国人民在各个革命阶段反对帝国主义、封建主义和官僚资本主义斗争中遗留下来的遗物和有纪念意义的旧址，常分为旧民主主义革命时期（1840—1919 年）、新民主主义革命时期（1919—1949年）和中华人民共和国成立以来三个时期。

4. 不可移动文物和可移动文物

按文物的移动状况，可将文物分为不可移动文物和可移动文物。不可移动文物又称文物保护单位，如古遗址、古建筑、古墓葬、石刻等。可移动文物是指可搬动的文物，如墓葬中出土的文物、馆藏文物、私人收藏的文物等。《文物保护法》第三条规定："历史上各时代重要实物、艺术品、文献、手稿、图书资料、代表性实物等可移动文物，分为珍贵文物和一般文物；珍贵文物分为一级文物、二级文物、三级文物。"

二、文物的管理

（一）馆藏文物的管理

1. 区分等级，建立档案

《文物保护法》第三十六条规定："博物馆、图书馆和其他文物收藏单位对收藏的文物，必须区分文物等级，设置藏品档案，建立严格的管理制度，并报主管的文物行政部门备案。县级以上地方人民政府文物行政部门应当分别建立本行政区域内的馆藏文物档案；国务院文物行政部门应当建立国家一级文物藏品档案和其主管的国有文物收藏单位馆藏文物档案。"

2. 建立严格的管理制度，依法调用

《文物保护法》第三十八条规定："文物收藏单位应当根据馆藏文物的保护需要，按照国家有关规定建立、健全管理制度，并报主管的文物行政部门备案。未经批准，任何单位或者个人不得调取馆藏文物。文物收藏单位的法定代表人对馆藏文物的安全负责。国有文物收藏单位的法定代表人离任时，应当按照馆藏文物档案办理馆藏文物移交手续。"

第三十九条规定："国务院文物行政部门可以调拨全国的国有馆藏文物。省、自治区、直辖市人民政府文物行政部门可以调拨本行政区域内其主管的国有文物收藏单位馆藏文物；调拨国有馆藏一级文物，应当报国务院文物行政部门备案。国有文物收藏单位可以申请调拨国有馆藏文物。"

第四十条规定："文物收藏单位应当充分发挥馆藏文物的作用，通过举办展览、科学研究等活动，加强对中华民族优秀的历史文化和革命传统的宣传教育。国有文物收藏单位之间因举办展览、科学研究等需借用馆藏文物的，应当报主管的文物行政部门备案；借用馆藏一级文物的，应当经省、自治区、直辖市人民政府文物行政部门批准，并报国务院文物行政部门备案。非国有文物收藏单位和其他单位举办展览需借用国有馆藏文物的，应当报主管的文物行政部门批准；借用国有馆藏一级文物，应当经国务院文物行政部门批准。文物收藏单位之间借用文物的最长期限不得超过三年。"

第四十一条规定："已经建立馆藏文物档案的国有文物收藏单位，经省、自治区、直辖市人民政府文物行政部门批准，并报国务院文物行政部门备案，其馆藏文物可以在国有文物收藏单位之间交换；交换馆藏一级文物的，必须经国务院文物行政部门批准。"

（二）民间文物的管理

1. 合法取得文物的方式

《文物保护法》第五十条规定，文物收藏单位以外的公民、法人和其他组织可以收藏通过下列方式取得的文物：①依法继承或者接受赠与；②从文物商店购买；③从经营文物拍卖的拍卖企业购买；④公民个人合法所有的文物相互交换或者依法转让；⑤国家规定的其他合法方式。

文物收藏单位以外的公民、法人和其他组织收藏的上述文物可以依法流通。

2. 禁止买卖的文物

《文物保护法》第五十一条规定，公民、法人和其他组织不得买卖下列文物：

（1）国有文物，但是国家允许的除外。

（2）非国有馆藏珍贵文物。

（3）国有不可移动文物中的壁画、雕塑、建筑构件等，但是依法拆除的国有不可移动文物中的壁画、雕塑、建筑构件等不属于该法第二十条第四款规定的应由文物收藏单位收藏的除外（第二十条第四款规定，依照前款规定拆除的国有不可移动文物中具有收藏价值的壁画、雕塑、建筑构件等，由文物行政部门指定的文物收藏单位收藏）。

（4）来源不符合该法第五十条规定的文物。

3. 民间文物的流通

（1）文物的捐赠。国家鼓励文物收藏单位以外的公民、法人和其他组织将其收藏的文物捐赠给国有文物收藏单位或者出借给文物收藏单位展览和研究。国有文物收藏单位应当尊重并按照捐赠人的意愿，对捐赠的文物妥善收藏、保管和展示。国家禁止出境的文物，不得转让、出租、质押给外国人。

（2）文物的经营。《文物保护法》第五十三条规定："文物商店应当由国务院文物行政部门或者省、自治区、直辖市人民政府文物行政部门批准设立，依法进行管理。文物商店不得从事文物拍卖经营活动，不得设立经营文物拍卖的拍卖企业。"

第五十四条规定："依法设立的拍卖企业经营文物拍卖的，应当取得国务院文物行政部门颁发的文物拍卖许可证。经营文物拍卖的拍卖企业不得从事文物购销经营活动，不得设立文物商店。"

第五十五条规定："文物行政部门的工作人员不得举办或者参与举办文物商店或者经营文物拍卖的拍卖企业。文物收藏单位不得举办或者参与举办文物商店或者经营文物拍卖的拍卖企业。禁止设立中外合资、中外合作和外商独资的文物商店或者经营文物拍卖的拍卖企业。除经批准的文物商店、经营文物拍卖的拍卖企业外，其他单位或者个人不得从事文物的商业经营活动。"

第五十六条规定："文物商店销售的文物，在销售前应当经省、自治区、直辖市人民政府文物行政部门审核；对允许销售的，省、自治区、直辖市人民政府文物行政部门应当作出标识。拍卖企业拍卖的文物，在拍卖前应当经省、自治区、直辖市人民政府文物行政部门审核，并报国务院文物行政部门备案；省、自治区、直辖市人民政府文物行政部门不能确定是否可以拍卖的，应当报国务院文物行政部门审核。"

第五十七条规定："文物商店购买、销售文物，拍卖企业拍卖文物，应当按照国家有关规定作出记录，并报原审核的文物行政部门备案。拍卖文物时，委托人、买受人要求对其身份保密的，文物行政部门应当为其保密；但是，法律、行政法规另有规定的除外。"

第五十八条规定："文物行政部门在审核拟拍卖的文物时，可以指定国有文物收藏单位优先购买其中的珍贵文物。购买价格由文物收藏单位的代表与文物的委托人协商确定。"

（3）文物的回收。银行、冶炼厂、造纸厂以及废旧物资回收单位，应当与当地文物行政部门共同负责拣选掺杂在金银器和废旧物资中的文物。拣选文物除供银行研究所必需的历史货币可以由人民银行留用外，应当移交当地文物行政部门。移交拣选文物，应当给予合理补偿。

（三）文物出境的管理

1. 不准出境的文物

《文物保护法》第六十条规定："国有文物、非国有文物中的珍贵文物和国家规定禁止出境的其他文物，不得出境；但是依照本法规定出境展览或者因特殊需要经国务院批准出境的除外。"第六十二条规定："一级文物中的孤品和易损品，禁止出境展览。"

2. 文物出入境手续

《文物保护法》第六十一条规定："文物出境，应当经国务院文物行政部门指定的文物进出境审核机构审核。经审核允许出境的文物，由国务院文物行政部门发给文物出境许可证，从国务院文物行政部门指定的口岸出境。任何单位或者个人运送、邮寄、携带文物出境，应当向海关申报；海关凭文物出境许可证放行。"

第六十二条规定："文物出境展览，应当报国务院文物行政部门批准；一级文物超过国务院规定数量的，应当报国务院批准。一级文物中的孤品和易损品，禁止出境展览。出境展览的文物出境，由文物进出境审核机构审核、登记。海关凭国务院文物行政部门或者国务院的批准文件放行。出境展览的文物复进境，由原文物进出境审核机构审核查验。"

第六十三条规定："文物临时进境，应当向海关申报，并报文物进出境审核机构审核、登记。临时进境的文物复出境，必须经原审核、登记的文物进出境审核机构审核查验；经审核查验无误的，由国务院文物行政部门发给文物出境许可证，海关凭文物出境许可证放行。"

三、对文物保护单位的法律保护

（一）文物保护单位的分级

《文物保护法》第三条规定："古文化遗址、古墓葬、古建筑、石窟寺、石刻、壁画、近代现代重要史迹和代表性建筑等不可移动文物，根据它们的历史、艺术、科学价值，可以分别确定为全国重点文物保护单位，省级文物保护单位，市、县级文物保护单位。"

同时，我国《文物保护法》对文物保护单位作了规定。《文物保护法》第十三条规定："国务院文物行政部门在省级、市、县级文物保护单位中，选择具有重大历史、艺术、科学价值的确定为全国重点文物保护单位，或者直接确定为全国重点文物保护单位，报国务院核定公布。省级文物保护单位，由省、自治区、直辖市人民政府核定公布，并报国务院备案。市级和县级文物保护单位，分别由设区的市、自治州和县级人民政府核定公布，并报省、自治区、直辖市人民政府备案。尚未核定公布为文物保护单位的不可移动文物，由县级人民政府文物行政部门予以登记并公布。"

截至 1996 年，国务院已公布了四批全国重点文物保护单位，共 750 处。其中 1961 年 3 月公布第一批，180 处；1982 年 2 月公布第二批，62 处；1988 年 1 月公布第三批，258 处；1996 年 12 月公布第四批，250 处。

（二）文物保护管理机关及其职责

《文物保护法》第八条规定："国务院文物行政部门主管全国文物保护工作。地方各级人民政府负责本行政区域内的文物保护工作。县级以上地方人民政府承担文物保护工作的部门对本行政区域内的文物保护实施监督管理。县级以上人民政府有关行政部门在各自的职责范围内，负责有关的文物保护工作。"文物保护管理机关的主要职责如下：

1. 确定历史文化名城和其他历史文化单位

《文物保护法》第十四条规定："保存文物特别丰富并且具有重大历史价值或者革命纪念意义的城市，由国务院核定公布为历史文化名城。保存文物特别丰富并且具有重大历史价值或者革命纪念意义的城镇、街道、村庄，由省、自治区、直辖市人民政府核定公布为历史文化街区、村镇，并报国务院备案。历史文化名城和历史文化街区、村镇所在地的县级以上地方人民政府应当组织编制专门的历史文化名城和历史文化街区、村镇保护规划，并纳入城市总体规划。历史文化名城和历史文化街区、村镇的保护办法，由国务院制定。"

国务院先后于 1982 年 2 月、1986 年 12 月和 1994 年 1 月分三批公布了全国 99 座历史文化名城。2001—2011 年又增补了 19 座历史文化名城。

☞ 知识拓展

我国的历史文化名城

第一批（24 座）：北京、承德、大同、南京、泉州、景德镇、曲阜、洛阳、开封、苏州、扬州、杭州、绍兴、江陵、长沙、广州、桂林、成都、遵义、昆明、大理、拉萨、西安、延安。

第二批（38 座）：天津、保定、平遥、呼和浩特、沈阳、上海、镇江、常熟、徐州、淮安、宁波、歙县、寿县、亳州、福州、漳州、南昌、济南、安阳、南阳、商丘、武汉、襄阳、潮州、重庆、阆中、宜宾、自贡、镇远、丽江、日喀则、韩城、榆林、武威、张掖、敦煌、银川、喀什。

第三批（37 座）：正定、邯郸、新绛、代县、祁县、哈尔滨、吉林、集安、衢州、临海、长汀、赣州、青岛、聊城、邹城、临淄、郑州、浚县、随州、钟祥、岳阳、肇庆、佛山、梅州、海康、柳州、琼山、乐山、都江堰、泸州、建水、巍山、江孜、咸阳、汉中、天水、同仁。

2001—2011 年增补（19 座）：山海关区（秦皇岛）、凤凰县、濮阳、安庆、泰安、海口、金华、绩溪县、吐鲁番、特克斯县、无锡、南通、北海、嘉兴、宜兴、中山、太原、蓬莱、会理县。

截至 2011 年，共有 118 座历史文化名城。

2. 划定保护范围

《文物保护法》第十五条规定："各级文物保护单位，分别由省、自治区、直辖市人民政府和市、县级人民政府划定必要的保护范围，作出标志说明，建立记录档案，并区别情况分别设置专门机构或者专人负责管理。全国重点文物保护单位的保护范围和记录档案，由省、自治区、直辖市人民政府文物行政部门报国务院文物行政部门备案。县级以上地方人民政府文物行政部门应当根据不同文物的保护需要，制定文物保护单位和未核定为文物保护单位的不可移动文物的具体保护措施，并公告施行。"

3. 提出有效的保护措施

《文物保护法》规定，各级人民政府制定城乡建设规划，应当根据文物保护的需要，事先由城乡建设规划部门会同文物行政部门商定对本行政区域内各级文物保护单位的保护措施，并纳入规划。

文物保护单位的保护范围内不得进行其他建设工程或者爆破、钻探、挖掘等作业。但是，因特殊情况需要在文物保护单位的保护范围内进行其他建设工程或者爆破、钻探、挖掘等作业的，必须保证文物保护单位的安全，并经核定公布该文物保护单位的人民政府批准，在批准前应当征得上一级人民政府文物行政部门同意；在全国重点文物保护单位的保护范围内进行其他建设工程或者爆破、钻探、挖掘等作业的，必须经省、自治区、直辖市人民政府批准，在批准前应当征得国务院文物行政部门同意。

根据保护文物的实际需要，经省、自治区、直辖市人民政府批准，可以在文物保护单位的周围划出一定的建设控制地带，并予以公布。在文物保护单位的建设控制地带内进行建设工程，不得破坏文物保护单位的历史风貌；工程设计方案应当根据文物保护单位的级别，经相应的文物行政部门同意后，报城乡建设规划部门批准。

在文物保护单位的保护范围和建设控制地带内，不得修建污染文物保护单位及其环境的设施，不得进行可能影响文物保护单位安全及其环境的活动。对已有的污染文物保护单位及其环境的设施，应当限期治理。

建设工程选址，应当尽可能避开不可移动文物；因特殊情况不能避开的，对文物保护单位应当尽可能实施原址保护。实施原址保护的，建设单位应当事先确定保护措施，根据文物保护单位的级别报相应的文物行政部门批准，并将保护措施列入可行性研究报告或者设计任务书。无法实施原址保护，必须迁移异地保护或者拆除的，应当报省、自治区、直辖市人民政府批准；迁移或者拆除省级文物保护单位的，批准前须征得国务院文物行政部门同意；全国重点文物保护单位不得拆除，需要迁移的，须由省、自治区、直辖市人民政府报国务院批准。依照上述规定拆除的国有不可移动文物中具有收藏价值的壁画、雕塑、建筑构件等，由文物行政部门指定的文物收藏单位收藏。原址保护、迁移、拆除所需费用，由建设单位列入建设工程预算。

4. 明确文物保护单位的迁移、修缮原则

《文物保护法》第二十一条规定："国有不可移动文物由使用人负责修缮、保养；非国有不可移动文物由所有人负责修缮、保养。非国有不可移动文物有损毁危险，所有人不具备修缮能力的，当地人民政府应当给予帮助；所有人具备修缮能力而拒不依法履行修缮义务的，县级以上人民政府可以给予抢救修缮，所需费用由所有人负担。对文物保护单位进行修缮，应当根据文物保护单位的级别报相应的文物行政部门批准；对未核定为文物保护单位的不可移动文物进行修缮，应当报登记的县级人民政府文物行政部门批准。文物保护单位的修缮、迁移、重建，由取得文物保护工程资质证书的单位承担。对不可移动文物进行修缮、保养、迁移，必须遵守不改变文物原状的原则。"这些法律条款表明，在对文物进行修缮、保养、迁移的时候，必须遵守不改变文物原貌这一法定原则，做到"修旧如旧"，而不能"整旧如新"。

国家重点工程建设中因特别需要而必须对文物保护单位进行迁移或拆除时，应根据文物保护单位的级别，经该级人民政府和上一级文化行政管理部门同意。全国重点文物保护单位的迁移，由省级人民政府报国务院批准。迁移文物也必须遵循文物原状不得改变的原则。

5. 保护文物保护单位在综合利用过程中的原状

《文物保护法》第二十三条规定："核定为文物保护单位的属于国家所有的纪念建筑物或者古建筑，除可以建立博物馆、保管所或者辟为参观游览场所外，作其他用途的，市、县级文物保护单位应当经核定公布该文物保护单位的人民政府文物行政部门征得上一级文物行政部门同意后，报核定公布该文物保护单位的人民政府批准；省级文物保护单位应当经核定公布该文物保护单位的省级人民政府的文物行政部门审核同意后，报该省级人民政府批准；全国重点文物保护单位作其他用途的，应当由省、自治区、直辖市人民政府报国务院批准。国有未核定为文物保护单位的不可移动文物作其他用途的，应当报告县级人民政府文物行政部门。"同时，《文物保护法》第二十六条规定："使用不可移动文物，必须遵守不改变文物原状的原则，负责保护建筑物及其附属文物的安全，不得损毁、改建、添建或者拆除不可移动文物。对危害文物保护单位安全、破坏文物保护单位历史风貌的建筑物、构筑物，当地人民政府应当及时调查处理，必要时，对该建筑物、构筑物予以拆迁。"

第三节　风景名胜区保护

由于自然旅游资源主要集中在风景名胜区内，所以《风景名胜区条例》在自然旅游资源保护法中占有特别重要的地位。

一、风景名胜区的管理机构、等级和设立

（一）风景名胜区及其特点

国务院 2006 年 9 月 19 日发布、12 月 1 日起施行的《风景名胜区条例》规定，风景名胜区是指具有观赏、文化或科学价值，自然景观、人文景观比较集中，环境优美，可供人们游览或者进行科学、文化活动的区域。这是从立法的角度对风景名胜区作出的概括和界定。从这一定义可以看出，风景名胜区具有三个特点：

（1）具有观赏、文化和科学价值。

（2）自然景观、人文景观比较集中。所谓自然景观，亦称自然旅游资源，是指因外在地理条件天然形成的自然景色，主要由特定条件下形成的山、水、云、石、动植物等各自或相互组合而成的景观。所谓人文景观，亦称人文旅游资源，指由于历史发展所产生的各种有形或无形的旧物或文化传统。前者包括古代建筑、历史遗迹，以及为展示这些而建的博物馆、纪念馆等；后者包括一些社会风俗和文化传统，如节日、民族风情、地方艺术等。

（3）可供人们游览或进行科学、文化活动。

（二）风景名胜区的管理机构

《风景名胜区条例》第四条规定："风景名胜区所在地县级以上地方人民政府设置的风景名胜区管理机构，负责风景名胜区的保护、利用和统一管理工作。"第五条规定："国务院建设主管部门负责全国风景名胜区的监督管理工作。国务院其他有关部门按照国务院规定的职责分工，负责风景名胜区的有关监督管理工作。省、自治区人民政府建设主管部门和直辖市人民政府风景名胜区主管部门，负责本行政区域内风景名胜区的监督管理工作。省、自治区、直辖市人民政府其他有关部门按照规定的职责分工，负责风景名胜区的有关监督管理工作。"

（三）风景名胜区的等级划分

《风景名胜区条例》第八条规定："风景名胜区划分为国家级风景名胜区和省级风景名胜区。自然景观和人文景观能够反映重要自然变化过程和重大历史文化发展过程，基本处于自然状态或者保持历史原貌，具有国家代表性的，可以申请设立国家级风景名胜区；具有区域代表性的，可以申请设立省级风景名胜区。"

（四）景名胜区的设立

《风景名胜区条例》第十条规定："设立国家级风景名胜区，由省、自治区、直辖市人民政府提出申请，国务院建设主管部门会同国务院环境保护主管部门、林业主管部门、文物主管部门等有关部门组织论证，提出审查意见，报国务院批准公布。设立省级风景名胜区，由县级人民政府提出申请，省、自治区人民政府建设主管部门或者直辖市人民政府风景名胜区主管部门，会同其他有关部门组织论证，提出审查意见，报省、自治区、直辖市人民政府批准公布。"

二、风景名胜区的保护和规划

（一）保护风景名胜区的环境

《风景名胜区条例》第二十四条规定："风景名胜区内的景观和自然环境，应当根据可持续发展的原则，严格保护，不得破坏或者随意改变。"第二十七条规定："禁止违反风景名胜区规划，在风景名胜区内设立各类开发区和在核心景区内建设宾馆、招待所、培训中心、疗养院以及与风景名胜资源保护无关的其他建筑物；已经建设的，应当按照风景名胜区规划，逐步迁出。"第三十条规定："风景名胜区内的建设项目应当符合风景名胜区规划，并与景观相协调，不得破坏景观、污染环境、妨碍游览。在风景名胜区内进行建设活动的，建设单位、施工单位应当制定污染防治和水土保持方案，并采取有效措施，保护好周围景物、水体、林草植被、野生动物资源和地形地貌。"

（二）保护风景名胜区的生态

《风景名胜区条例》第二十四条规定："风景名胜区内的居民和游览者应当保护风景名胜区的景物、水体、林草植被、野生动物和各项设施。"第二十六条规定，在风景名胜区内禁止进行下列活动：①开山、采石、开矿、开荒、修坟立碑等破坏景观、植被和地形地貌的活动；②修建储存爆炸性、易燃性、放射性、毒害性、腐蚀性物品的设施；③在景物或者设施上刻划、涂污；④乱扔垃圾。

（三）严格保护风景名胜区内的景点

《风景名胜区条例》第二十五条规定："风景名胜区管理机构应当对风景名胜区内的重要景观进行调查、鉴定，并制定相应的保护措施。"

（四）风景名胜区的规划

《风景名胜区条例》第十六条规定："国家级风景名胜区规划由省、自治区人民政府建设主管部门或者直辖市人民政府风景名胜区主管部门组织编制。省级风景名胜区规划由县级人民政府组织编制。"

第十八条规定："编制风景名胜区规划，应当广泛征求有关部门、公众和专家的意见；必要时，应当进行听证。风景名胜区规划报送审批的材料应当包括社会各界的意见以及意见采纳的情况和未予采纳的理由。"

第十九条规定："国家级风景名胜区的总体规划，由省、自治区、直辖市人民政府审查后，报国务院审批。国家级风景名胜区的详细规划，由省、自治区人民政府建设主管部门或者直辖市人民政府风景名胜区主管部门报国务院建设主管部门审批。"

第二十条规定："省级风景名胜区的总体规划，由省、自治区、直辖市人民政府审批，报国务院建设主管部门备案。省级风景名胜区的详细规划，由省、自治区人民政府建设主管部门或者直辖市人民政府风景名胜区主管部门审批。"

第二十一条规定："风景名胜区规划经批准后，应当向社会公布，任何组织和个人有权查阅。风景名胜区内的单位和个人应当遵守经批准的风景名胜区规划，服从规划管理。风景名胜区规划未经批准的，不得在风景名胜区内进行各类建设活动。"

（五）处罚措施

保护自然旅游资源是每个单位和个人应尽的义务。《风景名胜区条例》明确提出了12 个方面的法律责任，对违法行为的处理除了责令停止违法行为、恢复原状或者限期拆除、没收违法所得之外，还可以进行罚款、治安处罚，并可对直接负责的主管人员和其他直接责任人员依法给予降级或者撤职等行政处分；构成犯罪的，依法追究刑事责任。

第四节　其他相关资源的保护

一、环境的保护

1989 年 12 月 26 日七届全国人大常委会第十一次会议通过，中华人民共和国主席令第 22 号公布施行的《环境保护法》共 6 章 47 条。该法第二条规定："本法所称环境，是指影响人类生存和发展的各种天然的和经过人工改造的自然因素的总体，包括大气、水、海洋、土地、矿藏、森林、草原、野生生物、自然遗迹、人文遗迹、自然保护区、风景名胜区、城市和乡村等。"

环境保护法是调整因保护和改善生活环境与生态环境，防治污染和其他公害而产生的各种社会关系的法律规范的总称。生活环境是指人们居住和生活的场所，生态环境是指生活环境以外的各种自然条件。环境保护法重点保护的环境包括自然保护区、生态环境与农业环境、海洋环境、城市和乡村生活环境。保护环境与发展旅游业关系十分密切。二者在保护的客体的许多方面是一致的。一方面，环境保护法要求人类在符合客观生态规律的前提下合理地开发、利用旅游资源；旅游法律、法规要求在保护的前提下开发旅游资源，二者相互配合，共同承担着社会主义物质文明和精神文明建设的重任。另一方面，二者各有侧重。环境保护法以协调人与环境的关系，保护人类所必需的生存环境为己任；旅游法律、法规则以开发旅游资源、发展旅游业、繁荣社会、振兴经济为宗旨。

二、世界遗产的保护

世界遗产是指前代所遗留的，对人类生存和发展具有特殊价值而为国际社会特别加以保护的自然和文化遗产。1972 年 11 月，联合国教科文组织在巴黎举行的第十七届会议上通过了《保护世界文化和自然遗产公约》（以下简称《公约》），于 1975 年 12 月生效，其宗旨是为集体保护具有突出的普遍价值的文化和自然遗产，建立一个根据现代科学方法制定的永久性有效制度。

《公约》将世界遗产分为文化遗产和自然遗产。为有效保护世界遗产，《公约》规定，保护世界遗产主要是有关国家的责任。在尊重遗产所在国的主权，不使所在国规定的财产权受到损失的前提下，承认这类遗产是世界遗产的一部分，整个国际社会有责任合作予以保护。依照该公约，在联合国教科文组织内建立一个政府间组织"世界遗产委员会"，并根据各缔约国的申请编制《世界遗产名录》，对列入名录的世界遗产由国际社会提供援助并安排保护、恢复等工作；缔约国对于提交保护的遗产负有鉴定、保护、保存、陈列以及传与后代的义务。

我国于 1985 年加入《保护世界文化和自然遗产公约》。自 1987 年第十一届世界遗产大会将中国故宫等 6 处遗产列入《世界遗产名录》至今，中国已有 43 处自然景观和文化遗址被列入该名录，其中文化遗产 26 项，自然遗产 9 项，文化和自然双重遗产 4 项，文化景观 4 项。

☞ 知识拓展

我国列入《世界遗产名录》的自然、文化遗产

1. 长城（1987.12，文化遗产）（附 1）
2. 北京故宫、沈阳故宫（1987.12，文化遗产）（附 7）
3. 陕西秦始皇陵及兵马俑（1987.12，文化遗产）
4. 甘肃敦煌莫高窟（1987.12，文化遗产）
5. 北京周口店北京猿人遗址（1987.12，文化遗产）
6. 山东泰山（1987.12，文化与自然双重遗产）
7. 安徽黄山（1990.12，文化与自然双重遗产）
8. 湖南武陵源国家级名胜区（1992.12，自然遗产）
9. 四川九寨沟国家级名胜区（1992.12，自然遗产）
10. 四川黄龙国家级名胜区（1992.12，自然遗产）
11. 西藏布达拉宫（1994.12，文化遗产）（附 2、附 3）
12. 河北承德避暑山庄及周围寺庙（1994.12，文化遗产）
13. 山东曲阜的孔庙、孔府及孔林（1994.12，文化遗产）
14. 湖北武当山古建筑群（1994.12，文化遗产）
15. 江西庐山风景名胜区（1996.12，文化景观）
16. 四川峨眉山—乐山风景名胜区（1996.12，文化与自然双重遗产）
17. 云南丽江古城（1997.12，文化遗产）
18. 山西平遥古城（1997.12，文化遗产）
19. 江苏苏州古典园林（1997.12，文化遗产）（附 4）
20. 北京颐和园（1998.11，文化遗产）
21. 北京天坛（1998.11，文化遗产）
22. 重庆大足石刻（1999.12，文化遗产）
23. 福建武夷山（1999.12，文化与自然双重遗产）
24. 四川青城山和都江堰（2000.11，文化遗产）
25. 河南洛阳龙门石窟（2000.11，文化遗产）
26. 明清皇家陵寝：明显陵（湖北钟祥市）、清东陵（河北遵化市）、清西陵（河北易县）（2000.11，文化遗产）（附 5、附 6、附 8）
27. 安徽古村落：西递、宏村（2000.11，文化遗产）

28. 山西大同云冈石窟（2001.12，文化遗产）

29. 云南三江并流（2003.7，自然遗产）

30. 吉林高句丽王城、王陵及贵族墓葬（2004.7，文化遗产）

31. 澳门历史城区（2005.7，文化遗产）

32. 四川大熊猫栖息地（2006.7，自然遗产）

33. 中国安阳殷墟（2006.7，文化遗产）

34. 中国南方喀斯特（2007.6，自然遗产）

35. 开平碉楼与古村落（2007.6，文化遗产）

36. 福建土楼（2008.7，文化遗产）

37. 江西三清山（2008.7，自然遗产）

38. 山西五台山（2009.6，文化景观）

39. 嵩山"天地之中"古建筑群（2010.7，文化景观）

40. 中国丹霞（2010.8，自然遗产）

41. 杭州西湖（2011.6，文化景观）

42. 元上都遗址（2012.6，文化遗产）

43. 澄江化石地（2012.7，自然遗产）

附1：2002年11月，中国唯一的水上长城辽宁九门口长城通过联合国教科文组织的验收，作为长城的一部分正式挂牌成为世界文化遗产。

附2：2000年11月，拉萨大昭寺作为布达拉宫世界遗产的扩展项目被批准列入《世界遗产名录》。

附3：2001年12月，拉萨罗布林卡作为布达拉宫历史建筑群的扩展项目被批准列入《世界遗产名录》。

附4：2000年11月，苏州艺圃、耦园、沧浪亭、狮子林和退思园5座园林作为苏州古典园林的扩展项目被批准列入《世界遗产名录》。

附5、附6：2003年7月，北京市的明十三陵和南京市的明孝陵作为明清皇家陵寝的一部分列入《世界遗产名录》。

附7：2004年7月，沈阳故宫作为明清皇宫文化遗产扩展项目列入《世界遗产名录》。

附8：2004年7月，沈阳市的盛京三陵作为明清皇家陵寝扩展项目列入《世界遗产名录》。

三、自然保护区的保护

划定自然保护区，依法对其进行保护和管理，是我国保护自然环境和自然资源的一项重要工作。我国《自然保护区条例》第十条规定，凡具有下列条件之一的，应当建立自然保护区：①典型的自然地理区域、有代表性的自然生态系统区域以及已经遭受破坏但经保护能够恢复的同类自然生态系统区域；②珍稀、濒危野生动植物物种的天然集中分布区域；③具有特殊保护价值的海域、海岸、岛屿、湿地、内陆水域、森林、草原和荒漠；④具有重大科学文化价值的地质构造、著名溶洞、化石分布区、冰川、火山、温泉等自然遗迹；⑤经国务院或者省、自治区、直辖市人民政府批准，需要予以特殊保护的其他自然区域。

《自然保护区条例》规定，自然保护区分为国家级自然保护区和地方级自然保护区。国家级自然保护区的建立，由自然保护区所在的省、自治区、直辖市人民政府或者国务院有关自然保护区行政主管部门提出申请，经国家级自然保护区评审委员会评审后，由国务院环境保护行政主管部门进行协调并提出审批建议，报国务院批准。地方级自然保护区的建立，由自然保护区所在的县、自治县、市、自治州人民政府或者省、自治区、直辖市人民政府有关自然保护区行政主管部门提出申请，经地方级自然保护区评审委员会评审后，由省、自治区、直辖市人民政府环境保护行政主管部门进行协调并提出审批建议，报省、自治区、直辖市人民政府批准，并报国务院环境保护行政主管部门和国务院有关自然保护区行政主管部门备案。跨两个以上行政区域的自然保护区的建立，由有关行政区域的人民政府协商一致后提出申请，并按照上述规定的程序审批。建立海上自然保护区，须经国务院批准。

自然保护区的设立，以自然保护为主，在不影响自然保护区的自然环境和自然资源的前提下，组织开展参观、旅游等活动。外国人进入地方级自然保护区，接待单位应当事先报经省、自治区、直辖市人民政府有关自然保护区行政主管部门批准；进入国家级自然保护区，接待单位应当报经国务院有关自然保护区行政主管部门批准。进入自然保护区的外国人，应当遵守有关自然保护区的法律、法规和规定。

自然保护区可以分为核心区、缓冲区和实验区。自然保护区内保存完好的天然状态的生态系统以及珍稀、濒危动植物的集中分布地，应当划为核心区，禁止任何单位和个人进入；除依照《自然保护区条例》第二十七条的规定①经批准外，也不允许进入从事科学研究活动。核心区外围可以划定一定面积的缓冲区，只准进入从事科学研究观测活动。缓冲区外围划为实验区，可以进入从事科学实验、教学实习、参观考察、旅游以及驯化、繁殖珍稀、濒危野生动植物等活动。原批准建立自然保护区的人民政府认为必要时，可以在自然保护区的外围划定一定面积的外围保护地带。长白山自然保护区、鼎湖山自然保护区、卧龙自然保护区、武夷山自然保护区、梵净山自然保护区，是我国首批被列入联合国教科文组织"人与生物圈"计划的 5 个自然保护区。

四、森林公园的保护

1982 年，我国第一处森林公园——湖南张家界国家森林公园批准建立。至 2004 年，我国森林公园总数已增至 1540 处，其中国家森林公园 503 处。根据《森林法》和国家有关规定，2005 年 6 月 3 日国家林业局制定并发布了《森林公园管理办法》，对规

---

① 《自然保护区条例》第二十七条规定：禁止任何人进入自然保护区的核心区。因科学研究的需要，必须进入核心区从事科学研究观测、调查活动的，应当事先向自然保护区管理机构提交申请和活动计划，并经省级以上人民政府有关自然保护区行政主管部门批准；其中，进入国家级自然保护区核心区的，必须经国务院有关自然保护区行政主管部门批准。自然保护区核心区内原有居民确有必要迁出的，由自然保护区所在地的地方人民政府予以妥善安置。

范和管理森林公园提供了法律保障。

（一）森林公园分级

《森林公园管理办法》规定，森林公园分为以下三级：①国家级森林公园①。森林景观特别优美，人文景物比较集中，观赏、科学、文化价值高，地理位置特殊，具有一定的区域代表性，旅游服务设施齐全，有较高的知名度。②省级森林公园。森林景观优美，人文景物相对集中，观赏、科学、文化价值较高，在本行政区域内具有代表性，具备必要的旅游服务设施，有一定的知名度。③市、县级森林公园。森林景观有特色，景点景物有一定的观赏、科学、文化价值，在当地知名度较高。

（二）管理机构及其职责

《森林公园管理办法》第三条规定："林业部主管全国森林公园工作。县级以上地方人民政府林业主管部门主管本行政区域内的森林公园工作。"第四条规定："在国有林业局、国有林场、国有苗圃、集体林场等单位经营范围内建立森林公园的，应当依法设立经营管理机构；但在国有林场、国有苗圃经营范围内建立森林公园的，国有林场、国有苗圃经营管理机构也是森林公园的经营管理机构，仍属事业单位。"

《森林公园管理办法》第五条规定："森林公园经营管理机构负责森林公园的规划、建设、经营和管理。森林公园经营管理机构对依法确定其管理的森林、林木、林地、野生动植物、水域、景点景物、各类设施等，享有经营管理权，其合法权益受法律保护，任何单位和个人不得侵犯。"

第五节　旅游景区质量等级评定管理

一、评定范围

2005年7月6日，国家旅游局第23号令发布了《旅游景区质量等级评定管理办法》，第四条规定："凡在中华人民共和国境内，正式开业从事旅游经营业务一年以上的旅游景区，包括风景区、文博院馆、寺庙观堂、旅游度假区、自然保护区、主题公园、森林公园、地质公园、游乐园、动物园、植物园及工业、农业、经贸、科教、军事、体育、文化艺术等旅游景区，均可申请参加质量等级评定。"第五条规定："旅游景区质量等级评定，是指对具有独立管理和服务机构的旅游景区进行评定，对园中园、景中景等内部旅游点，不进行单独评定。"

二、等级标准及标志

根据《旅游景区质量等级评定管理办法》的规定，我国的旅游景区分为5级，从高到低依次为5A、4A、3A、2A和1A。

---

① 《国家级森林公园管理办法》已于2011年4月12日经国家林业局局务会议审议通过，2011年5月20日公布，自2011年8月1日起施行。

根据国家质量监督检验检疫总局发布的《旅游景区质量等级的划分与评定》(修订)(GB/T 17775—2003) 的有关规定,我国旅游景区等级标准的划分主要从旅游交通、游览、旅游安全、卫生、邮电服务、旅游购物、经营管理、资源和环境的保护、旅游资源吸引力、市场吸引力、游客接待量和游客抽样调查满意率等 12 个方面进行考察确定,对各类景区的游客接待量,作出了硬性的规定,见表8-1。

表 8-1   单位:人次

景区等级	5A 级旅游景区	4A 级旅游景区	3A 级旅游景区	2A 级旅游景区	1A 级旅游景区
游客接待量	60 万,海外 5 万	50 万,海外 3 万	30 万	10 万	3 万

旅游景区质量等级的标牌、证书由全国旅游景区质量等级评定委员会统一制作,由相应评定机构颁发。旅游景区质量等级标牌,须置于旅游景区主要入口最明显位置,并在对外宣传资料中正确标明其等级。

三、评定机构与职责划分

《旅游景区质量等级评定管理办法》规定,国家旅游局负责旅游景区质量等级评定标准、评定细则的制订工作,负责对质量等级评定标准实施进行监督检查。国家旅游局组织设立全国旅游景区质量等级评定委员会。全国旅游景区质量等级评定委员会负责全国旅游景区质量等级评定工作的组织和管理。各省级旅游行政管理部门组织设立本地区旅游景区质量等级评定委员会,并报全国旅游景区质量等级评定委员会备案。根据全国旅游景区质量等级评定委员会的委托,省级旅游景区质量等级评定委员会进行相应的旅游景区质量等级评定工作的组织和管理。

3A 级、2A 级、1A 级旅游景区由全国旅游景区质量等级评定委员会委托各省级旅游景区质量等级评定委员会负责评定。省级旅游景区质量等级评定委员会可以向条件成熟的地市级旅游景区质量等级评定机构再行委托。4A 级旅游景区由省级旅游景区质量等级评定委员会推荐,全国旅游景区质量等级评定委员会组织评定。5A 级旅游景区从 4A 级旅游景区中产生。被公告为 4A 级旅游景区一年以上的方可申报 5A 级旅游景区。5A 级旅游景区由省级旅游景区质量等级评定委员会推荐,全国旅游景区质量等级评定委员会组织评定。

四、评定程序

《旅游景区质量等级评定管理办法》规定,各级旅游景区的质量等级评定工作按照"创建、申请、评定、公告"的程序进行。

旅游景区在创建计划完成后,进行自检。自检结果达到相应等级标准和细则规定的旅游景区,填写《旅游景区质量等级评定报告书》,并向当地旅游景区质量等级评定机构提出评定申请。经当地旅游景区质量等级评定机构审核同意,向上一级旅游景区质量等级评定机构推荐参加相应质量等级的正式评定。

现场评定工作由负责评定的旅游景区质量等级评定机构委派评定小组承担。评定小组采取现场检查、资料审核、抽样调查等方式进行现场评定工作。

现场评定符合标准的旅游景区，由负责评定的旅游景区质量等级评定机构批准其质量等级，并向社会公告。

【导游考试典型试题】

1. 历史文化名城由（C）公布。
   A. 国家文化行政管理部门　　　　　　B. 国家建设行政管理部门
   C. 国务院　　　　　　　　　　　　　D. 国务院旅游行政主管部门

2. 根据我国《风景名胜区条例》的规定，（D）主管全国风景名胜区的管理工作。
   A. 国务院旅游主管部门　　　　　　　B. 国务院环境保护主管部门
   C. 国务院文化主管部门　　　　　　　D. 国务院建设主管部门

3. 在自然保护区内只准从事科学研究活动的是（B）。
   A. 实验区　　　　　　　　　　　　　B. 缓冲区
   C. 核心区　　　　　　　　　　　　　D. 边缘区

4. 我国文物划分的依据是（D）。
   A. 文物的观赏、历史、文化价值　　　B. 文物的历史、艺术、文化价值
   C. 文物的科学、艺术、文化价值　　　D. 文物的历史、艺术、科学价值

5. 我国《文物保护法》规定，国有的博物馆、图书馆和其他单位的文物藏品禁止（A）。
   A. 出卖　　　　　　　　　　　　　　B. 调拨
   C. 交换　　　　　　　　　　　　　　D. 出境

6. 人文旅游资源是指由于（A）而产生的各种有形或无形的旧物或文化传统。
   A. 历史发展　　　　　　　　　　　　B. 科学发展
   C. 文化发展　　　　　　　　　　　　D. 自然发展

7. 下列文物中，（C）不能作为民间收藏文物。
   A. 王某依法继承的文物
   B. 张某从文物商店购买的文物
   C. 李某在农业生产中发现的文物
   D. 某企业从经营文物拍卖的拍卖企业购买的文物

8. 属于集体所有或私人所有的（ABC），其所有权受法律保护。
   A. 纪念建筑物　　　　　　　　　　　B. 古建筑
   C. 祖传文物　　　　　　　　　　　　D. 古墓葬
   E. 石刻

9. 在全国重点文物保护单位的保护范围内进行（ABCE）等作业的，必须经省、自治区、直辖市人民政府批准，在批准前应当征得国务院文物行政部门的同意。
   A. 挖掘　　　　　　　　　　　　　　B. 爆破

　　C. 钻探　　　　　　　　　　D. 取土

　　E. 其他建设工程

10. 根据《文物保护法》的规定，下列文物属于国家所有。（ABC）

　　A. 高某在矿山开采中发现的古墓葬　　B. 赵某从新批的宅基地里挖出的文物

　　C. 张某捐赠给某省博物馆的文物　　　D. 史某从文物拍卖企业购买的文物

　　E. 乔某依法接受赠与的文物

11. 民间文物流通的主要形式有（ABC）。

　　A. 文物的捐赠　　　　　　　　B. 文物的经营

　　C. 文物的回收　　　　　　　　D. 文物的转让

12. 下列获得文物属于合法途径的有（ABD）。

　　A. 从经营文物拍卖的拍卖企业购买　　B. 从文物商店购买

　　C. 公民私人之间的文物抵押　　　　　D. 依法继承或者接受赠与

13. 化石属于人文景观类。（错误）

14. 旅游者可以进入自然保护区的缓冲区内观光游览。（错误）

第9章
旅游住宿管理法律制度

学习重点

✎ 旅馆的权利和义务

✎ 旅游饭店星级评定制度

✎ 旅馆的法律责任

旅馆法规是调整旅馆与旅客之间、旅馆与旅馆之间以及旅馆与其他相关部门之间权利和义务关系的法律规范的总称。我国目前还没有专门的旅馆法，只能用我国民法、经济法及国际惯例进行调整。旅馆法规的雏形产生于中世纪，其中最早的国家是英国。1978 年，国际统一私法协会起草和通过了《关于旅馆合同的协议草案》，对旅馆和其他法律关系主体之间的权利与义务进行了具体规定。我国在 1951 年 8 月公布了《城市客栈暂行管理规则》，1987 年 11 月公安部又发布了《旅馆业治安管理办法》，以取代《城市客栈暂行管理规则》。1999 年 3 月 26 日，国务院发布了《娱乐场所管理条例》，2006 年 1 月 18 日进行了修订。1988 年 8 月，我国颁布了《评定旅游涉外饭店星级的规定》和《旅游涉外饭店星级标准》，1998 年进行了修订。

第一节　旅馆的权利和义务

旅馆业起源于古代的宿处和驿站。古埃及时代，连接城市间的要路上开始有供商队住宿的宿处。我国春秋战国时期，各个诸侯国也有专门用来接待宾客的驿站。美国旅馆大王斯塔特拉（E. M. Statleu）的"斯塔特拉旅馆"在 1908 年开业，揭开了现代旅馆业的序幕。随后，昆拉德·希尔顿继承了先辈的事业，在全世界铺开了希尔顿旅馆网，形成了现代旅馆业。

20 世纪中叶旅游活动的发展，使旅馆业成为国际性的经营项目和许多国家重要的经济成分。从旅馆业的发展历史看，旅馆业在国际上大体经历了四个阶段：设备简陋，只供睡眠和食物的客栈时期；专为王室和贵族享乐，设施豪华的大饭店时期；为商业旅行者服务，方便、舒适、价格合理的商业旅馆时期；主要为旅游者服务的新型旅馆时期。

旅馆的种类繁多，功能各异，形式不拘一格，如"BB"家庭旅馆（仅提供"住宿和早餐"的旅馆）、青年旅馆、汽车旅馆和公寓式旅馆等。在我国，饭店、宾馆以及各种招待所、客栈等接待旅客并为旅客提供住宿、饮食的场所通称旅馆。由此可见，只要是旅馆，就必须具备能为旅游者提供住宿这一基本功能，如果不具备这一基本功能，就不能称其为旅馆。

一、旅馆与旅客之间权利、义务的产生和终止

（一）权利和义务的产生

旅馆与旅客之间的权利和义务关系是按照合同的规定产生和终止的。合同产生有两种情况：一是旅客到旅馆办理了住宿登记手续，或者拿到了客房钥匙；二是旅客向旅馆预订了客房。如果旅客向旅馆发出了预订客房的要约，而旅馆接受了这一要约的话，则旅馆与旅客之间的合同关系便成立了。

（二）权利和义务的终止

合同终止的一般程序是旅馆提出账单，旅客支付费用完毕。但一般情况下，旅客结账后离开旅馆通常有一段"合理的滞留时间"，旅客仍具有"潜在客人的身份"。此时，应视为旅客与旅馆之间的合同关系仍然存在，旅馆对旅客仍负有"潜在的责任"，直到旅客离开旅馆。如果旅客在旅馆内因犯罪行为而被旅馆逐出，那么双方的合同关系就随即终止。

二、旅馆的权利

（一）在有合法理由的情况下，可拒绝或驱逐旅客

一般来说，合法理由主要有以下六种情况：①客满；②从事卖淫活动的妓女或嫖客，从事盗窃、诈骗、流氓活动的犯罪分子；③拒绝支付合法收费的旅客；④有传染病的旅客；⑤擅自闯入旅馆的人；⑥携带危险品的人。

（二）有权向旅客收取住宿费和其他合法费用

合法收费是指国家有关部门核准的收费标准和项目。当旅客无力或拒绝支付合法收费时，旅馆有权扣留旅客的财物，即行使"留置权"。这种留置权只有在旅客付清欠账时才能终止。

为了帮助世界各国旅馆业正确行使留置权，国际统一私法协会《关于旅馆合同的协议草案》第十条对旅馆的留置权作了具体规定。

（1）除应由旅客以外的一方向旅馆支付费用外，为了确保旅客支付已提供住宿设备和服务的费用，旅馆有权扣留旅客带往旅馆的任何有商业价值的财物。

（2）如果旅客对应交的款项已提供足够的担保，或已将同等金额存放在双方都同意接受的第三方手里或存放在官方机构里，则旅馆不能再扣留旅客的上述财物。

（3）旅馆应该在向旅客发出合适的和有一定期限的通知后才能将所扣留的旅客财物出售，所扣留的部分应以能抵偿欠款为限。被扣留财物的出售应按旅馆所在地法律的规定进行。

（4）旅馆扣留旅客财物和出售财物的权利，以及财物出售后的收益是否会影响到第三者的权利，应按旅馆所在地法律的规定执行。

只有当旅客不履行债务超过法律规定的一定期限，旅馆才能按法律程序变卖其财物，并从变卖的价款中得到清偿。如果旅客付清欠账，旅馆应主动将财物交还给对方，留置权消失。

（三）有权要求旅客赔偿因预订后不使用客房或者提前离店给旅馆造成的经济损失

国际统一私法协会《关于旅馆合同的协议草案》第六条对赔偿作了具体规定：预订不住时，赔偿预订住宿期的头两天合同规定的房费和附加费用的 75%；提前离店时，赔偿其后五天合同规定的房费和附加服务费的 40%。但在下列时间以前通知旅馆退订，无须支付赔偿费：①对于不超过 2 天的预订，在拟使用住宿设备的当天中午；②对于 3~7 天的预订，在拟使用住宿设备的前 2 天；③对于超过 7 天的预订，在拟使用住宿设备的前 7 天。在下列时间向旅馆提出终止居住，可不支付赔偿费：①合同的剩余时间不超过两天，在离店的当天中午提出；②合同的剩余时间在 3~7 天，离店前 2 天提出；③合同的剩余时间在 7 天以上，离店前 7 天提出。

值得强调的是，在普通法中，合同订立以后，却不能履行，如果"合同与某一事件的发生有着依存关系"，法律允许当事人所订立的合同解除。确定这条法则的案件通常被称为"加冕案"。事情的经过是，1903 年，房东与房客双方订立了一个在英王爱德华七世加冕典礼的队伍要经过的路线上租用一套房间的合同。当加冕典礼取消时，房客要求取消合同，房东起诉房客，要求履行合同，但未成功。因为法庭认为双方都知道租用这套房间的目的是为了观看加冕典礼，但加冕典礼未举行，因此合同被解除。

☞ 知识拓展

普通法是根本法之外的其他法律。普通法不得和根本法相抵触。这有多种含义：在中国，通常指次于宪法（根本法）的一般法律；或者指对全国一致适用的法律，如民法、刑法等，与特别法（即仅对特定身份的人、特定事项、特定时间或特定地区适用的法律）相对称。在西方国家的法学中，普通法最早是指英国 12 世纪左右开始形成的一种以判例形式出现的适用于全国的法律。英美法系，亦称普通法系（common law，common 译为"普通"，是取其"普遍通行"之意）或海洋法系。该法系与欧陆法系并称为当今世界最主要的两大法系。与欧陆法系相比，英美法系多采用不成文法，尤其是判例法，强调"遵循先例"原则；审判中采取当事人进行主义和陪审团制度，对于司法程序比较重视；法律制度和法学理论的发展往往依赖司法实务人员（尤其是高等法院法官）的推动，即法官实质上通过做出判决起到了司法的效果。普通法系的立法精神在于：除非某一项目的法例因为客观环境的需要或为了解决争议而需要以成文法制定，否则，只需要根据当地过去对于该项目的习惯而评定谁是谁非。英国与美国是英美法系的主要代表国家，但两国间的法律也有相当大的差异。

（四）有权要求旅客爱护旅馆内的一切设施和财物

我国《民法通则》第一百一十七条规定："损坏国家的、集体的财产或者他人财产的，应当恢复原状或者折价赔偿。受害人因此遭受其他重大损失的，侵害人应当赔偿损失。"旅客损坏财物，应照价赔偿。根据我国的法律，旅客无论是过失或故意损坏旅馆的物品，都应承担赔偿责任。

【案例】

某住店客人将电视机的遥控器损坏了。饭店方面要求该客人按房间内的《住店须知》上标明的遥控器赔偿金额 120 元赔偿，遭到客人拒绝。饭店可否要求客人赔偿？如何赔偿？

分析：饭店可以要求客人赔偿，但饭店单方面确定的赔偿金额过高，属"格式条款"。《合同法》规定，提供格式合同一方免除其责任、加重对方责任、排除对方主要权利的，该条款无效。

某游客在酒店用餐时顺手把自己随身携带的包放在了自己身后的椅子上，用餐后发现包不见了。酒店在几处醒目的地方都放了提示牌，上面写有"请顾客保管好自己的随身物品"等字样。游客要求赔偿，请问酒店有没有责任？

分析：游客疏忽大意，没有把自己的包保管好，是造成包丢失的主要原因。酒店已经在醒目处做了提示，故酒店不承担责任。

三、旅馆的义务

（一）不加歧视地接待所有旅客

旅馆不能有种族歧视，旅客只要举止适宜，适于接待，并能支付旅馆费用，旅馆就要认真接待，并提供相应的服务。

（二）保障旅客的人身财产安全

1. 我国现行的行政法规保障旅客人身财产安全的措施

保证旅客住宿时的人身财产安全是旅馆的一项法律义务，而非合同义务。经国务院批准，1987 年 11 月 10 日，公安部发布施行了《旅馆业治安管理办法》（以下简称《办法》)。这是我国旅游住宿业治安管理的基本行政法规，也是我国旅馆业健康发展的一项法制保障。

(1) 旅馆设施必须合格。《办法》第三条规定："开办旅馆，其房屋建筑、消防设备、出入口和通道等，必须符合《中华人民共和国消防条例》等有关规定，并且要具备必要的防盗安全设施。"

(2) 旅馆开办审批制度。《办法》第四条规定："申请开办旅馆，应经主管部门审查批准，经当地公安机关签署意见，向工商行政管理部门申请登记，领取营业执照后，方准开业。经批准开业的旅馆，如有歇业、转业、合并、迁移、改变名称等情况，应当在工商行政管理部门办理变更登记后三日内，向当地的县、市公安局、公安分局备案。"

(3) 旅馆经营治安管理。《办法》第五条规定："经营旅馆，必须遵守国家的法律，建立各项安全管理制度，设置治安保卫组织或者指定安全保卫人员。"第六条规定："旅馆接待旅客住宿必须登记。登记时，应当查验旅客的身份证件，按规定的项目如实登记。接待境外旅客住宿，还应当在二十四小时内向当地公安机关报送住宿登记表。"第十一条规定："严禁旅客将易燃、易爆、剧毒、腐蚀性和放射性等危险物品带入旅馆。"第十七条规定："违反本办法第六、十一、十二条规定的，依照《中华人民共和国治安管理处罚条例》有关条款的规定，处罚有关人员；发生重大事故、造成严重后果构成犯罪的，依法追究刑事责任。"

(4) 旅客财物保管措施。《办法》第七条规定："旅馆应当设置旅客财物保管箱、柜或者保管室、保险柜，指定专人负责保管工作。对旅客寄存的财物，要建立登记、领取和交接制度。"

2. 旅馆经营过程中保障旅客人身财产安全的措施

旅馆必须做好如下工作：①加强门卫管理；②坚决制止各种争吵和斗殴事件；③完善住宿设施；④加强防火系统；⑤提供符合标准的食物。

(三) 告知赔偿限额

旅馆应以书面的形式让客人知道丢失财物的赔偿限额。在对外国人开放的旅馆，应有外文告示，一般用英文。

国际统一私法协会《关于旅馆合同的协议草案》对财物损失的赔偿限额作了明确的规定，对旅客交旅馆保存的财物，旅馆所负责任不超过每日住房费的 500~1000 倍。当然，旅馆必须在旅客交存财物时将这一限额告诉旅客。但如果旅馆理应接受旅客寄存财物而拒绝接受时，该草案第十三条的限制就不再适用，旅馆对此应负'绝对责任'。旅客没有将其所带财物交旅馆保存而遭灭失时，赔偿限额不超过每日住房费的 100 倍。

(四) 接受客房预订

旅客订房通常有四种情况：经过旅行社、经过航空公司、经过普通公司或友人、旅客本人订房。无论哪种形式订房，一经达成协议，双方都要按合同的规定办事。订房结果常出现四种情况：①接到订房信息，但地址不详，无法回复；②客满，无房可订，但如果有人退房，将优先考虑；③答应保留房间；④保留房间，预收定金。第一种情况不能视为合同；第二种情况是有条件的订房合同；第三种情况是订房合同，但不标准；第四种情况是标准的订房合同。

为了弥补客人预订后"不使用"客房的损失，旅馆通常采取"超额预订"，加上有些客人延迟离店，有时可能出现无法向已预订客房的客人提供住房的情况。一旦出现这种局面，柜台接待人员首先要征得客人同意，调换标准相近的客房，并就高不就低，免收第一夜高出的房费。如果无标准相近的客房，可联系安排到另一家旅馆，并支付送客人到另一家旅馆的车费。如果订房时交了定金，还要双倍返还定金。

（五）依法处理旅客遗留物品

当客人离店后，如在客房内发现客人遗留下来的物品，应记录在登记册上，并写明客人之姓名、房号、时间、物品名称及拾得者姓名，交领班送客房部妥善保管，然后根据旅客登记所留下的地址设法将遗留物品归还原主，决不能据为己有。客人索取时，应无条件返还，但旅馆可收取一定数量的保管费。按照国际惯例，失物保管期为 1 年。我国《民法通则》第九十二条规定："没有合法根据，取得不当利益，造成他人损失的，应当将取得的不当利益返还受损失的人。"第九十三条规定："没有法定的或者约定的义务，为避免他人利益受损失进行管理或者服务的，有权要求受益人偿付由此而支付的必要费用。"《旅馆业治安管理办法》第八条规定："旅馆对旅客遗留的物品，应当妥为保管，设法归还原主或揭示招领；经招领 3 个月后无人认领的，要登记造册，送当地公安机关按拾遗物品处理。对违禁物品和可疑物品，应当及时报告公安机关处理。"《中国旅游饭店行业规范》(2009 年 8 月修订版) 第三十四条规定："客人结账离店后，如有物品遗留在客房内，饭店应当设法同客人取得联系，将物品归还或寄还给客人，或替客人保管，所产生的费用由客人承担。三个月后仍无人认领的，饭店可登记造册，按拾遗物品处理。"

四、联号旅馆之间的权利和义务

（一）联号旅馆的概念

联号旅馆又称饭店集团、饭店连锁公司或饭店联合企业，它是由一个设在本国的总公司直接或间接控制、管理一批旅馆，以相同的店名、店徽、统一的服务标准及管理风格与水准，在本国和世界各地进行联销经营的联合企业。

（二）联号旅馆的主要经营形式

1. 投资经营

投资经营就是饭店集团通过拥有饭店的所有权而达到管理的目的。获取饭店所有权的途径主要有：①饭店集团投资建设一个新饭店或者购买一个旧饭店；②饭店集团对采取股份有限公司形式的饭店购入达到控股权的股票数；③饭店集团和当地投资者举办合资企业，共同投资建设新饭店或购买旧饭店，所有权由饭店集团拥有。

采用投资建设、购买饭店及购买股票的形式开展经营，往往会加重饭店集团的负担，使连锁化的速度减慢，并增加了饭店集团的风险责任。所以，饭店集团多数倾向于采用合资企业的形式。这种方式投入的资本主要是饭店集团的无形资产，包括连锁信誉和经营管理技术两个方面。前者体现了经营管理中微观经济效益与宏观经济效益的统一，是饭店集团素质的反映，是经营管理的结晶；后者包括服务规格、服务标准、推销技术、烹饪技术、人事管理、财务管理、设备管理等。

2. 租赁经营

租赁经营是饭店集团以承租方式租赁某个饭店，在租赁期内对饭店拥有使用权和经营管理权，并按照租赁合同向饭店所有人支付租金。为了保证饭店经营管理的连续性，饭店租赁期限通常在 20 年以上。租赁经营按租金支付的方式不同可以划分为固定租金租赁和盈亏分成租赁。

固定租金租赁是指饭店集团租用某个饭店，按照固定的数额支付一笔租金给饭店所有人。盈亏分成租赁是指在租赁期间，由饭店集团经营管理饭店，饭店所有人分享利润，按实际盈亏分成支付。

（三）联号旅馆之间的权利和义务

联号旅馆之间的权利和义务关系主要体现在两个方面：一是经济问题。小旅馆通过加盟饭店集团取得更好的经济效益。二是法律问题。饭店集团和小旅馆之间必须签订合同，明确商号使用期限和条件、使用费和双方的权利、义务、责任以及违反合同后应承担的法律责任、损失赔偿方法等。在对旅客承担责任时，如果两家旅馆在经济上都是独立的，在法律上都是独立的法人，那么各自对旅客承担责任；如果饭店集团在事实上已完全控制或绝大部分控制了小旅馆（例如控制 51% 以上的经营权），小旅馆在事实上已失去了独立法人的地位，所以应由饭店集团承担对旅客的责任。

五、旅馆与旅行社之间的权利和义务

旅馆的义务一是在接受旅行社的客房预订后，必须保证在预订期内向旅行社提供合同所规定的客房，并向客人提供优质服务，不能搞超额预订；二是应向旅行社支付一定的佣金作为旅行社提供客源的报酬。旅馆的权利有三：一是旅馆有权要求旅行社按合同提供客源，并要求旅行社预付定金；二是旅行社违约时，旅馆有权要求旅行社赔偿因此而造成的经济损失；三是旅馆有权要求旅行社从包价客人的包价旅费中按比例向旅馆支付客房费和服务费。

六、旅馆和非旅客之间的权利和义务

非旅客主要包括顾客、租户和旅客的客人。顾客是指只使用旅馆的某些设施（如餐厅、美容厅、健身房、娱乐设施和游泳池等），而不在旅馆住宿的客人。租户是指长期租用旅馆客房作为居室或办公室的单位或客人。旅客的客人是指专程拜访某位旅客的客人。

旅馆对非旅客的责任不同于旅客。首先，旅馆对非旅客是否接待完全由旅馆决定。旅馆只有在自己的设施满足旅客多余的情况下，才能接待非旅客。其次，在举证责任方面也有差别。旅客发生损失时，首先推定是旅馆有过错，旅馆要减免责任，必须向法院提出充分的证据证明自己没有过错或过错不完全在自己一方，由旅馆负举证责任；非旅客发生损失时，首先推定旅馆没有过错，非旅客要求赔偿，由非旅客负举证责任。

第二节　旅游饭店星级评定制度

对旅游饭店进行星级评定，是国际上通行的惯例。1988 年 8 月，国家旅游局制定发布了《评定旅游涉外饭店星级的规定》和《旅游涉外饭店星级标准》，我国开始实行星级评定制度，有关标准先后于 1993 年、1997 年、2003 年进行了修订。以下内容选用 2003 年 6 月 2 日发布、2003 年 12 月 1 日起施行的《旅游饭店星级的划分与评定》(GB/T14308—2003)(2011 年 1 月 1 日，《旅游饭店星级的划分与评定》(GB/T14308—2010)开始实施，对部分内容做了新的规定)。

一、旅游饭店的等级与星级的评定

《旅游饭店星级的划分与评定》将旅游饭店划分为一星级、二星级、三星级、四星级和五星级（含白金五星级）。星级越高，表示饭店的档次越高。

饭店开业 1 年后可申请星级，经星级评定机构评定批复后，可以享有 5 年有效期的星级及标志使用权。开业不足 1 年的饭店可以申请预备星级，有效期 1 年。

二、旅游星级饭店评定机构及其分工

旅游饭店星级评定工作由全国旅游饭店星级评定机构统筹负责，其责任是制定星级评定工作的实施办法和检查细则，授权并督导省级以下旅游饭店星级评定机构开展星级评定工作，组织实施全国五星级饭店的评定与复核工作，保有对各级旅游饭店星级评定机构所评饭店星级的否决权。

省、自治区、直辖市旅游饭店星级评定机构按照全国旅游饭店星级评定机构的授权和督导，组织本地区旅游饭店星级评定与复核工作；保有对本地区下级旅游饭店星级评定机构所评饭店星级的否决权，并承担推荐五星级饭店的责任。同时，负责将本地区所评饭店星级的批复和评定检查资料上报全国旅游饭店星级评定机构备案。

其他城市或行政区域旅游饭店星级评定机构按照全国旅游饭店星级评定机构的授权和所在地区省级旅游饭店星级评定机构的督导，实施本地区旅游饭店星级评定与复核工作，保有对本地区下级旅游饭店星级评定机构所评饭店星级的否决权，并承担推荐较高星级饭店的责任。同时，负责将本地区所评饭店星级的批复和评定检查资料逐级上报全国旅游饭店星级评定机构备案。

三、旅游饭店星级的评定程序

（一）受理

接到饭店星级申请报告后，相应评定权限的旅游饭店星级评定机构应在核实申请材料的基础上，于 14 天内作出受理与否的答复。对申请四星级以上的饭店，其所在地旅游饭店星级评定机构在逐级递交或转交申请材料时应提交推荐报告或转交报告。

（二）检查

受理申请或接到推荐报告后，相应评定权限的旅游饭店星级评定机构应在 1 个月内

以明察和暗访的方式安排评定检查。检查合格与否，检查员均应提交检查报告。对检查未予通过的饭店，相应星级评定机构应加强指导，待接到饭店整改完成并要求重新检查的报告后，于1个月内再次安排评定检查。对申请四星级以上的饭店，检查分为初检和终检：

（1）初检由相应评定权限的旅游饭店星级评定机构组织，委派检查员以明察或暗访的形式实施检查，并将检查结果及整改意见记录在案，供终检时对照使用；初检合格，方可安排终检。

（2）终检由相应评定权限的旅游饭店星级评定机构组织，委派检查员对照初检结果及整改意见进行全面检查；终检合格，方可提交评审。

（三）评审

接到检查报告后1个月内，旅游饭店星级评定机构应根据检查员意见对申请星级的饭店进行评审。评审的主要内容有：审定申请资格，核实申请报告，认定本标准的达标情况，查验违规及事故、投诉的处理情况等。

（四）批复

对于评审通过的饭店，旅游饭店星级评定机构应给予评定星级的批复，并授予相应星级的标志和证书。对于经评审认定达不到标准的饭店，旅游饭店星级评定机构不予批复。

如果饭店由若干座不同建筑水平或设施设备标准的建筑物组成，旅游饭店星级评定机构应按每座建筑物的实际标准评定星级，评定星级后，不同星级的建筑物不能继续使用相同的饭店名称。否则，旅游饭店星级评定机构应不予批复或收回星级标志和证书。

饭店取得星级后，因改造发生建筑规格、设施设备和服务项目的变化，关闭或取消原有设施设备、服务功能或项目，导致达不到原星级标准的，应向原旅游饭店星级评定机构申报，接受复核或重新评定。否则，原旅游饭店星级评定机构应收回该饭店的星级证书和标志。

四、饭店星级复核及处理制度

对已经评定星级的饭店，旅游饭店星级评定机构每年进行一次复核。复核工作应在饭店对照星级标准自查自纠并将自查结果报告旅游饭店星级评定机构的基础上，由旅游饭店星级评定机构以明察或暗访的形式安排抽查验收。旅游饭店星级评定机构应于本地区复核工作结束后进行认真总结，并逐级上报复核结果。

（一）对经复核达不到星级标准的星级饭店的具体处理方法

（1）旅游饭店星级评定机构根据情节轻重给予签发警告通知书、通报批评、降低或取消星级的处理，并在相应范围内公布处理结果。

（2）凡在1年内接到警告通知书三次以上或通报批评两次以上的饭店，旅游饭店星级评定机构应降低或取消其星级，并向社会公布。

（3）被降低或取消星级的饭店，自降低或取消星级之日起1年内，不予恢复或重新评定星级；1年后，方可重新申请星级。

（4）已取得星级的饭店如发生重大事故，造成恶劣影响，其所在地旅游饭店星级评定机构应立即反映情况或在权限范围内做出降低或取消星级的处理。

（二）旅游饭店星级评定机构对星级饭店作出处理的权限

旅游饭店星级评定机构对星级饭店进行处理的责任分工依照星级评定的责任分工办理。全国旅游星级饭店评定机构保留对各饭店星级的直接处理权。

☞ 知识拓展

《旅游饭店星级的划分与评定》（GB/T14308—2010）实施办法节选

第八条　凡在中华人民共和国境内正式营业一年以上的旅游饭店，均可申请星级评定。经评定达到相应星级标准的饭店，由全国旅游饭店星级评定机构颁发相应的星级证书和标志牌。星级标志的有效期为三年。

第九条　饭店星级标志应置于饭店前厅最明显位置，接受公众监督。饭店星级标志已在国家工商行政管理总局商标局登记注册为证明商标，其使用要求必须严格按照《星级饭店图形证明商标使用管理规则》执行。任何单位或个人未经授权或认可，不得擅自制作和使用。同时，任何饭店以"准✕星"、"超✕星"或者"相当于✕星"等作为宣传手段的行为均属违法行为。

第十二条　饭店星级评定依据《旅游饭店星级的划分及评定》（GB/T14308—2010）进行，具体要求如下：

（一）《旅游饭店星级的划分及评定》附录A"必备项目检查表"。该表规定了各星级必须具备的硬件设施和服务项目。要求相应星级的每个项目都必须达标，缺一不可。

（二）《旅游饭店星级的划分及评定》附录B"设施设备评分表"（硬件表，共600分）。该表主要是对饭店硬件设施的档次进行评价打分。三、四、五星级规定最低得分线：三星220分、四星320分、五星420分，一、二星级不作要求。

（三）《旅游饭店星级的划分及评定》附录C"饭店运营质量评价表"（软件表，共600分）。该表主要是评价饭店的"软件"，包括对饭店各项服务的基本流程、设施维护保养和清洁卫生方面的评价。三、四、五星级规定最低得分率：三星70%、四星80%、五星85%，一、二星级不作要求。

第十三条　申请星级评定的饭店，如达不到本办法第十二条要求及最低分数或得分率，则不能取得所申请的星级。

第十四条　星级饭店强调整体性，评定星级时不能因为某一区域所有权或经营权的分离，或因为建筑物的分隔而区别对待。饭店内所有区域应达到同一星级的质量标准和管理要求。否则，星评委对饭店所申请星级不予批准。

第十五条　饭店取得星级后，因改造发生建筑规格、设施设备和服务项目的变化，关闭或取消原有设施设备、服务功能或项目，导致达不到原星级标准的，必须向相应级别星评委申报，接受复核或重新评定。否则，相应级别星评委应收回该饭店的星级证书和标志牌。

第十六条　五星级按照以下程序评定：

1. 申请。申请评定五星级的饭店应在对照《旅游饭店星级的划分及评定》（GB/

T14308—2010）充分准备的基础上，按属地原则向地区星评委和省级星评委逐级递交星级申请材料。申请材料包括：饭店星级申请报告、自查打分表、消防验收合格证（复印件）、卫生许可证（复印件）、工商营业执照（复印件）、饭店装修设计说明等。

2. 推荐。省级星评委收到饭店申请材料后，应严格按照《旅游饭店星级的划分及评定》（GB/T14308—2010）的要求，于一个月内对申报饭店进行星评工作指导。对符合申报要求的饭店，以省级星评委名义向全国星评委递交推荐报告。

3. 审查与公示。全国星评委在接到省级星评委推荐报告和饭店星级申请材料后，应在一个月内完成审定申请资格、核实申请报告等工作，并对通过资格审查的饭店，在中国旅游网和中国旅游饭店业协会网站上同时公示。对未通过资格审查的饭店，全国星评委应下发正式文件通知省级星评委。

4. 宾客满意度调查。对通过五星级资格审查的饭店，全国星评委可根据工作需要安排宾客满意度调查，并形成专业调查报告，作为星评工作的参考意见。

5. 国家级星评员检查。全国星评委发出《星级评定检查通知书》，委派二到三名国家级星评员，以明查或暗访的形式对申请五星的饭店进行评定检查。评定检查工作应在 36～48 小时内完成。检查未予通过的饭店，应根据全国星评委反馈的有关意见进行整改。全国星评委待接到饭店整改完成并申请重新检查的报告后，于一个月内再次安排评定检查。

6. 审核。检查结束后一个月内，全国星评委应根据检查结果对申请五星级的饭店进行审核。审核的主要内容及材料有：国家级星评员检查报告（须有国家级星评员签名）、星级评定检查反馈会原始记录材料（须有国家级星评员及饭店负责人签名）、依据《旅游饭店星级的划分及评定》（GB/T14308—2010）打分情况（打分总表须有国家级星评员签名）等。

7. 批复。对于经审核认定达到标准的饭店，全国星评委应做出批准其为五星级旅游饭店的批复，并授予五星级证书和标志牌。对于经审核认定达不到标准的饭店，全国星评委应做出不批准其为五星级饭店的批复。批复结果在中国旅游网和中国旅游饭店业协会网站上同时公示，公示内容包括饭店名称、全国星评委受理时间、国家级星评员评定检查时间、国家级星评员姓名、批复时间。

8. 申诉。申请星级评定的饭店对星评过程及其结果如有异议，可直接向国家旅游局申诉。国家旅游局根据调查结果予以答复，并保留最终裁定权。

9. 抽查。国家旅游局根据《国家级星评监督员管理规则》（附件2），派出国家级星评监督员随机抽查星级评定情况，对星评工作进行监督。一旦发现星评过程中存在不符合程序的现象或检查结果不符合标准要求的情况，国家旅游局可对星级评定结果予以否决，并对执行该任务的国家级星评员进行处理。

第十七条　一星级到四星级饭店的评定程序，各级星评委应严格按照相应职责和权限，参照五星级饭店评定程序执行。一、二、三星级饭店的评定检查工作应在 24 小时内完成，四星级饭店的评定检查工作应在 36 小时内完成。全国星评委保留对一星级到四星级饭店评定结果的否决权。

第二十四条　星级复核是星级评定工作的重要组成部分，其目的是督促已取得星级的饭店持续达标，其组织和责任划分完全依照星级评定的责任分工。星级复核分为年度复核和三年期满的评定性复核。

第二十五条　年度复核工作由饭店对照星级标准自查自纠、并将自查结果报告相应级别星评委，相应级别星评委根据自查结果进行抽查。

评定性复核工作由各级星评委委派星评员以明查或暗访的方式进行。

各级星评委应于本地区复核工作结束后进行认真总结，并逐级上报复核结果。

第二十六条　全国星评委委派二至三名国家级星评员同行，以明查或暗访的方式对饭店进行评定性复核检查。全国星评委可根据工作需要，对满三期的五星级饭店进行宾客满意度调查，并形成专业调查报告，作为评定性复核的参考意见。

第二十七条　对复核结果达不到相应标准的星级饭店，相应级别星评委根据情节轻重给予限期整改、取消星级的处理，并公布处理结果。对于取消星级的饭店，应将其星级证书和星级标志牌收回。

第二十九条　整改期限原则上不能超过一年。被取消星级的饭店，自取消星级之日起一年后，方可重新申请星级评定。

第三十条　各级星评委对星级饭店做出处理的责任划分依照星级评定的责任分工执行。全国星评委保留对各星级饭店复核结果的最终处理权。

第三十一条　接受评定性复核的星级饭店，如其正在进行大规模装修改造，或者其他适当原因而致使暂停营业，可以在评定性复核当年年前提出延期申请。经查属实后，相应级别星评委可以酌情批准其延期一次。延期复核的最长时限不应超过一年，如延期超过一年，须重新申请星级评定。

第三十二条　国家旅游局根据《国家级星评监督员管理规则》，派出国家级星评监督员随机抽查年度复核和评定性复核情况，对复核工作进行监督。一旦发现复核过程中存在不符合程序的现象或检查结果不符合标准要求的情况，国家旅游局可对星级复核结果予以否决。

第三节　旅馆的法律责任

一、侵害旅客人身财产的法律责任

（一）旅馆对旅客人身伤害的法律责任

对于旅客在旅馆内造成伤害的法律责任，不同的国家有不同的规定。德国和埃塞俄比亚规定因房屋造成旅客伤害，旅馆负有不可推卸的责任；英国和意大利规定因房屋造成旅客伤害，只要能证明非疏忽大意，旅馆就可以免除责任。例如，楼梯台阶完好无损，照明良好，旅客自己摔伤就可免除旅馆的责任。

对于造成旅客伤害的赔偿责任，国际统一私法协会《关于旅馆合同的协议草案》第十一条作了统一的规定：①因发生在旅馆内的事故或者旅馆控制下的其他任何地方发生的事故而造成旅客受伤、死亡的，旅馆应承担损害赔偿责任；②如对于造成损害的事故，旅馆在当时已采取了谨慎合理的措施而仍不能避免，其后果也不能防止的，将不承担责任；③伤害事故中，如果系本人过错造成，旅馆相应减轻其赔偿责任；④如果伤害事故系第三方所为，旅馆在赔偿旅客的同时，保留向第三方索赔的权利。

在我国，如果是旅馆的责任（故意或过失）造成旅客伤害，则旅馆应按照我国民法有关侵权的规定来承担相应的民事责任。我国《民法通则》第一百一十九条规定："侵害公民身体造成伤害的，应当赔偿医疗费、因误工减少的收入、残废者生活补助费等费用；造成死亡的，并应当支付丧葬费、死者生前扶养的人必要的生活费等费用。"

（二）旅馆对侵害旅客财产的法律责任

旅馆应对旅客的财物负责。在普通法中，旅馆是旅客财物的保管人，旅客财产受到损失，应按严格责任制处理。也就是说，旅馆不论有无过失，均应对旅客的损失负责。如果旅客财物损失出自本人过失或欺骗，或出于天灾与战争，则这一规则不适用。适用严格责任制是有条件的，旅客在财物灭失时必须提供三个证明：具有旅馆登记客人的身份；财物的损失是在旅馆内发生的；损失的财物及其价值。

国际统一私法协会《关于旅馆合同的协议草案》对财物损失的赔偿责任作了如下规定：

（1）旅馆应对旅客带入旅馆的财物或虽在旅馆外面但已由旅馆负责的财物的损伤、毁坏或损失负赔偿责任，其负责的期限为旅客有权在旅馆住宿的期间以及住宿期前后的一段适当的时间内。

（2）旅馆有责任接受证券、现金和贵重物品的寄存保管，只有对危险物品和笨重物品才可以不接受。

（3）对于应由旅馆保管的财物而旅馆拒绝寄存保管时，旅馆不能限制其损害赔偿责任。

（4）由于旅馆或旅馆领导下的任何人的过失或故意行为或不行为而造成旅客财物损伤、毁坏、灭失时，旅馆不能适用本协议草案第十三条的规定。

在我国，旅客财物丢失后，要首先查明原因，分清责任。如果是旅馆的责任，旅馆应负责全部赔偿。如果是旅客自己的责任（该寄存而没有寄存），旅客自己要承担一部分责任。如果是不可抗力造成旅客财产损失，旅馆可全免除责任。

二、违反合同的法律责任

旅馆的合同关系主要包括服务合同、经营合同和管理合同三大类。

旅馆服务合同是旅馆与客人之间针对提供和接受的有关住宿、餐饮、购物、文化娱乐和其他方面的各种服务而形成的合同关系。其表现形式主要有旅馆住宿合同、旅馆餐饮合同、旅馆会议合同、旅馆房间包租合同等。

旅馆经营合同是旅馆与各类经营者为了保证旅馆经营运转所需要的各种条件得以落实而建立起来的相应合同关系。例如，旅馆与旅行商之间的客房推销合同，与旅游汽车公司之间的租车合同，与交通运输部门之间的订票合同，以及购买各种食品、饮料、日用品、设备而签订的购销合同，旅馆改建或设备安装检修的承揽合同等。

旅馆管理合同是旅馆为了实现对内、对外管理的需要而建立的一定合同关系，如旅馆与员工之间签订的雇佣（劳动）合同，旅馆与旅馆职能部门签订的承包合同，联号旅馆之间签订的管理合同、特许权合同和租赁合同等。

旅馆的违约行为可能是违反服务合同，也可能是违反经营合同或违反管理合同。违反合同的行为是对预先约定义务的违反，是对相对权利的侵犯。旅馆的违约行为如给对方造成了损失，旅馆都要承担一定的法律责任。

三、侵权行为的法律责任

旅馆的侵权行为是对法定义务的违反，是对绝对权利的侵犯。旅馆的侵权责任通常由两种情况构成，即主动的作为和被动的不作为。

主动的作为构成侵权是指旅馆的直接行为致使旅客权利受到侵害。例如，旅馆餐厅向旅客提供不符合卫生标准的食物，造成客人食物中毒就属于这种情况。被动的不作为构成侵权是指旅馆应该采取安全措施而由于疏忽未采取，致使旅客权利受到侵害。例如，客房的床或桌椅损坏不及时修理，使旅客摔伤。

四、共同过失的法律责任

共同过失责任是指旅馆虽有过失，但损害的发生并非全由旅馆的过失造成，旅客本身也有过错。例如，旅馆要求旅客晚上睡觉时锁好门，但旅客忘了锁门，夜间财物被盗。旅客的责任是没有按旅馆的要求去做，旅馆的责任是没有充分尽到合理照顾，因为门卫不称职，使盗贼得以进入客房行窃。楼层服务员在巡视客房时，也有机会消除隐患把房门锁上，但没有这样做。所以是共同过失，由双方分担损失。

五、旅馆工作人员的过失的法律责任

法律规定，法人的职员执行职务时的行为应视为法人的行为，执行职务过程中造成他方的损失应由法人承担责任。不过，旅馆承担对旅客的赔偿责任后，有权在内部对有过错的工作人员做出处理，包括经济上的追偿。

六、间接责任

它是指非由旅馆本身的行为造成损害，但与旅馆又有密切关系的责任，也称连带责任。这种责任通常有两种情况：

第一，旅馆建筑物、设备缺陷造成的损害。值得注意的是，这种损害专指建筑物、设备本身结构不合理或质量差，而非年久失修或使用不当造成的损害。根据《民法通则》和《产品质量法》的有关规定，受害方可向产品的生产者，也可向产品的经营者起诉要求赔偿。生产者和经营者在法律上负连带责任。在没有此类法律规定的国家，可先起诉旅馆，旅馆承担责任后，再由旅馆向负有责任的生产者追诉。

第二，旅馆未能有效制止旅客殴斗造成的损害。所谓有效制止并不意味着仅凭旅馆本身的力量制止，如果觉得能力不足，可请警方协助。如果旅馆视而不见，甚至有意纵容，那么旅馆要承担很重的责任。例如，某宾馆内住有 A、B 两位客人。一天，两人在楼道不小心相撞，发生口角，互不相让，直至斗殴，结果致使 A 受重伤。在此案例中，旅馆应保障旅客的人身安全，而旅馆工作人员未能及时发现和制止旅客斗殴事件，才造

成 A 受重伤，旅馆应负间接责任。

【导游考试典型试题】

1. 对旅游饭店星级复核采取（C）的方法进行。

    A. 必备条件和评分相结合

    B. 定期检查和不定期检查相结合

    C. 定期的明查和不定期的暗访相结合

    D. 国家和省两级旅游局相结合

2. 省级旅游局设立的饭店星级评定机构，负责本行政区域内的（D）的评定工作。

    A. 各星级饭店   B. 二星级以下饭店

    C. 三星级以下饭店   D. 四星级以下饭店

3. 下列属于旅馆中出现的合同关系的是（ABCDE）。

    A. 旅馆住宿合同   B. 旅馆与旅行社的客房销售合同

    C. 旅馆会议合同   D. 旅馆与旅游汽车公司的租车合同

    E. 联号旅馆之间签订的管理合同

4. 《旅游饭店星级评定与划分》规定，旅游饭店取得星级后，因进行改造而发生（ACD），必须向饭店星级评定机构申请重新评定星级，该饭店原评星级无效。

    A. 建筑规格变化   B. 主管部门变化

    C. 设施设备变化   D. 服务项目变化

    E. 服务质量变化

5. 客人在财物灭失时必须提供以下证明，旅馆才能对旅客的损失负责。（ABC）

    A. 具有旅馆登记客人的身份   B. 财物的损失发生在旅馆内

    C. 损失的财物及其价值   D. 旅馆存在过失

    E. 旅客财物的损失不是自身的过错

6. 经复核，星级饭店不能达到标准规定的，饭店星级评定机构可根据具体情况（ABD）。

    A. 签发警告通知书   B. 通报批评

    C. 处以罚金   D. 降低或取消星级

    E. 不准申请重新评定星级

7. 《旅馆业治安管理办法》规定，饭店对旅客寄存的财物要建立（ABC）。

    A. 登记制度   B. 领取制度

    C. 交接制度   D. 查验制度

    E. 保管制度

8. 旅游饭店星级评定中评审的主要内容有（ABC）。

    A. 审定申请资格   B. 核实申请报告

    C. 认定本标准的达标情况   D. 审核饭店员工素质

9. 下列选项中，旅馆可以允许住店的是（C）。

　　A. 一个喝醉酒的人　　　　　　　　B. 带狗的人

　　C. 自助旅游者　　　　　　　　　　D. 携带危险品的人

10. 非旅客主要包括下列哪几类人。（ABC）

　　A. 租户　　　　　　　　　　　　　B. 顾客

　　C. 旅客的客人　　　　　　　　　　D. 住店客人

11. 属于标准的客房预订的是（A）。

　　A. 保留房间，预收定金

　　B. 答应保留房间

　　C. 客满，答应如有退房，将优先考虑

　　D. 接到订房信息，但地址不详，无法联系

12. 向保持合同关系的旅行社提供佣金是旅馆的义务。（正确）

13. 全国旅游饭店星级评定机构实施对四星级以上饭店的评定与复核工作。（错误）

第 *10* 章。
旅游安全管理法律制度

学习重点

- 旅游安全事故分类
- 处理安全事故的一般程序
- 重大旅游安全事故的处理程序
- 特大旅游安全事故的处理程序
- 外国旅游者发生伤亡情况的处理

国家旅游局先后制定了《旅游安全管理暂行办法》(1990 年 2 月 20 日)、《旅游安全管理暂行办法实施细则》(1994 年 1 月 22 日)、《重大旅游安全事故报告制度试行办法》(1993 年 4 月 15 日) 和《重大旅游安全事故处理程序试行办法》(1993 年 4 月 15 日) 等一系列旅游安全规章制度。

第一节　旅游安全管理概述

一、旅游安全管理方针

《旅游安全管理暂行办法》第二条规定，旅游安全管理工作应当贯彻"安全第一，预防为主"的方针。所谓"安全第一"，是指在旅游活动中，无论是旅游行政管理部门，还是旅游经营单位，或者是旅游从业人员以及旅游者本人，都必须自始至终把安全工作放在首位，丝毫不得有懈怠的思想。所谓"预防为主"，是指对于旅游活动中可能发生的安全事故，一定要把预防工作做在先，切不可等到安全事故发生后再去做。

二、旅游安全管理职责

《旅游安全管理暂行办法》第五条规定，旅游安全管理工作应遵循"统一指导、分级管理、以基层为主"的原则。旅游安全工作成效如何，关键在基层，重点在于旅游经营单位，也就是旅游企业。《旅游安全管理暂行办法实施细则》规定具体职责如下：

（一）国家旅游行政管理部门的职责

（1）制定国家旅游安全管理规章，并组织实施；

（2）会同国家有关部门对旅游安全实行综合治理，协调处理旅游安全事故和其他安全问题；

（3）指导、检查和监督各级旅游行政管理部门和旅游企事业单位的旅游安全管理工作；

（4）负责全国旅游安全管理的宣传、教育工作，组织旅游安全管理人员的培训工作；

（5）协调重大旅游安全事故的处理工作；

（6）负责全国旅游安全管理方面的其他有关事项。

（二）县级以上（含县级）地方旅游行政管理部门的职责

（1）贯彻执行国家旅游安全法规；

（2）制定本地区旅游安全管理的规章制度，并组织实施；

（3）协同工商、公安、卫生等有关部门，对新开业的旅游企事业单位的安全管理机构、规章制度及其消防、卫生防疫等安全设施、设备进行检查，参加开业前的验收工作；

（4）协同公安、卫生、园林等有关部门，开展对旅游安全环境的综合治理工作，防止向旅游者敲诈、勒索、围堵等不法行为的发生；

（5）组织和实施对旅游安全管理人员的宣传、教育和培训工作；

（6）参与旅游安全事故的处理工作；

（7）受理本地区涉及旅游安全问题的投诉；

（8）负责本地区旅游安全管理的其他事项。

（三）基层旅游经营单位的职责

旅行社、旅游饭店、旅游汽车和游船公司、旅游购物商店、旅游娱乐场所和其他经营旅游业务的企事业单位是旅游安全管理工作的基层单位，其安全管理工作的职责是：

（1）设立安全管理机构，配备安全管理人员；

（2）建立安全规章制度，并组织实施；

（3）建立安全管理责任制，将安全管理的责任落实到每个部门、每个岗位、每个职工；

（4）接受当地旅游行政管理部门对旅游安全管理工作的行业管理和检查、监督；

（5）把安全教育、职工培训制度化、经常化，培养职工的安全意识，普及安全常识，提高安全技能，对新招聘的职工，必须经过安全培训，合格后才能上岗；

（6）新开业的旅游企事业单位，在开业前必须向当地旅游行政管理部门申请对安全设施设备、安全管理机构、安全规章制度进行检查验收，检查验收不合格者，不得开业；

（7）坚持日常的安全检查工作，重点检查安全规章制度的落实情况和安全管理漏洞，及时消除不安全隐患；

（8）对用于接待旅游者的汽车、游船和其他设施，要定期进行维修和保养，使其始终处于良好的安全技术状况，在运营前进行全面的检查，严禁带故障运行；

（9）对旅游者的行李要有完备的交接手续，明确责任，防止损坏或丢失；

（10）在安排旅游团队的游览活动时，要认真考虑可能影响安全的诸项因素，制定周密的行程计划，并注意避免司机处于过分疲劳状态；

（11）负责为旅游者投保（推荐人身及财物意外保险）；

（12）直接参与处理涉及本单位的旅游安全事故，包括事故处理、善后处理及赔偿事项等；

（13）开展登山、汽车、狩猎、探险等特殊旅游项目时，要事先制定周密的安全保护预案和急救措施，重要团队需按规定报有关部门审批。

三、旅游安全事故分类

旅游安全事故，是指在旅游活动的过程中，涉及旅游者人身、财物安全的事故。《旅游安全管理暂行办法实施细则》第八条规定旅游安全事故分为轻微、一般、重大和特大事故四个等级。

（1）轻微事故是指一次事故造成旅游者轻伤，或经济损失在1万元以下者；

（2）一般事故是指一次事故造成旅游者重伤，或经济损失在1万至10万（含1万）元者；

（3）重大事故是指一次事故造成旅游者死亡或旅游者重伤致残，或经济损失在10万至100万（含10万）元者；

（4）特大事故是指一次事故造成旅游者死亡多名，或经济损失在100万元以上，或性质特别严重，产生重大影响者。

第二节　旅游安全事故处理

一、处理安全事故的一般程序

《旅游安全管理暂行办法》第九条规定，事故发生单位在旅游安全事故发生后，应按下列程序处理：

（一）逐级上报

旅游安全事故发生后，陪同人员应立即上报主管部门，主管部门应当及时报告归口管理部门。导游人员在带团游览中，如果发生了旅游安全事故，导游人员应当立即向其所属旅行社和当地旅游行政管理部门报告。当地旅游行政管理部门在接到一般、重大、特大旅游安全事故报告后，要尽快向当地人民政府报告。对重大、特大旅游安全事故，要同时向国家旅游行政管理部门报告。

（二）保护现场

对事故发生地现场的保护十分重要，它直接关系到能否准确地确定事故性质、寻找破案线索，也关系到安全事故的妥善处理。现场有关人员一定要会同事故发生地的有关单位严格保护现场。

（三）组织抢救

陪同人员要协同有关部门进行抢救、侦查。旅游安全事故发生后，地方旅游行政管理部门和有关旅游经营单位及人员，要积极配合公安、交通、救护等有关方面，组织对旅游者进行紧急救援，并采取有效措施，妥善处理善后事宜。

（四）领导到位

有关单位负责人应及时赶赴现场处理。安全事故发生后，有关旅游经营单位和当地旅游行政管理部门的负责人，应当及时赶赴现场，进行现场指挥，并采取适当的处理措施。

（五）严格程序

对特别重大事故，应当严格按照国务院《特别重大事故调查程序暂行规定》进行处理。

二、重大旅游安全事故的处理程序

《重大旅游安全事故处理程序试行办法》对重大旅游安全事故的处理做了详细的规定。重大旅游安全事故是指：①造成海外旅游者人身重伤、死亡的事故；②涉及旅游住宿、交通、游览、餐饮、娱乐、购物场所的重大火灾及其他恶性事故；③其他经济损失严重的事故。

重大旅游安全事故处理原则上由事故发生地区人民政府协调有关部门以及事故责任方及其主管部门负责，必要时可成立事故处理领导小组。事故发生后，报告单位应立即派人赶赴现场，组织抢救工作，保护事故现场，并及时报告当地公安部门。报告单位如不属于事故责任方或责任方的主管部门，应按照事故处理领导小组的部署做好有关工作。

在公安部门人员未进入事故现场前，如因现场抢救工作需移动物证时，应做出标记，尽量保护事故现场的客观完整。有伤亡情况的，应立即组织医护人员进行抢救，并及时报告当地卫生部门。伤亡事故发生后，报告单位应在及时组织救护的同时，核查伤亡人员的团队名称、国籍、姓名、性别、年龄、护照号码以及在国内外的保险情况，并进行登记。应注意保护好遇难者的遗骸、遗体。对事故现场的行李和物品，要认真清理和保护，并逐项登记造册。伤亡人员中有海外游客的，责任方和报告单位在对伤亡人员核查清楚后，要及时报告当地外办和中国旅游紧急救援协调机构，由后者负责通知有关方面。中国旅游紧急救援协调机构在接到报告后，还要及时通知有关国际急救组织，后者做出介入决策后，有关地方要协助配合其开展救援工作。伤亡人员中有海外游客的，在伤亡人员确定无误后，有关组团旅行社应及时通知有关海外旅行社，并向伤亡者家属发慰问函电。

在伤亡事故的处理过程中，责任方及其主管部门要认真做好伤亡家属的接待、遇难者的遗体和遗物的处理以及其他善后工作，并负责联系有关部门为伤残者或伤亡者家属提供以下证明文件：①为伤残人员提供医疗部门出具的"伤残证明书"；②为骨灰遣返者提供法医出具的"死亡鉴定书"、丧葬部门出具的"火化证明书"；③为遗体遣返者提供法医出具的"死亡鉴定书"、医院出具的"尸体防腐证明书"、防疫部门检疫后出具的"棺柩出境许可证"。

三、特大旅游安全事故的处理程序

2007年3月28日国务院第一百七十二次常务会议通过，自2007年6月1日起施行的《生产安全事故报告和调查处理条例》规定，特别重大事故是指造成30人以上死亡，或者100人以上重伤（包括急性工业中毒，下同），或者1亿元以上直接经济损失的事故。对特别重大的旅游安全事故的调查处理适用《生产安全事故报告和调查处理条例》。依据这一规定，当特别重大的旅游安全事故发生后，应做好如下工作。

（一）事故报告

事故发生后，事故现场有关人员应当立即向本单位负责人报告；单位负责人接到报告后，应当于1小时内向事故发生地县级以上人民政府安全生产监督管理部门和负有安全生产监督管理职责的有关部门报告。情况紧急时，事故现场有关人员可以直接向事故发生地县级以上人民政府安全生产监督管理部门和负有安全生产监督管理职责的有关部门报告。

特别重大事故逐级上报至国务院安全生产监督管理部门和负有安全生产监督管理职责的有关部门。

按照《生产安全事故报告和调查处理条例》，特大事故报告应当包括以下内容：①事故发生单位概况。②事故发生的时间、地点以及事故现场情况。③事故的简要经过。④事故已经造成或者可能造成的伤亡人数（包括下落不明的人数）和初步估计的直接经济损失。⑤已经采取的措施。⑥其他应当报告的情况。

特大事故发生地公安部门得知发生特大事故后，应当立即派人赶赴现场，负责事故现场的保护和证据收集工作。对于特大事故现场的勘查工作，由特大事故发生单位所在地人民政府负责组织有关部门进行。

（二）事故调查

《生产安全事故报告和调查处理条例》规定，特别重大事故由国务院或者国务院授权有关部门组织事故调查组进行调查。

特大事故调查组具有下列职责：①查明事故发生的经过、原因、人员伤亡情况及直接经济损失。②认定事故的性质和事故责任。③提出对事故责任者的处理建议。④总结事故教训，提出防范和整改措施。⑤提交事故调查报告。

特大事故调查组有权向有关单位和个人了解与事故有关的情况，并要求其提供相关文件、资料，有关单位和个人不得拒绝。事故发生单位的负责人和有关人员在事故调查期间不得擅离职守，并应当随时接受事故调查组的询问，如实提供有关情况。事故调查中发现涉嫌犯罪的，事故调查组应当及时将有关材料或其复印件移交司法机关处理。

事故调查报告应包括下列内容：①事故发生单位概况。②事故发生经过和事故救援情况。③事故造成的人员伤亡和直接经济损失。④事故发生的原因和事故性质。⑤事故责任的认定以及对事故责任者的处理建议。⑥事故防范和整改措施。

四、外国旅游者发生伤亡情况的处理

（一）特别注意事项

处理外国旅游者重大伤亡事故时，应当注意下列事项：

（1）立即通过外事管理部门通知有关国家驻华使领馆和组团单位；

（2）为前来了解、处理事故的外国使领馆人员和组团单位及伤亡者家属提供方便；

（3）与有关部门协调，为国际急救组织前来参与对在国外投保的旅游者（团）的伤亡处理提供方便；

（4）对在华死亡的外国旅游者严格按照外交部《外国人在华死亡后的处理程序》进行处理。

（二）主要内容

《外国人在华死亡后的处理程序》的主要内容如下：

（1）死因确定。死亡分正常死亡和非正常死亡。因健康原因自然死亡的，为正常死亡；因意外事故或突发事件死亡的，为非正常死亡。发现外国人在华死亡，发现人（包括个人或单位）应当立即报告当地公安局、外事办公室并在上述部门同意后通知死者所属的旅游团负责人。如属正常死亡，善后处理由接待或聘用单位负责。无接待或聘用单位的（包括零散游客），由公安机关会同有关部门共同处理。如属非正常死亡，应保护好现场，由公安机关进行取证并处理。尸体在处理前应妥为保存（如防腐、冷冻等）。

（2）对外通知。一经确定死亡后，根据《维也纳领事关系公约》或者双边领事条约的规定以及国际惯例，应尽快通知死者家属及其所属国家驻华使领馆。

凡属正常死亡的外国人，在通报公安部门和地方外事办公室后，由接待或聘用单位负责通知；如死者在华无接待单位，由公安部门负责通知。如果死者所属国家同我国签订的领事条约中有通知时限规定，要按条约规定办，如无此条约规定，应按《维也纳领事关系公约》的规定和国际惯例尽快通知。

（3）尸体解剖。正常死亡者或者死因明确的非正常死亡者，一般不需作尸体解剖。若死者家属或其所属驻华使领馆要求解剖，我方可同意，但必须有死者家属或使领馆有关官员签字的书面请求。对于非正常死亡者，为查明死因，需要进行解剖时，由公安、司法机关按有关规定办理。

（4）出具证明。正常死亡，由县级以上医院出具"死亡证明书"。如死者死前曾在医院治疗或抢救，应其家属要求，医院可提供"诊断书"或"病历摘要"。对于非正常

死亡，可由公安机关或司法机关的法医出具"死亡鉴定书"。为了减少不必要的麻烦，证明书的内容应简单明了，解剖证明书也不必过于详细。交死者家属或死者所属使领馆的"死亡证明书"、"死亡鉴定书"、"解剖结果证明书"等，应注意与死因相符。对外公布死因要慎重。如死因尚不明确，或有其他致死原因，在查明前不要轻易对外公布，待查清或内部意见统一后，再对外公布和提供证明。

县级或县级以上医院出具的"死亡证明书"、公安机关或司法机关的法医出具的"死亡鉴定书"，如死者家属要求办理认证手续（按规定这两种证书无须办理认证），可直接办理认证或由有关外国驻华使领馆认证。

（5）处理尸体。对在华死亡的外国人尸体的处理，可在当地火化，亦可将尸体运回其本国。究竟如何处理，应尊重死者家属或所属使领馆的意愿。如果死者家属要求火化尸体，必须由死者家属或所属使领馆提出书面请求并签字后进行，骨灰由他们带回或运送回国；如外方不愿在中国火化，可同意将尸体运送回国。但是，运输手续和费用原则上由外方自理。如果办理手续有困难，接待单位或有关部门可给予协助。

为了做好外方工作和从礼节上考虑，对受聘或有接待单位的死者，在火化或尸体运送回国前，可由聘用或接待单位为死者举行一次简单的追悼仪式。如外方要求举行宗教仪式，应视当地条件允许，可安排举行一个简单的宗教仪式。

如外方要求将死者在中国土葬，可以我国殡葬改革、提倡火葬为由，予以婉拒。如果外方要求将骨灰埋在中国或撒在中国的土地上，一般亦予以婉拒。但如果死者是对中国作出特殊贡献的友好知名人士，应报请省级或国家民政部门决定。

（6）遗体运输。中国民航国内运输一般不办理尸体的运输业务。特殊情况需向当地民航管理局提出申请，应按照民航运输的规定包装，并提供必要的证明文件。

（7）遗物处理。清点死者遗物，应有死者偕行人员及其所属使领馆人员和我方人员在场。如无偕行人员，使领馆人员又不能到场时，可请公证处公证人员到场。遗物必须清点造册，并列出清单，清点人要逐一签字。接收遗物者要开出收据，并注明接收时间、地点、在场人等。如死者有遗嘱，应将遗嘱拍照或复制，原件交死者家属或所属使领馆。

（8）善后报告。死者善后事宜处理结束，聘用或接待单位应撰写《死亡善后处理报告》报主管单位、外办、公安厅（局）、外交部。内容应包括死亡原因、抢救措施、诊断结果、善后处理情况及外方反应等。

（9）伤亡赔偿。《旅游安全管理暂行办法》第十一条规定："对于外国旅游者的赔偿，按照国家有关保险规定妥善处理。"

【导游考试典型试题】

1. 外国旅游者在华期间正常死亡，经当地公安、外事部门同意后，善后工作由（A）。

　　A. 接待单位负责　　　　　　　　　B. 外国组团单位负责

  C. 公安部门负责   D. 外事部门负责

 2.《旅游安全管理暂行办法》明确规定，旅游安全管理工作应遵循的原则，不包括（D）。

  A. 统一领导   B. 分级管理

  C. 以基层为主   D. 统一管理

 3.《旅游安全管理暂行办法》规定，对于外国旅游者的赔偿，按照国家有关（C）妥善处理。

  A. 安全规章   B. 政策规定

  C. 保险规定   D. 国际惯例

 4. 对重大安全事故的处理原则是（ABCD）。

  A. 由事故发生地的人民政府牵头

  B. 有关部门协助处理

  C. 事故责任方及其主管部门负责处理

  D. 成立事故处理领导小组

 5. 正常死亡和死亡原因明确的非正常死亡，一般不必再进行尸检，但经（AB）方面请求，也可对尸体进行解剖。

  A. 驻华使领馆   B. 死者家属

  C. 组团社   D. 接待社

  E. 外交部

 6. 旅游安全工作成效如何，关键在于（A）。

  A. 旅游企业   B. 地方旅游行政管理部门

  C. 导游人员   D. 国家旅游行政管理部门

 7. 依照《旅游安全管理暂行办法》的规定，如果发生了旅游安全事故，导游人员一定要立即（B）。

  A. 严格保护现场

  B. 报告其所属旅行社和当地旅游行政管理部门

  C. 协助有关部门进行抢救

  D. 安抚旅游团

 8. 对在华正常死亡的，由（A）出具"死亡证明"。

  A. 县级及县级以上医院   B. 省级及省级以上医院

  C. 县级及县级以上法院   D. 省级及省级以上法院

 9. 旅游安全管理工作应当贯彻"预防第一，安全为主"的方针。（错误）

第 *11* 章

旅游消费者权益保护法律制度

学习重点

- ✎ 旅游者的基本权利
- ✎ 国家对旅游消费者权益的保护
- ✎ 旅游消费者权益争议的解决途径

为保护旅游者的合法权益，1989 年 4 月 14 日，各国议会联盟和世界旅游组织大会通过的"海牙旅游宣言"提出：旅游者的安全和保护及对他们人格的尊重是发展旅游业的先决条件，各国应根据其法律制度的不同程序，建立一套保护旅游者的法律规定。这一宣言，揭开了当今社会世界各国重视保护旅游者合法权益的序幕。

1991 年 6 月 1 日，国家旅游局制定和发布了《旅游投诉暂行规定》，是我国第一部规定旅游投诉和投诉程序的具有行政法规性质的部门规章。2010 年 5 月 5 日，国家旅游局公布《旅游投诉处理办法》，自 2010 年 7 月 1 日起施行。

1993 年 10 月 31 日，八届全国人大常委会第四次会议通过了《消费者权益保护法》，自 1994 年 1 月 1 日起施行。此后，又相继发布了《旅行社质量保证金暂行规定》及其实施细则、《旅行社质量保证金赔偿暂行办法》、《全国旅游质量监督管理所机构组织与管理暂行办法》、《旅行社质量保证金赔偿试行标准》等。

第一节　旅游者权益与经营者义务

一、旅游者的基本权利

旅游者的权利是旅游者在旅游活动过程中依法享有的各项权利。它是旅游者权益保护的核心内容。旅游者的基本权利主要有以下几个方面。

（一）全面了解和自由选择旅游商品的权利

旅游者有权决定是否购买旅游商品，有权自由选择旅游商品，有权全面了解旅游商品。旅游经营者不能强迫旅游者购买其旅游商品，更不能强迫旅游者购买某一特定商品，同时旅游经营者还负有全面真实地向旅游者介绍其旅游商品情况的义务。旅游经营者要如实地向旅游者介绍旅游路线、旅游景点、价格、餐饮标准、客房档次和交通工具等。

【案例】

几位游客在酒店用餐，饮用了自带的一瓶白酒。结账时，酒店要收取 50 元的"开瓶费"，客人拒绝支付。请问酒店收费是否合理？

分析：消费者有自主选择权。酒店在没有事先申明的情况下强收"开瓶费"干涉了消费者的自主选择权。酒店若禁止顾客自带酒水或者收取"开瓶费"，必须事先让顾客知道。

（二）人身和财产安全不受侵犯的权利

《旅行社条例实施细则》第三十九条规定，旅行社及其委派的导游人员、领队人员，应当对其提供的服务可能危及旅游者人身、财物安全的事项，向旅游者作出真实的说明和明确的警示。

人身权和财产权是人的最基本权利。旅游者的人身权是指旅游者依法享有的与其人身不可分离而无直接财产内容的民事权利，由生命健康权、姓名权、肖像权、人身自由权、名誉权、著作权、荣誉权、监护权等构成。旅游者的财产权是指旅游者依法享有的具有物质内容、直接体现经济利益的权利。财产权是保障人们生存、生活的必要物质条件的权利。它包括财产所有权、债权、继承权等。

【案例】

导游带领一个旅游团在沿海一旅游胜地观光。导游讲解完后，指着一块"严禁入内拍照"的警示牌对游客说："请遵守景区规定，不要越过警示牌站在礁石上拍照。"但还是有两个年轻人趁着导游不注意越过了警示牌，站在礁石上拍照。正好海浪打来，年轻人被卷入海水中，再没有上来。请问旅行社要承担什么责任？

分析：景区已对危险做出了明确警示，导游也事先做出了警告。游客擅自进入危险区域造成死亡，是游客自己的过失造成的。旅游社可以不承担责任，但应积极协助死者家属向保险公司索赔。

（三）获得质价相当的商品和服务的权利

质价相当主要体现在旅游经营者向旅游者提供旅游商品和服务时，一是质量必须有保证；二是价格必须合理，即价格不能偏离价值太远，要公平合理。对那些未能按约定的标准、质量提供商品和服务的旅游经营者，旅游者有权拒付有关费用；对于违反旅游价格管理规定，擅自提高价格标准或违反合同约定增加收费项目、减少约定的服务项目的，旅游者也有权拒绝支付有关费用。

（四）享受人身和财产损害赔偿的权利

旅游者享有人身权、财产权不受侵害的权利，人身权、财产权不受侵害的权利是前提和基础，赔偿权则是其延伸和保障，没有人身权、财产权不受损害的权利就谈不上赔偿的权利；没有赔偿的权利，人身权、财产权不受损害的权利就失去了保障。

在旅游活动中，引起旅游者人身、财产损害赔偿的原因主要有以下几种：一是旅游经营者的过错造成的，如旅游风景区因疏忽未在危险地段作出明确警示，造成游客人身伤亡。二是第三方的过错造成的，如食品厂向旅游饭店提供的食品、饮料不合格，造成旅游者食物中毒。此类损害，由旅游经营者与第三方责任人负连带责任。旅游者既可以要求旅游经营者先赔偿损失，然后由旅游经营者向责任人追偿，也可以向提供劣质产品的厂家直接索赔。

旅游者的人身和财产受损害时，要求赔偿的方式很多，既可以直接向致害人提出赔偿要求，由双方协商，达成赔偿协议；也可以向旅游行政管理部门或其他行政管理部门投诉，由有关行政管理部门作出裁决，进行赔偿；还可以直接向人民法院起诉，由人民法院按一定程序作出判决，进行赔偿。

【案例】

张先生一家到某地旅游，外出购物期间和当地人发生纠纷，后来当地三个人赶到酒店在走廊对张先生大打出手，当时酒店有多名保安和服务员在场，但没有人制止。打完后，三个人扬长而去，保安也未加阻拦。因张先生无法找到打他的人，故要求酒店赔偿，遭到酒店拒绝。请问酒店要承担什么责任？

分析：根据规定，经营者应当保证其提供的商品或服务符合保障人身、财产安全的要求。本例中，张先生在酒店住宿期间遭人殴打，酒店没有有效防止并制止事件的发生，导致张先生受伤，至少说明酒店提供的服务不符合保障人身、财产安全的要求。酒店理应承担赔偿责任。

（五）法律法规规定的其他权利

旅游者除了依法享有前面提到的基本权利之外，还享有法律法规赋予的其他权利，如我国《消费者权益保护法》规定，消费者的基本权利是：安全保障权、知悉真情权、自主选择权、公平交易权、依法求偿权、依法结社权、获取知识权、获得尊重权、监督批评权。

☞ 知识拓展

《消费者权益保护法》第二章

第七条 消费者在购买、使用商品和接受服务时享有人身、财产安全不受损害的权利。

消费者有权要求经营者提供的商品和服务，符合保障人身、财产安全的要求。

第八条 消费者享有知悉其购买、使用的商品或者接受的服务的真实情况的权利。

消费者有权根据商品或者服务的不同情况，要求经营者提供商品的价格、产地、生产者、用途、性能、规格、等级、主要成分、生产日期、有效期限、检验合格证明、使用方法说明书、售后服务，或者服务的内容、规格、费用等有关情况。

第九条 消费者享有自主选择商品或者服务的权利。

消费者有权自主选择提供商品或者服务的经营者，自主选择商品品种或者服务方式，自主决定购买或者不购买任何一种商品、接受或者不接受任何一项服务。

消费者在自主选择商品或者服务时，有权进行比较、鉴别和挑选。

第十条 消费者享有公平交易的权利。

消费者在购买商品或者接受服务时，有权获得质量保障、价格合理、计量正确等公平交易条件，有权拒绝经营者的强制交易行为。

第十一条 消费者因购买、使用商品或者接受服务受到人身、财产损害的，享有依法获得赔偿的权利。

第十二条 消费者享有依法成立维护自身合法权益的社会团体的权利。

第十三条 消费者享有获得有关消费和消费者权益保护方面的知识的权利。

消费者应当努力掌握所需商品或者服务的知识和使用技能，正确使用商品，提高自我保护意识。

第十四条 消费者在购买、使用商品和接受服务时，享有其人格尊严、民族风俗习惯得到尊重的权利。

第十五条 消费者享有对商品和服务以及保护消费者权益工作进行监督的权利。

消费者有权检举、控告侵害消费者权益的行为和国家机关及其工作人员在保护消费者权益工作中的违法失职行为，有权对保护消费者权益工作提出批评、建议。

二、经营者的义务

（一）依法或按约履行义务

《消费者权益保护法》第十六条规定："经营者向消费者提供商品或者服务，应当依照《中华人民共和国产品质量法》和其他有关法律、法规的规定履行义务。经营者和消费者有约定的，应当按照约定履行义务，但双方的约定不得违背法律、法规的规定。"

（二）听取意见和接受监督

经营者应当听取消费者对其提供的商品或者服务的意见，接受消费者的监督。

（三）保障人身和财产安全

经营者应当保证其提供的商品或者服务符合保障人身、财产安全的要求。对可能危及人身、财产安全的商品和服务，应当向消费者作出真实的说明和明确的警示，并说明和标明正确使用商品或者接受服务的方法以及防止危害发生的方法。经营者发现其提供的商品或者服务存在严重缺陷，即使正确使用商品或者接受服务仍然可能对人身、财产安全造成危害的，应当立即向有关行政管理部门报告和告知消费者，并采取防止危害发生的措施。

（四）提供真实信息

经营者应当向消费者提供有关商品或者服务的真实信息，不得作引人误解的虚假宣传。经营者对消费者就其提供的商品或者服务的质量和使用方法等提出的询问，应当作真实、明确的答复。商店提供商品应当明码标价。经营者应当标明其真实名称和标记。租赁他人柜台或者场地的经营者，应当标明其真实名称和标记。

（五）出具购物凭证或服务单据

经营者提供商品或者服务，应当按照国家有关规定或者商业惯例向消费者出具购货凭证或服务单据；消费者索要购货凭证或者服务单据的，经营者必须出具。

（六）保证商品和服务的质量

经营者应当保证在正常使用商品或者接受服务的情况下其提供的商品或者服务应当具有的质量、性能、用途和有效期限，但消费者在购买该商品或接受该服务前已经知道其存在瑕疵的除外。经营者以广告、产品说明、实物样品或者其他方式表明商品或服务的质量状况的，应当保证其提供的商品或者服务的实际质量与表明的质量状况相符。

（七）提供售后服务

经营者提供商品或者服务，按照国家规定或者与消费者的约定，承担包修、包换、包退或者其他责任的，应当按照国家规定或者约定履行，不得故意拖延或者无理拒绝。

（八）保证公平交易

经营者不得以格式合同、通知、声明、店堂告示等方式作出对消费者不公平、不合理的规定，或者减轻、免除其损害消费者合法权益应当承担的民事责任。格式合同、通知、声明、店堂告示等含有上述内容的，其内容无效。如"特价商品概不退货"就是无效的规定。

（九）尊重消费者的人身权

《消费者权益保护法》第二十五条规定："经营者不得对消费者进行侮辱、诽谤，不得搜查消费者的身体及其携带的物品，不得侵犯消费者的人身自由。"

第二节　旅游消费者权益的保护

一、国家对旅游消费者权益的保护

（一）立法保护

完善的法律体系是国家保护消费者合法权益的基础和依据。国家通过制定有关保护消费者合法权益方面的法律，促使人们自觉遵守，从而有效防止侵犯消费者权益行为的发生。我国现有的与保护消费者合法权益相关的法律主要有《民法通则》、《消费者权益保护法》、《合同法》、《反不正当竞争法》、《零售商促销行为管理办法》等。

（二）行政保护

在确保消费者权利的实现和经营者义务的履行方面，国家行政机关担负着法定的重要职责。《消费者权益保护法》第二十七条规定："各级人民政府应当加强领导，组织、协调、督促有关行政部门做好保护消费者合法权益的工作。各级人民政府应当加强监督，预防危害消费者人身、财产安全行为的发生，及时制止危害消费者人身、财产安全的行为。"第二十八条规定："各级人民政府工商行政管理部门和其他有关行政部门应当依照法律、法规的规定，在各自的职责范围内，采取措施，保护消费者的合法权益。有关行政部门应当听取消费者及其社会团体对经营者交易行为、商品和服务质量问题的意见，及时调查处理。"

（三）司法保护

《消费者权益保护法》第二十九条规定："有关国家机关应当依照法律、法规的规定，惩处经营者在提供商品和服务中侵害消费者合法权益的违法犯罪行为。"第三十条规定："人民法院应当采取措施，方便消费者提起诉讼。对符合《中华人民共和国民事诉讼法》起诉条件的消费者权益争议，必须受理，及时审理。"

二、社会对旅游消费者权益的保护

国家鼓励、支持一切组织和个人对损害消费者合法权益的行为进行监督。广播、电视、报纸等大众传播媒介应做好维护消费者合法权益的宣传工作，对损害消费者合法权益的行为进行舆论监督。消费者组织是依法成立的对商品和服务进行监督的保护消费者合法权益的社会团体，包括消费者协会和其他消费者组织。在我国，消费者组织主要是消费者协会。

☞ 知识拓展

消费者协会的职能

（1）向消费者提供消费信息和咨询服务；

（2）参与有关行政管理部门对商品和服务的监督、检查；

（3）就有关消费者合法权益的问题，向有关行政管理部门反映、查询，提出建议；

（4）受理消费者的投诉，并对投诉事项进行调查、调解；

（5）投诉事项涉及商品和服务质量问题的，可以提请鉴定部门鉴定，鉴定部门应当告知鉴定结论；

（6）就损害消费者合法权益的行为，支持受损害的消费者提起诉讼；

（7）对损害消费者合法权益的行为，通过大众传播媒介予以揭露、批评。

三、保护旅游者合法权益的必要性

（1）保护旅游者的合法权益就是保护旅游业。

（2）能否保护旅游者的合法权益是衡量一个国家或地区旅游业发达与否的重要标志。

（3）旅游者的合法权益非常脆弱，容易受到伤害。一方面，旅游者所购买的是一种特殊的商品和服务。另一方面，旅游者的消费活动是在异国他乡这样一个陌生的地方进行的。其合法权益比较容易受到伤害，易产生不安全感与某种危机感。

四、旅游消费者权益争议的解决途径

（一）协商

旅游者与经营者双方在平等自愿的基础上，互相交换意见，协商解决争议。协商是解决争议最简便、成本最低的途径。这种方式简单实用，经济省力，但缺点是缺少强制性的约束，如果经营者无视法律的规定，就容易发生推诿、应付的情况。

（二）调解

调解是指争议双方在第三方的主持和协调下，就争议进行协商，从而解决争议。调解人可以是消费者协会、仲裁机构、行政机关或者双方当事人所信赖的公民个人。消费者协会的调解应在双方自愿的基础上，以事实为依据，坚持合法、合理、公正的原则。消费者协会的调解不具有法律约束力，由当事人自愿履行。

（三）投诉

旅游者可以向旅游行政管理机关、工商行政管理机关、技术质量监督管理机关和其他有关行政管理机关投诉。

（四）仲裁

仲裁，是指各方当事人在自愿的基础上根据已达成的仲裁协议，将案件提交有关仲裁机构进行裁决的活动。旅游者与经营者只有在事先订有仲裁条款或事后达成了仲裁协议的情况下才能提请仲裁机构仲裁。仲裁机构的调解协议和裁决书具有终局效力，当事人必须履行，不得起诉。如果一方不履行仲裁的裁决，另一方可以向有管辖权的人民法院要求强制执行。

（五）诉讼

向法院提起诉讼是解决消费争议的司法手段，在众多方式中，诉讼方式是程序最复杂的一种。诉讼一般要经过起诉、受理、审理（调查、评议和宣判）、第二审程序等几个环节。人民法院代表国家对案件行使审判权，依法对消费纠纷案件进行裁决，以解决双方当事人的争议，维护当事人的合法权益。

☞ 知识拓展

《消费者权益保护法》第六章

第三十四条　消费者和经营者发生消费者权益争议的，可以通过下列途径解决：（1）与经营者协商和解；（2）请求消费者协会调解；（3）向有关行政部门申诉；（4）根据与经营者达成的仲裁协议提请仲裁机构仲裁；（5）向人民法院提起诉讼。

第三十五条　消费者在购买、使用商品时，其合法权益受到损害的，可以向销售者要求赔偿。销售者赔偿后，属于生产者的责任或者属于向销售者提供商品的其他销售者的责任的，销售者有权向生产者或者其他销售者追偿。

消费者或者其他受害人因商品缺陷造成人身、财产损害的，可以向销售者要求赔偿，也可以向生产者要求赔偿。属于生产者责任的，销售者赔偿后，有权向生产者追偿。属于销售者责任的，生产者赔偿后，有权向销售者追偿。

消费者在接受服务时，其合法权益受到损害的，可以向服务者要求赔偿。

第三十六条　消费者在购买、使用商品或者接受服务时，其合法权益受到损害，因原企业分立、合并的，可以向变更后承受其权利义务的企业要求赔偿。

第三十七条　使用他人营业执照的违法经营者提供商品或者服务，损害消费者合法权益的，消费者可以向其要求赔偿，也可以向营业执照的持有人要求赔偿。

第三十八条　消费者在展销会、租赁柜台购买商品或者接受服务，其合法权益受到损害的，可以向销售者或者服务者要求赔偿。展销会结束或者柜台租赁期满后，也可以向展销会的举办者、柜台的出租者要求赔偿。展销会的举办者、柜台的出租者赔偿后，有权向销售者或者服务者追偿。

第三十九条　消费者因经营者利用虚假广告提供商品或者服务，其合法权益受到损害的，可以向经营者要求赔偿。广告的经营者发布虚假广告的，消费者可以请求行政主管部门予以惩处。广告的经营者不得提供经营者的真实名称、地址的，应当承担赔偿责任。

☞ 知识拓展

武汉市在 2000 年 5 月 25 日出台的《旅游投诉规定》中明确规定，旅游者在旅游中遭遇以下五种情形时，可向旅游行政主管部门投诉：认为旅游经营者不履行合同或承诺；认为旅游经营者未提供质价相符的服务；认为旅游经营者或其从业人员有意或过失造成旅游者行李物品损坏、丢失或人身伤害；旅游经营者或其从业人员索要小费、收受回扣；其他损害投诉者利益的行为。同时规定，投诉者书面或口头向旅游行政主管部门投诉后，旅游投诉机构必须在 5 日内作出是否受理的决定，并通知投诉者。作出受理决定之日起 5 日内，受理决定书及有关材料要送达被投诉者手中。不符合受理条件的，应说明理由。被投诉者自收到投诉受理决定之日起 5 日内，就有关情况向旅游行政主管部门作出书面答复。旅游行政主管部门应自受理投诉之日起 15 日内处理完毕。情况复杂的，可适当延长，最多不超过 30 天。

【导游考试典型试题】

1. 消费者因购买、使用商品或接受服务受到人身、财产损害时，享有（D）。

    A. 知情权   B. 自主选择权

    C. 安全保障权   D. 求偿权

2. 处理旅游纠纷的方式有（ABCDE）。

    A. 协商   B. 调解

    C. 投诉   D. 仲裁

    E. 诉讼

3. 旅游消费者与经营者发生争议，可以通过（ABCDE）的途径解决。

    A. 与经营者和解   B. 请求消费者协会协调

    C. 向有关部门申诉   D. 向人民法院起诉

    E. 根据与经营者达成的仲裁协议提请仲裁

4. 我国第一部规定旅游投诉和投诉程序的具有行政法规性质的部门规章是（D）。

    A.《旅行社质量保证金暂行规定》   B.《旅行社质量保证金赔偿试行标准》

    C.《旅行社质量保证金赔偿暂行办法》D.《旅游投诉暂行规定》

5. 游客赵某在某超市购物时，超市值班经理怀疑赵某偷了超市的商品，便对赵某携带的旅行包进行了搜查，超市值班经理的行为侵犯了消费者的（C）。

    A. 知情权   B. 求偿权

    C. 受尊重权   D. 公平交易权

6.《消费者权益保护法》是调整（B）三者之间在保护消费者权益过程中发生的社会关系的法律规范。

    A. 国家机关、生产者、消费者   B. 国家机关、经营者、消费者

    C. 管理者、经营者、消费者   D. 管理者、生产者、消费者

7.《消费者权益保护法》赋予消费者的第一项权利是（A）。

    A. 安全保障权   B. 知悉真情权

    C. 公平交易权   D. 自主选择权

8. 某旅游定点商店出售当地特产。该店在店堂告示中表明"售出商品，概不退换"。某旅游团在导游人员带领下购买了该商品，后发现该商品有不显眼的瑕疵，依法经有关行政管理部门认定为不合格商品，旅游者纷纷要求退货。此时，依据《消费者权益保护法》的规定，经营者（D）。

    A. 可以坚持"售出商品，概不退换"

    B. 可以坚持不退款，但可更换同种商品

    C. 可以坚持不退款，但可购买等额其他商品

    D. 应当负责退货

9. 武汉市 2000 年 5 月 25 日出台的《旅游投诉规定》规定，旅游投诉机构在作出受理决定之日起 15 日内，受理决定书及有关材料要送达被投诉者手中。（错误）

第*12*章
旅游投诉处理法律制度

学习重点

✎ 旅游投诉的条件

✎ 旅游投诉的管辖及分类

✎ 旅游投诉处理程序

2010 年 5 月 5 日，国家旅游局公布了《旅游投诉处理办法》，自 2010 年 7 月 1 日起施行，《旅行社质量保证金暂行规定》、《旅行社质量保证金暂行规定实施细则》、《旅行社质量保证金赔偿暂行办法》同时废止。2011 年 4 月 12 日，国家旅游局办公室发布《旅行社服务质量赔偿标准》（旅办发（2011）44 号），《旅行社质量保证金赔偿试行标准》同时废止。

第一节　旅游投诉概述

旅游投诉制度是我国旅游管理中相对完善的一项法律制度，是处理旅游纠纷五种方式（协商、调解、仲裁、诉讼、投诉）中最具旅游行业特色的一种。

一、旅游投诉的概念

旅游投诉，是指海内外旅游者和旅游经营者为维护自身与他人的旅游合法权益，对损害其合法权益的旅游经营者和有关服务单位，以书面形式向旅游行政管理部门提出投诉，请求处理的行为。旅游投诉的特点有二：①投诉者是与案件有直接利益关系的人，也就是被投诉者的行为直接导致其合法人身、财产权益或经营信誉受到损害而依法行使相应请求权的人，包括海内外旅游者和旅游经营者。②受理机关是旅游行政管理部门所设立的旅游投诉管理机构，其处理投诉的行为，是旅游行政管理部门的具体行政行为。

旅游投诉属于行政裁判行为的一种。行政裁判分为行政裁决和行政复议。前者用于行政机关处理公民与法人之间的争议，后者用于解决公民与行政机关之间的争议。

☞ 知识拓展

行政复议是指公民、法人或者其他组织不服行政主体作出的具体行政行为，认为行政主体的具体行政行为侵犯了其合法权益，依法向法定的行政复议机关提出复议申请，行政复议机关依法对该具体行政行为进行合法性、适当性审查，并作出行政复议决定的行政行为。行政复议是公民、法人或其他组织通过行政救济途径解决行政争议的一种方法。

二、旅游投诉的条件

旅游投诉的条件概括起来主要有以下几点：

（一）必须有明确的投诉主体

主体明确，就是要有明确的投诉人和被投诉人。

1. 投诉人

所谓旅游投诉人，是指与本案有关的海内外旅游者和旅游经营者，他们必须与本案有直接的财产关系或人身关系。旅游投诉人有权了解投诉的处理情况；有权请求调解；有权与被投诉人和解；有权放弃或变更投诉请求。投诉人也有义务，他必须按旅游投诉规定的条件、范围投诉；按投诉要求向旅游投诉管理机关递交诉状，并按被投诉者数提出副本。

2. 被投诉人

被投诉人是与旅游投诉人相对的一方，被控侵犯旅游投诉人权益，主要指旅游经营者。被投诉人有权与投诉人自行和解；有权依据事实，反驳投诉请求，提出申辩，请求保护其合法权益。被投诉人的义务是应当在接到通知之日起 30 日内做出书面答复；应当协助旅游投诉管理机关调查核实旅游投诉，提出证据，不得隐瞒情况阻碍调查工作；确有过错并损害投诉者利益的，应主动赔礼道歉，赔偿损失，争取与投诉者和解。

（二）必须有损害行为发生

有损害行为发生是旅游投诉的重要条件，也是旅游投诉的重要特征。只有当被投诉人损害了投诉人的合法权益时，这种投诉才应该受理，才能称之为旅游投诉。这里所讲的损害，既包括财产的损害，也包括人身的损害。财产的损害既包括直接造成投诉人现有财产的损坏、灭失或减少，也包括妨碍投诉人现有财产的增加；人身的损害既包括侵害投诉人的生命健康权、姓名权、肖像权、名誉权、荣誉权等人身权利，也包括不尊重投诉人的人格尊严，服务态度恶劣，造成投诉人精神上的痛苦等。

根据国家旅游局《旅行社质量保证金赔偿暂行办法》第四条的规定，下列情形适用保证金赔偿案件的审理范围：

（1）旅行社因自身过错未达到合同约定的服务质量标准。

（2）旅行社服务未达到国家标准或者行业标准。

（3）旅行社破产造成旅游者预交旅行费损失。

《旅行社条例实施细则》第四十九条也明确规定，因下列情形之一，给旅游者的合法权益造成损害的，旅游者有权向县级以上旅游行政管理部门投诉：

（1）旅行社违反《旅行社条例》及其实施细则规定。

（2）旅行社提供的服务未达到旅游合同约定的服务标准或者档次。

（3）旅行社破产或者其他原因造成旅游者预交旅游费用损失。

（三）被投诉人主观上有过错

旅游者合法权益受到损害是由于被投诉人的过错造成的时，才可以投诉。投诉人自身过错和不可抗力造成的损害，则不应投诉。过错包括故意和过失两种，故意是指行为人主观上明知危害结果的发生，故意追求或放任之；过失是指行为人应当知道危害结果，但因疏忽大意或过于自信而使其发生。我国有关法律规定，对一般侵权损害适用过错责任原则，只有被投诉人主观上有过错即故意损害投诉人的合法权益或因过失造成投诉人合法权益受到损害时，投诉人才能提出投诉。

《旅行社条例》第三十三条规定，旅行社及其委派的导游人员和领队人员不得有下列行为：

（1）拒绝履行旅游合同约定的义务。

（2）非因不可抗力改变旅游合同安排的行程。

（3）欺骗、胁迫旅游者购物或者参加需要另行付费的游览项目。

凡有《旅行社条例》第三十三条所明文禁止的行为，就是主观上有过错。

（四）旅游投诉主体参与了旅游活动

只有当投诉的主体——不论是投诉人（海内外旅游者和旅游经营者）还是被投诉人（旅游经营者或有关服务单位）参与了旅游活动，并且投诉案件发生在旅游活动过程中，才能称之为旅游投诉，这是旅游投诉与其他各种投诉的重要区别。例如，一个旅游者住进旅游团安排的旅馆后，请假到亲戚家串门，途中不幸受伤，就不属于旅游投诉的范围。

（五）有充分的证据

一般来说，旅游投诉人在投诉时必须提供足够的证据，如书证、物证、证人、证言等。

（六）未超过投诉时效

《旅行社质量保证金赔偿暂行办法》第五条规定，超过规定的时效和期间的，不适用保证金赔偿案件的审理。第二十条规定，向质监所请求用保证金赔偿的时效期限为 90 天。时效期限以请求人受侵害事实发生时起算。超过时效的请求可以不予受理。

投诉时效的开始是指权利人可以行使权利的时间，以权利人知道或者应当知道其权利被侵害时起算。"应当知道"，是一种法律上的推定，即不管当事人实际上是否知道权利受到侵害，只要客观上存在着知道的条件和可能即可。由于当事人主观上的过错，应当知道而没有知道其权利受到损害的，投诉管理机关就应当开始计算投诉时效。这样规定的目的，是防止权利人以不知道权利被侵害为借口规避投诉时效的规定。

☞ 知识拓展

诉讼时效是指民事权利受到侵害的权利人在法定的时效期间内不行使权利，当时效期间届满时，人民法院对权利人的权利不再进行保护的制度。

三、旅游投诉赔偿请求书的基本内容

赔偿请求书，是旅游投诉者在其旅游合法权益遭受侵害或与他人发生旅游纠纷时，向旅游行政管理部门投诉，陈明事实和理由，要求旅游投诉管理机关依法解决旅游纠纷，维护其合法权益的一种书状。投诉状应当采用书面形式。

赔偿请求书既是投诉者维护其合法权益的工具，也是旅游投诉管理机关受理投诉的根据，还是被投诉人答辩的依据。赔偿请求书应当符合《旅行社质量保证金赔偿暂行办法》第十二条规定的格式和要求，写明下列事项：

（一）被投诉者的基本情况

被投诉者的基本情况包括单位名称、导游姓名、所在地。旅游投诉必须有明确的投诉对象，即指明被投诉者。致害人与受害人之间的关系是一种债的关系，在债的关系中债权人的权益得以实现必须依靠债务人的积极行为。因此，没有明确的被投诉者，投诉者的权益就难以实现，其投诉也就毫无意义。

（二）请求人的基本情况

一般来说，请求人的基本情况主要包括姓名、性别、国籍、职业、年龄及团队名称、地址、电话。在赔偿请求书中注明这些基本情况，主要是为了旅游投诉管理机关在受理和处理投诉过程中沟通信息、交换意见的方便。

（三）赔偿请求和根据的事实、理由与证据

赔偿请求是投诉者向投诉受理机关提出的、要求被投诉人履行有关义务的请求，这是投诉受理机关处理投诉案件的重要条件。投诉者提出赔偿请求必须具体、明确，不得模糊、宽泛。投诉受理机关处理案件中要求投诉者提供的情况必须真实、可靠，不得编造事实。旅游投诉受理机关要深入实际，调查研究，查明事实真相，作出正确的处理。

第二节　旅游投诉管辖

一、旅游投诉管理机关及其职责

（一）机构设置

《旅行社质量保证金赔偿暂行办法》第二条规定，旅游局分级设立旅游质量监督管理所（以下简称"质监所"），负责旅行社质量保证金（以下简称"保证金"）赔偿案件的审理。

《全国旅游质量监督管理所机构组织与管理暂行办法》规定，质监所的设置遵循分级设立的原则，全国设置国家和省级质监所，地市以下的质监所设置，由省、自治区、直辖市旅游局根据旅游业发展的实际情况，提出建议，报当地人民政府决定。质监所的机构设置和人员配备，本着适应需要和精简高效的原则，由旅游局决定。

（二）职责范围

《全国旅游质量监督管理所机构组织与管理暂行办法》规定，各级质监所严格按照委托或授权的职责范围开展工作。

国家旅游局质监所的职责范围是：①指导全国质监所的工作；②受理并处理各类旅游质量投诉案件；③受理并处理中央各部门开办设立的国际旅行社和经营出境旅游业务的国际旅行社质量保证金的赔偿案件；④直接处理重大的跨省、自治区、直辖市的旅游投诉案件；⑤协同有关司指导全国旅游市场检查工作；⑥协同有关司组织实施全国旅游质监员的培训与考核工作。

省、自治区、直辖市旅游局质监所的职责范围是：①指导本省范围内的各级质监所工作；②直接处理本地区重大的和跨地（州）、市的投诉案件及省级各部门的旅游企业的投诉案件；③受理并处理本省（市、区）旅游局收取并管理其保证金的旅行社的保证金赔偿案件；④根据委托授权开展旅游市场检查工作。

地市级以下旅游局质监所的职责范围，由省、自治区、直辖市旅游局提出意见报当地人民政府确定。地方各级旅游局质监所管辖同级旅游局收取并管理其保证金的旅行社的保证金赔偿案件。

二、旅游投诉的管辖及分类

（一）旅游投诉管辖及其原则

1. 旅游投诉管辖

旅游投诉管辖是指各级旅游投诉管理机关和同级旅游投诉管理机关之间受理旅游投诉案件的分工和权限。具体来说就是，当旅游者和旅游经营者的合法权益被侵害后，应该向哪个地区、哪一级旅游投诉管理机关提出投诉，由哪个具体的旅游投诉管理机关处理等。《旅行社质量保证金赔偿暂行办法》第六条明确规定，各级旅游质监所对旅行社保证金赔偿案件应先受理，后按投诉对象移送有管辖权的质监所处理。

2. 管辖原则

（1）效率原则。效率，是行政管理的最高价值。因此，旅游投诉管辖的确定，应当便于旅游行政管理部门迅速、及时发现并制裁违法行为，既要使投诉方便、及时，也要使日常的旅游行政管理的有关情况能及时反馈。

（2）兼顾旅游行政管理部门的分工与案件性质的原则。我国旅游行政管理部门按级别组成，不同级别的机关职责不同。据此，县级以上旅游投诉管理机关要处理较多的旅游纠纷，而国家旅游投诉管理机关则要处理一些重要性强、影响大、性质恶劣的案件。

（3）原则性与灵活性相结合原则。确定旅游投诉管理机关，既要明确实施主体，也要给旅游投诉管理机关在管辖上的机动性，使管辖能适应各种情况的变化。

（二）旅游投诉管辖分类

从《旅行社质量保证金赔偿暂行办法》的相关规定可以看出，我国旅游投诉管辖分为级别管辖、地域管辖，并由此引申出指定管辖、移送管辖与管辖权转移。

1. 级别管辖

级别管辖是指旅游投诉管理机关内部上下级之间对旅游投诉案件处理的纵向权限的划分。《旅行社质量保证金赔偿暂行办法》的规定，我国的旅游投诉管理机关分为国家旅游投诉管理机关和地方旅游投诉管理机关两级，地方旅游投诉管理机关通常又分为省级（含自治区、直辖市）旅游投诉管理机关、市级旅游投诉管理机关和县级旅游投诉管理机关。

在权限划分方面，根据《旅行社质量保证金赔偿暂行办法》和《全国旅游质量管理机构组织与管理暂行办法》的规定，国家旅游局质监所管辖下列旅行社的保证金赔偿案件：①中央部门开办设立的国际旅行社；②经营出境旅游业务的国际旅行社；③在全国有重大影响的旅行社保证金赔偿案件。地方各级旅游局质监所管辖同级旅游局收取并管理其保证金的旅行社的保证金赔偿案件。在省（区、市）辖区内有重大影响的保证金赔偿案件，由省级旅游局质监所管辖。

2. 地域管辖

地域管辖，是指不同地区的旅游投诉管理机关对旅游投诉案件处理的横向权限划分。地域范围是根据各级行政区划确定的。省级旅游投诉管理机关在本省行政区域内依法行使管辖权；县级旅游投诉管理机关在本县行政区域内依法行使管辖权。

一般来说，地域管辖以行为地作为确定管辖机关的标准。行为地是指侵权、违约行为发生时行为人所处的地域空间范围。它包括违法行为着手地、经过地、发生地和危害结果发生地，但并不排除在某些情况下以行为发现地或行为人住所地来确定管辖，这样符合处理投诉的效率原则。根据我国的实际情况以及旅游的特点，可以确定三个标准，即被投诉者所在地、损害行为发生地或者损害结果发生地。

（1）被投诉者所在地。被投诉者所在地就是被投诉者的住所或主要活动场所。被投诉者是公民的，其所在地是他长久居住的场所。《民法通则》第十五条规定："公民以他的户籍所在地的居住地为住所，经常居住地与住所不一致的，经常居住地视为住所。"被投诉者是法人的，根据《民法通则》的规定，法人以其主要办事机构所在地为住所。法人的办事机构是法人组织机构的一部分，即负责对外处理法人事务的机构。法人的办事机构可以有一个，也可以有多个。旅游企业法人，以其主要办事机构所在地或主要营业场所所在地为其所在地。因此，被投诉者如果是公民，该公民住所地的旅游投诉管理机关可以管辖；被投诉者如果是法人，该法人的经营场所所在地的旅游投诉管理机关则可管辖。

（2）损害行为发生地。损害行为发生地是指导致投诉人人身、财产权利或其他权利受到损害的被投诉人的过错行为发生地。对损害行为发生地的旅游投诉管理机关赋予管辖权，有利于调查取证，作出正确的处理。

（3）损害结果发生地。损害结果发生地是指被投诉人的过错行为对投诉人的人身、财产权利或其他权利产生损害后果的显现地。如果损害行为导致多种损害结果发生，以主要的损害结果发生地为先。对损害结果发生地的旅游投诉管理机关赋予管辖权，有利于调查取证，作出正确的处理。

上述三个标准没有先后顺序之分，可以本着完全尊重投诉者意愿的精神，允许投诉者自愿选择。无论投诉者选择哪种标准，有关地方的旅游投诉管理机关都有权管辖该投诉案件。

3. 指定管辖

指定管辖，是指上级旅游投诉管理机关以决定方式指定下一级旅游投诉管理机关对某一投诉案件行使管辖权。上级旅游投诉管理机关指定下级旅游投诉管理机关对某一投诉案件行使管辖权，是一种具有法律效力的行政行为，应以书面方式进行，按行政行为的程序作出指令性的决定。

4. 移送管辖与管辖权转移

移送管辖是指旅游投诉管理机关受理投诉后，发现本投诉管理机关无权管辖该投诉案件，依据法律规定将其移送至有管辖权的旅游投诉管理机关审理。《旅行社质量保证金赔偿暂行办法》第九条明确规定，质监所发现受理的案件不属于本所管辖的，应当移送有管辖权的质监所，受移送的质监所应当受理。受移送的质监所认为受移送的案件依照规定不属于本所管辖的，应当报请上级质监所指定管辖，不得再自行移送。例如，某旅行团从北京出发，由北京的一个旅行社派人担任导游。到上海后，由于导游工作粗心，丢失了游客的行李。此时，游客既可以向被投诉人工作单位所在地北京的旅游投诉管理机关投诉，也可以向损害行为发生地上海的旅游投诉管理机关投诉，一般来说，首先受理的机关应该接受投诉，也可根据情况，与其他有管辖权的旅游投诉管理机关协商确定受理机关，或者由上一级旅游投诉管理机关协调指定受理机关，有管辖权的旅游投诉管理机关不能拒绝投诉或互相推诿。

管辖权转移是级别管辖中的特殊情况，《旅行社质量保证金赔偿暂行办法》第十条规定，上级质监所有权审理下级质监所管辖的保证金赔偿案件，也可以把本所管辖的保证金赔偿案件交下级质监所审理。下级质监所对它所管辖的保证金赔偿案件，认为需要由上级质监所审理的，可以报请上级质监所审理。管辖权转移与移送管辖最大的区别在于：管辖权转移存在于有管辖权的投诉管理机关因为某种原因将案件转至本无管辖权的投诉管理机关管辖。

第三节　旅游投诉处理程序

旅游投诉处理程序是指旅游投诉过程中从受理投诉者的投诉到最终问题解决可能要经历的受理、调查、调解、处理、处罚、复议和诉讼等基本程序。

一、受理

（一）旅游投诉受理的概念及特征

旅游投诉的受理是指有管辖权的旅游投诉管理机关接到旅游投诉者的投诉后，经审查认定符合受理条件，并予以立案的行政行为。其主要特征有二：①受理不是裁决，不要求对案情依法作出判断和决定。只要是符合投诉条件，并属于受理机关管辖的，就应该受理。②受理与否的决定是旅游投诉管理机关所作出的具体行政行为。投诉者如果认为不予受理的决定侵犯了自己的权利，可以向上级旅游投诉管理机关申请复议，也可以向人民法院提起行政诉讼。

☞ **知识拓展**

抽象行政行为与具体行政行为的区别：

（1）行为对象不同。从行为的对象看，抽象行政行为所针对的是不特定的对象，包括不特定的人或事；具体行政行为则是针对特定的对象。

（2）行为的效力不同。抽象行政行为的效力及于以后所发生的事，且可以反复适用；具体行政行为则只对以往的或已经发生的事件发生法律效力，且只能一次适用。

（3）行为的功能不同。抽象行政行为的内在功能是抽象出一般的行为规则模式，这种行为规则对行政相对人权利义务的影响仅是可能性，但尚未发生实际后果；具体行政行为的内在功能是将人们的行为规则模式在现实生活中加以具体适用，并直接导致具体行政法律关系实际的产生、变更和消灭，使相对人的权利义务受到直接、现实的影响。

（二）旅游投诉受理的程序

旅游投诉受理的程序，是指旅游投诉管理机关接受投诉者的投诉，依法立案审查所依据的程式和顺序。《旅行社质量保证金赔偿暂行办法》第十三条规定，质监所接到赔偿请求书，经审查，符合本办法受理条件的，应当及时作出受理决定；不符合本办法受理条件的，应当在接到赔偿请求书之日起 7 个工作日内通知请求人不予受理的理由。这表明，旅游投诉受理的程序主要有三：

1. 投诉者提出投诉请求

投诉者通过投诉状等方式向旅游投诉管理机关提出投诉的意思表示。没有投诉者的投诉，旅游投诉管理机关不主动受理投诉。

2. 审查

审查是指旅游投诉管理机关对投诉者提出的投诉状和口头投诉进行的审核与调查。这是决定是否受理投诉的关键环节。审查的主要内容是投诉者的投诉是否符合投诉条件，对符合条件的要及时受理，不符合条件的则不予受理。

3. 决定是否受理

旅游投诉管理机关通过对投诉者的投诉进行审查，认为符合投诉受理条件的，接受投诉，予以立案；不符合投诉受理条件的，不予受理。

旅游投诉管理机关审查投诉状、决定是否受理的期限是 7 日，从接到投诉状或者口头投诉的第二日起算，其间有节假日的，往后顺延；投诉状是邮寄的，以投诉管理机关收到邮件的第二日起算。

对于不符合受理条件的投诉，旅游投诉管理机关应当在 7 日内通知投诉者不予受理并说明理由。不符合受理条件的情况在《旅行社质量保证金赔偿暂行办法》第五条中作了规定。下列情形不适用保证金赔偿案件的审理：①旅行社因不可抗力因素不能履行合同。②旅游者在旅游期间发生人身、财物意外事故。③本办法第四条规定情形之外的其他经济纠纷。④超过规定的时效和期间。⑤司法机关已经受理。

二、调查

调查是指旅游投诉管理机关要求被投诉者针对投诉者的控告作出书面答复，以便全面了解事实真相的过程。

《旅行社质量保证金赔偿暂行办法》第十四条规定，质监所作出受理决定后，应当及时将《旅游投诉受理通知书》送达被投诉旅行社。被投诉旅行社在接到通知书后，应当在 30 日内作出书面答复。

书面答复是指被投诉者为维护其合法权益，针对投诉者提出的事实、理由、根据和请求事项，用于己有利的事实、理由、根据和请求事项回答、辩解、反驳指责时制作的一种书状。进行书面答复是被投诉者的义务，同时，被投诉者针对投诉者的指责所作的回答、辩解，有助于投诉机关全面了解案情，辨明是非。

《旅行社质量保证金赔偿暂行办法》规定，书面答复应当写明调查核实过程、事实证据、责任及处理意见。责任及处理意见是书面答复的重要内容。在基本事实与证据中，要说明投诉者提出的指控与事实是否相符，可以提出新的事实和证据来说明投诉者的投诉违反法律规定，进而对投诉者的指控予以否定和部分否定，还可以针对投诉者身份、管辖、投诉条件、证据的真实性等提出疑问。在责任及处理意见中，要在充分阐述上一个问题的基础上，向投诉管理机关提出自己的主张和要求，通过摆事实、讲道理，依法得出结果。

被投诉者在制作书面答复时，还要注意以下几点：一是要有针对性，即根据投诉者投诉的事实、理由、根据和请求事项，有的放矢地进行反驳和辩解。二是要实事求是。三是符合法律规定。四是在法定期限内作出书面答复。旅游投诉管理机关收到被投诉者的书面答复后要进行复查，查明书面答复是否属实，证据是否充分，以便分清责任、作出处理。

当然，被投诉旅行社接到质监所《旅游投诉受理通知书》后，也可以与请求人自行协商解决纠纷，但必须在规定的时间内将有关和解情况报送质监所。

三、调解

调解是指旅游投诉管理机关召集投诉者和被投诉者，在查明事实、分清责任、自愿协商的基础上，达成解决纠纷协议的行为。调解的特点在于调解主体是旅游投诉管理机关，其本身是一种行政行为。在一般情况下，调解应坚持两个原则。

（一）尽量调解原则

旅游投诉所涉及的纠纷属于民事纠纷。《旅行社质量保证金赔偿暂行办法》第十六条规定，质监所处理赔偿请求案件，能够调解的，应当在查明事实、分清责任的基础上在 30 日内进行调解，促使请求人与被投诉旅行社互相谅解，达成协议。从这一规定可以看出，旅游投诉管理机关调解的投诉案件是"能够调解的"，反之，不能调解的，也可以不调解，即调解不是处理投诉案件的必经程序。

（二）调解自愿原则

无论是选择调解方式，还是达成调解协议，都要出于投诉双方的完全自愿。在双方完全自愿的基础上，达成调解协议后，应当制作调解协议书，调解协议书由双方签字或盖章，经旅游投诉管理机关加盖公章生效。调解协议书同旅游投诉管理机关的处理决定具有同等的效力。

四、处理

处理是指旅游投诉管理机关依据投诉案件的处理原则，经调查核实，在事实清楚、证据充分的基础上作出处理投诉纠纷的决定。《旅行社质量保证金赔偿暂行办法》第二十一条规定，质监所受理的保证金赔偿案件，应当在受理之日起 90 天内审理终结。有特殊原因的，经上级质监所批准，可以延长审理 30 日。

（一）明确处理投诉的原则

《旅行社质量保证金赔偿暂行办法》第三条规定，各级质监所在审理保证金赔偿案件时应遵循以下原则：

（1）以事实为依据，以法律、法规为准绳，公正办案，保护双方当事人的合法权益。

（2）各级质监所在办案过程中，应当先进行调解。调解无效的，应当依法进行审理。

（3）各级质监所在办案过程中，不受任何组织和个人的非法干涉。

（二）查明投诉案件的事实

旅游投诉管理机关应当在调查核实，认为事实清楚、证据充分的基础上作出处理决定。事实清楚，指案件的基本事实清楚。基本事实主要是指在旅游活动中投诉双方发生纠纷的经过及结果，一般包括时间、地点、人物、过程、结果等。事实清楚就是要查明纠纷发生的时间、涉及的人物，纠纷的起因、经过和结局（造成损害的，还应查明损害行为与损害结果之间的因果关系、损害结果的程度等），双方争执的意见、理由以及必要的说明，双方争执事实的证据等。证据充分是指凡是案件所涉及的基本事实都要有客观、充分的证据，推断的结论未经核对，不能作为证据。旅游投诉中，投诉管理机关使用的证据，应符合《行政诉讼法》第三十一条规定的证据种类：①书证；②物证；③视听资料；④证人证言；⑤当事人的陈述；⑥鉴定结论；⑦勘验笔录、现场笔录。证据不仅应有质的保证，还应有量的要求。

（三）划分投诉案件的责任

《旅行社质量保证金赔偿暂行办法》第十七条规定，质监所对调解不成的案件，可以分别作出以下处理：

（1）属于请求人自身的过错，可以决定撤销立案，通知请求人并说明理由。

（2）属于请求人与被投诉旅行社的共同过错，可以决定由双方各自承担相应的责任。双方各自承担责任的方式，可以由双方当事人自行协商确定，也可以由质监所决定。

（3）属于被投诉旅行社的过错，可以决定由被投诉旅行社承担责任，可以责令被投诉旅行社向请求人赔偿损失。

（4）属于其他旅游服务单位的过错，可以决定转送有关部门处理。

第十八条规定，质监所作出的处理决定应当用《旅行社质量保证金赔偿决定书》通知请求人和被投诉旅行社。《旅行社质量保证金赔偿决定书》由所属旅游局主管负责人核准签发。

五、行政处罚和其他处罚

旅游投诉管理机关作出的行政处罚决定应当载入投诉处理决定书。凡涉及对直接责任人给予行政处分的，由其所在单位根据有关规定处理。对旅游投诉中的行政处罚，要注意以下几点：第一，行政处罚是特定的行政机关或法定的其他组织依法对违反行政法规的公民或组织实施的一种惩罚，属于行政制裁范围。第二，行政处罚是作出处罚的行政机关所做的具体行政行为。旅游投诉管理机关作出的行政处罚决定应载入投诉处理决定书，其生效时间与效力同投诉处理决定书。第三，旅游经营单位的成员在执行职务过程中因过错给投诉者造成损害的，其后果应由其所在单位承担，但此后该经营单位可根据有关规定，对直接责任人给予行政处分。

六、复议程序和诉讼程序

《旅行社质量保证金赔偿暂行办法》第十九条规定，当事人对赔偿决定不服的，可以在接到决定书之日起 15 日内向上一级质监所提出申诉，也可以直接向人民法院提出民事诉讼。对申诉后的复议决定不服的，可在接到复议决定之日起 15 日内，向人民法院提出行政诉讼。对逾期不申请复议，也未向人民法院提起诉讼的，处理决定届时生效，当事人应按照处理决定履行自己的义务，否则，由作出处理决定的旅游投诉管理机关向人民法院申请强制执行。

（一）行政复议

行政复议和处理投诉一样，都是旅游行政机关的具体行政行为，但处理投诉在前，行政复议在后，且行政复议由处理投诉机关的上一级旅游投诉管理机关受理。行政复议是管理相对人依法获得行政救济的途径，国家赋予当事人不服行政机关的行政处罚时可以申请行政救济的权利，是保护包括投诉者和被投诉者在内的当事人合法权益的重要法律制度。

（二）行政诉讼

当投诉者或被投诉者认为旅游行政机关和行政机关工作人员的具体行政行为侵犯了其合法权益时，可以依照《行政诉讼法》向人民法院提起诉讼。此时，投诉者和被投诉者之间的纠纷就变成投诉者或被投诉者与旅游投诉管理机关之间的行政诉讼。旅游投诉是行政行为，行政诉讼是诉讼行为。

（三）民事诉讼

民事诉讼是指公民、法人或其他组织认为自己的民事权益受到侵害时依法向人民法院提出的诉讼。民事诉讼与旅游投诉的主要区别表现在：第一，处理的机关不同。前者是人民法院；后者是旅游行政管理部门的投诉管理机关。第二，依据的程序法不同。前者是依据法律——《民事诉讼法》；后者依据部门规章——《旅行社质量保证金赔偿暂行办法》和《旅行社条例实施细则》。旅游行政管理部门对旅游纠纷的处理，不得妨碍当事人行使诉讼权，民事纠纷的解决应当遵循司法最终解决原则。

☞ 知识拓展

民事诉讼基本制度，也叫民事诉讼法基本制度，是指在民事诉讼的一定阶段或重大环节上起基本作用的准则，是人民法院与当事人及其他诉讼参与人进行民事诉讼的基本规程。

（1）合议制度。合议制度是指由若干名审判人员组成合议庭对民事案件进行审理的制度。一般来说，合议庭由3个以上的单数的审判人员组成。合议庭评议实行少数服从多数的原则。评议中的不同意见，必须如实记入评议笔录。

（2）回避制度。回避制度是指为了保证案件的公正审判，而要求与案件有一定的利害关系的审判人员或其他有关人员，不得参与本案的审理活动或诉讼活动的审判制度。根据《民事诉讼法》第四十五条的规定，具有下列情形之一的，应予以回避：第一，审判人员或其他人员是本案当事人或当事人、诉讼代理人的近亲属；第二，审判人员或其他人员与本案有利害关系；第三，与本案当事人有其他关系可能影响对案件的公正审理。所谓"其他关系"，是指有除与案件有利害关系及与当事人近亲属关系之外的特殊亲密或仇嫌关系的存在，足以影响案件的公正审理。

（3）公开审判制度。公开审判制度是指人民法院审理民事案件，除法律规定的情况外，审判过程及结果应当向群众、社会公开。

（4）两审终审制度。两审终审制度是指一个民事案件经过两级人民法院审判后即告终结的制度。依两审终审制度，一般的民事诉讼案件，当事人不服一审人民法院的判决，可上诉至二审人民法院，二审人民法院对案件所做的判决、裁定为生效判决、裁定，当事人不得再上诉。最高人民法院是我国的最高审判机关，它所做的一审判决、裁定，为终审判决、裁定，当事人不得上诉。

☞ 知识拓展

《旅游投诉处理办法》
（2010 年 5 月 5 日国家旅游局令第 32 号公布）

第一章　总　　则

第一条　为了维护旅游者和旅游经营者的合法权益，依法公正处理旅游投诉，依据《中华人民共和国消费者权益保护法》、《旅行社条例》、《导游人员管理条例》和《中国公民出国旅游管理办法》等法律、法规，制定本办法。

第二条　本办法所称旅游投诉，是指旅游者认为旅游经营者损害其合法权益，请求旅游行政管理部门、旅游质量监督管理机构或者旅游执法机构（以下统称"旅游投诉处理机构"），对双方发生的民事争议进行处理的行为。

第三条　旅游投诉处理机构应当在其职责范围内处理旅游投诉。

地方各级旅游行政主管部门应当在本级人民政府的领导下，建立、健全相关行政管理部门共同处理旅游投诉的工作机制。

第四条　旅游投诉处理机构在处理旅游投诉中，发现被投诉人或者其从业人员有违法或犯罪行为的，应当按照法律、法规和规章的规定，作出行政处罚、向有关行政管理部门提出行政处罚建议或者移送司法机关。

第二章　管　　辖

第五条　旅游投诉由旅游合同签订地或者被投诉人所在地县级以上地方旅游投诉处理机构管辖。

需要立即制止、纠正被投诉人的损害行为的，应当由损害行为发生地旅游投诉处理机构管辖。

第六条　上级旅游投诉处理机构有权处理下级旅游投诉处理机构管辖的投诉案件。

第七条　发生管辖争议的，旅游投诉处理机构可以协商确定，或者报请共同的上级旅游投诉处理机构指定管辖。

第三章　受　　理

第八条　投诉人可以就下列事项向旅游投诉处理机构投诉：

（一）认为旅游经营者违反合同约定的；

（二）因旅游经营者的责任致使投诉人人身、财产受到损害的；

（三）因不可抗力、意外事故致使旅游合同不能履行或者不能完全履行，投诉人与被投诉人发生争议的；

（四）其他损害旅游者合法权益的。

第九条　下列情形不予受理：

（一）人民法院、仲裁机构、其他行政管理部门或者社会调解机构已经受理或者处理的；

（二）旅游投诉处理机构已经作出处理，且没有新情况、新理由的；

205

（三）不属于旅游投诉处理机构职责范围或者管辖范围的；

（四）超过旅游合同结束之日90天的；

（五）不符合本办法第十条规定的旅游投诉条件的；

（六）本办法规定情形之外的其他经济纠纷。

属于前款第（三）项规定的情形的，旅游投诉处理机构应当及时告知投诉人向有管辖权的旅游投诉处理机构或者有关行政管理部门投诉。

第十条 旅游投诉应当符合下列条件：

（一）投诉人与投诉事项有直接利害关系；

（二）有明确的被投诉人、具体的投诉请求、事实和理由。

第十一条 旅游投诉一般应当采取书面形式，一式两份，并载明下列事项：

（一）投诉人的姓名、性别、国籍、通讯地址、邮政编码、联系电话及投诉日期；

（二）被投诉人的名称、所在地；

（三）投诉的要求、理由及相关的事实根据。

第十二条 投诉事项比较简单的，投诉人可以口头投诉，由旅游投诉处理机构进行记录或者登记，并告知被投诉人；对于不符合受理条件的投诉，旅游投诉处理机构可以口头告知投诉人不予受理及其理由，并进行记录或者登记。

第十三条 投诉人委托代理人进行投诉活动的，应当向旅游投诉处理机构提交授权委托书，并载明委托权限。

第十四条 投诉人4人以上，以同一事由投诉同一被投诉人的，为共同投诉。

共同投诉可以由投诉人推选1至3名代表进行投诉。代表人参加旅游投诉处理机构处理投诉过程的行为，对全体投诉人发生效力，但代表人变更、放弃投诉请求或者进行和解，应当经全体投诉人同意。

第十五条 旅游投诉处理机构接到投诉，应当在5个工作日内作出以下处理：

（一）投诉符合本办法的，予以受理；

（二）投诉不符合本办法的，应当向投诉人送达《旅游投诉不予受理通知书》，告知不予受理的理由；

（三）依照有关法律、法规和本办法规定，本机构无管辖权的，应当以《旅游投诉转办通知书》或者《旅游投诉转办函》，将投诉材料转交有管辖权的旅游投诉处理机构或者其他有关行政管理部门，并书面告知投诉人。

第四章 处 理

第十六条 旅游投诉处理机构处理旅游投诉，除本办法另有规定外，实行调解制度。

旅游投诉处理机构应当在查明事实的基础上，遵循自愿、合法的原则进行调解，促使投诉人与被投诉人相互谅解，达成协议。

第十七条 旅游投诉处理机构处理旅游投诉，应当立案办理，填写《旅游投诉立案表》，并附有关投诉材料，在受理投诉之日起5个工作日内，将《旅游投诉受理通知书》和投诉书副本送达被投诉人。

对于事实清楚、应当即时制止或者纠正被投诉人损害行为的，可以不填写《旅游投诉立案表》和向被投诉人送达《旅游投诉受理通知书》，但应当对处理情况进行记录存档。

第十八条　被投诉人应当在接到通知之日起 10 日内作出书面答复，提出答辩的事实、理由和证据。

第十九条　投诉人和被投诉人应当对自己的投诉或者答辩提供证据。

第二十条　旅游投诉处理机构应当对双方当事人提出的事实、理由及证据进行审查。

旅游投诉处理机构认为有必要收集新的证据，可以根据有关法律、法规的规定，自行收集或者召集有关当事人进行调查。

第二十一条　需要委托其他旅游投诉处理机构协助调查、取证的，应当出具《旅游投诉调查取证委托书》，受委托的旅游投诉处理机构应当予以协助。

第二十二条　对专门性事项需要鉴定或者检测的，可以由当事人双方约定的鉴定或者检测部门鉴定。没有约定的，当事人一方可以自行向法定鉴定或者检测机构申请鉴定或者检测。

鉴定、检测费用按双方约定承担。没有约定的，由鉴定、检测申请方先行承担；达成调解协议后，按调解协议承担。

鉴定、检测的时间不计入投诉处理时间。

第二十三条　在投诉处理过程中，投诉人与被投诉人自行和解的，应当将和解结果告知旅游投诉处理机构；旅游投诉处理机构在核实后应当予以记录并由双方当事人、投诉处理人员签名或者盖章。

第二十四条　旅游投诉处理机构受理投诉后，应当积极安排当事双方进行调解，提出调解方案，促成双方达成调解协议。

第二十五条　旅游投诉处理机构应当在受理旅游投诉之日起 60 日内，作出以下处理：

（一）双方达成调解协议的，应当制作《旅游投诉调解书》，载明投诉请求、查明的事实、处理过程和调解结果，由当事人双方签字并加盖旅游投诉处理机构印章；

（二）调解不成的，终止调解，旅游投诉处理机构应当向双方当事人出具《旅游投诉终止调解书》。

调解不成的，或者调解书生效后没有执行的，投诉人可以按照国家法律、法规的规定，向仲裁机构申请仲裁或者向人民法院提起诉讼。

第二十六条　在下列情形下，经旅游投诉处理机构调解，投诉人与旅行社不能达成调解协议的，旅游投诉处理机构应当做出划拨旅行社质量保证金赔偿的决定，或向旅游行政管理部门提出划拨旅行社质量保证金的建议：

（一）旅行社因解散、破产或者其他原因造成旅游者预交旅游费用损失的；

（二）因旅行社中止履行旅游合同义务、造成旅游者滞留，而实际发生了交通、食宿或返程等必要及合理费用的。

第二十七条　旅游投诉处理机构应当每季度公布旅游者的投诉信息。

第二十八条　旅游投诉处理机构应当使用统一规范的旅游投诉处理信息系统。

第二十九条　旅游投诉处理机构应当为受理的投诉制作档案并妥善保管相关资料。

第三十条　本办法中有关文书式样，由国家旅游局统一制定。

第五章　附　　则

第三十一条　本办法由国家旅游局负责解释。

第三十二条　本办法自2010年7月1日起施行。《旅行社质量保证金暂行规定》、《旅行社质量保证金暂行规定实施细则》、《旅行社质量保证金赔偿暂行办法》同时废止。

【导游考试典型试题】

1. 旅行社损害旅游者合法权益的，旅游者可以向（ABCDE）投诉，接到投诉的部门应当按照其职责权限及时调查处理，并将调查处理的有关情况告知旅游者。

　　A. 旅游行政管理部门　　　　　　　B. 工商行政管理部门

　　C. 价格主管部门　　　　　　　　　D. 商务主管部门

　　E. 外汇管理部门

2. 旅游投诉管理机关通过调解处理旅游投诉，应坚持（BC）。

　　A. 和平协商的原则　　　　　　　　B. 尽量调解的原则

　　C. 调解自愿的原则　　　　　　　　D. 强制调解的原则

3. 下列选项中，属于旅游被投诉者权利的是（ABD）。

　　A. 与旅游投诉者自行和解

　　B. 依据事实提出申辩

　　C. 接受旅游投诉受理通知，在30日内做出书面答复

　　D. 反驳投诉请求

　　E. 协助旅游投诉管理机关调查核实

4. 旅游投诉的主体是（BCD）。

　　A. 旅游管理部门　　　　　　　　　B. 旅游者

　　C. 国内旅游经营者　　　　　　　　D. 海外旅游经营商

5. 作为被投诉者的义务，被投诉者应在接到通知之日起（B）日内做出书面答复。

　　A. 15　　　　　　B. 30　　　　　　C. 60　　　　　　D. 7

6. 下列选项中，不属于地域管辖标准的是（D）。

　　A. 被投诉人所在地　　　　　　　　B. 损害行为发生地

　　C. 损害结果发生地　　　　　　　　D. 投诉者所在地

7. 我国对一般侵权损害适用的是（B）原则。

　　A. 严格责任　　　　　　　　　　　B. 过错责任

　　C. 连带责任　　　　　　　　　　　D. 公平责任

8. 我国处理旅游纠纷的各种方式中，（D）最具旅游行业特色。

　　A. 调解　　　　　　　　　　　　　B. 仲裁

　　C. 诉讼　　　　　　　　　　　　　D. 投诉

9. 一般来说，地域管辖以（D）作为确定管辖机关的标准。

 A. 行政区划　　　　　　　　　　B. 投诉者所在地

 C. 被投诉者所在地　　　　　　　D. 行为地

10. 旅游投诉者的权利包括（ABCD）。

 A. 有权了解投诉的处理情况　　　B. 有权请求调解

 C. 有权与被投诉者和解　　　　　D. 有权放弃或者变更投诉请求

 E. 有权按自己认为合理的方式投诉

11. 刘某等五人与武汉甲旅行社签订协议于 2011 年国庆黄金周外出到山西大同旅行，甲旅行社由于没有人手，出发前 3 天电话委托大同乙旅行社代理带团事宜。乙旅行社在带领旅游团返回武汉途中自己的旅游车出现故障，因此临时雇用太原丙车队的旅游车返回武汉。在返回途中发生车祸，造成 4 人重伤，16 人轻伤。请问刘某等人可以向（A）投诉。

 A. 武汉、大同、太原三地的旅游行政部门

 B. 武汉的公安机关

 C. 武汉、大同两地的旅游行政部门

 D. 武汉的旅游行政部门

12. 投诉者包括旅游者，但不包括旅游经营者。（错误）

附　录　。

《旅行社条例》

（2009 年 2 月 20 日国务院令第 550 号）

第一章　总　　则

第一条　为了加强对旅行社的管理，保障旅游者和旅行社的合法权益，维护旅游市场秩序，促进旅游业的健康发展，制定本条例。

第二条　本条例适用于中华人民共和国境内旅行社的设立及经营活动。

本条例所称旅行社，是指从事招徕、组织、接待旅游者等活动，为旅游者提供相关旅游服务，开展国内旅游业务、入境旅游业务或者出境旅游业务的企业法人。

第三条　国务院旅游行政主管部门负责全国旅行社的监督管理工作。

县级以上地方人民政府管理旅游工作的部门按照职责负责本行政区域内旅行社的监督管理工作。

县级以上各级人民政府工商、价格、商务、外汇等有关部门，应当按照职责分工，依法对旅行社进行监督管理。

第四条　旅行社在经营活动中应当遵循自愿、平等、公平、诚信的原则，提高服务质量，维护旅游者的合法权益。

第五条　旅行社行业组织应当按照章程为旅行社提供服务，发挥协调和自律作用，引导旅行社合法、公平竞争和诚信经营。

第二章　旅行社的设立

第六条　申请设立旅行社，经营国内旅游业务和入境旅游业务的，应当具备下列条件：

（一）有固定的经营场所；

（二）有必要的营业设施；

（三）有不少于 30 万元的注册资本。

第七条　申请设立旅行社，经营国内旅游业务和入境旅游业务的，应当向所在地省、自治区、直辖市旅游行政管理部门或者其委托的设区的市级旅游行政管理部门提出申请，并提交符合本条例第六条规定的相关证明文件。受理申请的旅游行政管理部门应当自受理申请之日起 20 个工作日内作出许可或者不予许可的决定。予以许可的，向申请人颁发旅行社业务经营许可证，申请人持旅行社业务经营许可证向工商行政管理部门办理设立登记；不予许可的，书面通知申请人并说明理由。

第八条　旅行社取得经营许可满两年，且未因侵害旅游者合法权益受到行政机关罚款以上处罚的，可以申请经营出境旅游业务。

第九条　申请经营出境旅游业务的，应当向国务院旅游行政主管部门或者其委托的省、自治区、直辖市旅游行政管理部门提出申请，受理申请的旅游行政管理部门应当自受理申请之日起 20 个工作日内作出许可或者不予许可的决定。予以许可的，向申请人换发旅行社业务经营许可证，旅行社应当持换发的旅行社业务经营许可证到工商行政管理部门办理变更登记；不予许可的，书面通知申请人并说明理由。

第十条　旅行社设立分社的，应当持旅行社业务经营许可证副本向分社所在地的工商行政管理部门办理设立登记，并自设立登记之日起 3 个工作日内向分社所在地的旅游行政管理部门备案。

旅行社分社的设立不受地域限制。分社的经营范围不得超出设立分社的旅行社的经营范围。

第十一条　旅行社设立专门招徕旅游者、提供旅游咨询的服务网点（以下简称旅行社服务网点）应当依法向工商行政管理部门办理设立登记手续，并向所在地的旅游行政管理部门备案。

旅行社服务网点应当接受旅行社的统一管理，不得从事招徕、咨询以外的活动。

第十二条　旅行社变更名称、经营场所、法定代表人等登记事项或者终止经营的，应当到工商行政管理部门办理相应的变更登记或者注销登记，并在登记办理完毕之日起 10 个工作日内，向原许可的旅游行政管理部门备案，换领或者交回旅行社业务经营许可证。

第十三条　旅行社应当自取得旅行社业务经营许可证之日起 3 个工作日内，在国务院旅游行政主管部门指定的银行开设专门的质量保证金账户，存入质量保证金，或者向作出许可的旅游行政管理部门提交依法取得的担保额度不低于相应质量保证金数额的银行担保。

经营国内旅游业务和入境旅游业务的旅行社，应当存入质量保证金 20 万元；经营出境旅游业务的旅行社，应当增存质量保证金 120 万元。

质量保证金的利息属于旅行社所有。

第十四条　旅行社每设立一个经营国内旅游业务和入境旅游业务的分社，应当向其质量保证金账户增存 5 万元；每设立一个经营出境旅游业务的分社，应当向其质量保证金账户增存 30 万元。

第十五条　有下列情形之一的，旅游行政管理部门可以使用旅行社的质量保证金：

（一）旅行社违反旅游合同约定，侵害旅游者合法权益，经旅游行政管理部门查证属实的；

（二）旅行社因解散、破产或者其他原因造成旅游者预交旅游费用损失的。

第十六条　人民法院判决、裁定及其他生效法律文书认定旅行社损害旅游者合法权益，旅行社拒绝或者无力赔偿的，人民法院可以从旅行社的质量保证金账户上划拨赔偿款。

第十七条　旅行社自交纳或者补足质量保证金之日起三年内未因侵害旅游者合法权益受到行政机关罚款以上处罚的，旅游行政管理部门应当将旅行社质量保证金的交存数额降低 50%，并向社会公告。旅行社可凭省、自治区、直辖市旅游行政管理部门出具的凭证减少其质量保证金。

第十八条　旅行社在旅游行政管理部门使用质量保证金赔偿旅游者的损失，或者依法减少质量保证金后，因侵害旅游者合法权益受到行政机关罚款以上处罚的，应当在收到旅游行政管理部门补交质量保证金的通知之日起 5 个工作日内补足质量保证金。

第十九条 旅行社不再从事旅游业务的，凭旅游行政管理部门出具的凭证，向银行取回质量保证金。

第二十条 质量保证金存缴、使用的具体管理办法由国务院旅游行政主管部门和国务院财政部门会同有关部门另行制定。

第三章 外商投资旅行社

第二十一条 外商投资旅行社适用本章规定；本章没有规定的，适用本条例其他有关规定。

前款所称外商投资旅行社，包括中外合资经营旅行社、中外合作经营旅行社和外资旅行社。

第二十二条 设立外商投资旅行社，由投资者向国务院旅游行政主管部门提出申请，并提交符合本条例第六条规定条件的相关证明文件。国务院旅游行政主管部门应当自受理申请之日起 30 个工作日内审查完毕。同意设立的，出具外商投资旅行社业务许可审定意见书；不同意设立的，书面通知申请人并说明理由。

申请人持外商投资旅行社业务许可审定意见书、章程，合资、合作双方签订的合同向国务院商务主管部门提出设立外商投资企业的申请。国务院商务主管部门应当依照有关法律、法规的规定，作出批准或者不予批准的决定。予以批准的，颁发外商投资企业批准证书，并通知申请人向国务院旅游行政主管部门领取旅行社业务经营许可证，申请人持旅行社业务经营许可证和外商投资企业批准证书向工商行政管理部门办理设立登记；不予批准的，书面通知申请人并说明理由。

第二十三条 外商投资旅行社不得经营中国内地居民出国旅游业务以及赴香港特别行政区、澳门特别行政区和台湾地区旅游的业务，但是国务院决定或者我国签署的自由贸易协定和内地与香港、澳门关于建立更紧密经贸关系的安排另有规定的除外。

第四章 旅行社经营

第二十四条 旅行社向旅游者提供的旅游服务信息必须真实可靠，不得作虚假宣传。

第二十五条 经营出境旅游业务的旅行社不得组织旅游者到国务院旅游行政主管部门公布的中国公民出境旅游目的地之外的国家和地区旅游。

第二十六条 旅行社为旅游者安排或者介绍的旅游活动不得含有违反有关法律、法规规定的内容。

第二十七条 旅行社不得以低于旅游成本的报价招徕旅游者。未经旅游者同意，旅行社不得在旅游合同约定之外提供其他有偿服务。

第二十八条 旅行社为旅游者提供服务，应当与旅游者签订旅游合同并载明下列事项：

（一）旅行社的名称及其经营范围、地址、联系电话和旅行社业务经营许可证编号；

（二）旅行社经办人的姓名、联系电话；

（三）签约地点和日期；

（四）旅游行程的出发地、途经地和目的地；

（五）旅游行程中交通、住宿、餐饮服务安排及其标准；

（六）旅行社统一安排的游览项目的具体内容及时间；

（七）旅游者自由活动的时间和次数；

（八）旅游者应当交纳的旅游费用及交纳方式；

（九）旅行社安排的购物次数、停留时间及购物场所的名称；

（十）需要旅游者另行付费的游览项目及价格；

（十一）解除或者变更合同的条件和提前通知的期限；

（十二）违反合同的纠纷解决机制及应当承担的责任；

（十三）旅游服务监督、投诉电话；

（十四）双方协商一致的其他内容。

第二十九条　旅行社在与旅游者签订旅游合同时，应当对旅游合同的具体内容作出真实、准确、完整的说明。

旅行社和旅游者签订的旅游合同约定不明确或者对格式条款的理解发生争议的，应当按照通常理解予以解释；对格式条款有两种以上解释的，应当作出有利于旅游者的解释；格式条款和非格式条款不一致的，应当采用非格式条款。

第三十条　旅行社组织中国内地居民出境旅游的，应当为旅游团队安排领队全程陪同。

第三十一条　旅行社为接待旅游者委派的导游人员或者为组织旅游者出境旅游委派的领队人员，应当持有国家规定的导游证、领队证。

第三十二条　旅行社聘用导游人员、领队人员应当依法签订劳动合同，并向其支付不低于当地最低工资标准的报酬。

第三十三条　旅行社及其委派的导游人员和领队人员不得有下列行为：

（一）拒绝履行旅游合同约定的义务；

（二）非因不可抗力改变旅游合同安排的行程；

（三）欺骗、胁迫旅游者购物或者参加需要另行付费的游览项目。

第三十四条　旅行社不得要求导游人员和领队人员接待不支付接待和服务费用或者支付的费用低于接待和服务成本的旅游团队，不得要求导游人员和领队人员承担接待旅游团队的相关费用。

第三十五条　旅行社违反旅游合同约定，造成旅游者合法权益受到损害的，应当采取必要的补救措施，并及时报告旅游行政管理部门。

第三十六条　旅行社需要对旅游业务作出委托的，应当委托给具有相应资质的旅行社，征得旅游者的同意，并与接受委托的旅行社就接待旅游者的事宜签订委托合同，确定接待旅游者的各项服务安排及其标准，约定双方的权利、义务。

第三十七条　旅行社将旅游业务委托给其他旅行社的，应当向接受委托的旅行社支付不低于接待和服务成本的费用；接受委托的旅行社不得接待不支付或者不足额支付接待和服务费用的旅游团队。

接受委托的旅行社违约，造成旅游者合法权益受到损害的，作出委托的旅行社应当承担相应的赔偿责任。作出委托的旅行社赔偿后，可以向接受委托的旅行社追偿。

接受委托的旅行社故意或者重大过失造成旅游者合法权益损害的，应当承担连带责任。

第三十八条　旅行社应当投保旅行社责任险。旅行社责任险的具体方案由国务院旅游行政主管部门会同国务院保险监督管理机构另行制定。

第三十九条　旅行社对可能危及旅游者人身、财产安全的事项，应当向旅游者作出真实的说明和明确的警示，并采取防止危害发生的必要措施。

发生危及旅游者人身安全的情形的，旅行社及其委派的导游人员、领队人员应当采取必要的处置措施并及时报告旅游行政管理部门；在境外发生的，还应当及时报告中华人民共和国驻该国使领馆、相关驻外机构、当地警方。

第四十条　旅游者在境外滞留不归的，旅行社委派的领队人员应当及时向旅行社和中华人民共和国驻该国使领馆、相关驻外机构报告。旅行社接到报告后应当及时向旅游行政管理部门和公安机关报告，并协助提供非法滞留者的信息。

旅行社接待入境旅游发生旅游者非法滞留我国境内的，应当及时向旅游行政管理部门、公安机关和外事部门报告，并协助提供非法滞留者的信息。

第五章　监 督 检 查

第四十一条　旅游、工商、价格、商务、外汇等有关部门应当依法加强对旅行社的监督管理，发现违法行为，应当及时予以处理。

第四十二条　旅游、工商、价格等行政管理部门应当及时向社会公告监督检查的情况。公告的内容包括旅行社业务经营许可证的颁发、变更、吊销、注销情况，旅行社的违法经营行为以及旅行社的诚信记录、旅游者投诉信息等。

第四十三条　旅行社损害旅游者合法权益的，旅游者可以向旅游行政管理部门、工商行政管理部门、价格主管部门、商务主管部门或者外汇管理部门投诉，接到投诉的部门应当按照其职责权限及时调查处理，并将调查处理的有关情况告知旅游者。

第四十四条　旅行社及其分社应当接受旅游行政管理部门对其旅游合同、服务质量、旅游安全、财务账簿等情况的监督检查，并按照国家有关规定向旅游行政管理部门报送经营和财务信息等统计资料。

第四十五条　旅游、工商、价格、商务、外汇等有关部门工作人员不得接受旅行社的任何馈赠，不得参加由旅行社支付费用的购物活动或者游览项目，不得通过旅行社为自己、亲友或者其他个人、组织牟取私利。

第六章　法 律 责 任

第四十六条　违反本条例的规定，有下列情形之一的，由旅游行政管理部门或者工商行政管理部门责令改正，没收违法所得，违法所得10万元以上的，并处违法所得1倍以上5倍以下的罚款；违法所得不足10万元或者没有违法所得的，并处10万元以上50万元以下的罚款：

（一）未取得相应的旅行社业务经营许可，经营国内旅游业务、入境旅游业务、出境旅游业务的；

（二）分社的经营范围超出设立分社的旅行社的经营范围的；

（三）旅行社服务网点从事招徕、咨询以外的活动的。

第四十七条　旅行社转让、出租、出借旅行社业务经营许可证的，由旅游行政管理部门责令停业整顿1个月至3个月，并没收违法所得；情节严重的，吊销旅行社业务经营许可证。受让或者租借旅行社业务经营许可证的，由旅游行政管理部门或者工商行政管理部门责令停止非法经营，没收违法所得，并处10万元以上50万元以下的罚款。

第四十八条　违反本条例的规定，旅行社未在规定期限内向其质量保证金账户存入、增存、补足质量保证金或者提交相应的银行担保的，由旅游行政管理部门责令改正；拒不改正的，吊销旅行社业务经营许可证。

第四十九条　违反本条例的规定，旅行社不投保旅行社责任险的，由旅游行政管理部门责令改正；拒不改正的，吊销旅行社业务经营许可证。

第五十条　违反本条例的规定，旅行社有下列情形之一的，由旅游行政管理部门责令改正；拒不改正的，处1万元以下的罚款：

（一）变更名称、经营场所、法定代表人等登记事项或者终止经营，未在规定期限内向原许可的旅游行政管理部门备案，换领或者交回旅行社业务经营许可证的；

（二）设立分社未在规定期限内向分社所在地旅游行政管理部门备案的；

（三）不按照国家有关规定向旅游行政管理部门报送经营和财务信息等统计资料的。

第五十一条　违反本条例的规定，外商投资旅行社经营中国内地居民出国旅游业务以及赴香港特别行政区、澳门特别行政区和台湾地区旅游业务，或者经营出境旅游业务的旅行社组织旅游者到国务院旅游行政主管部门公布的中国公民出境旅游目的地之外的国家和地区旅游的，由旅游行政管理部门责令改正，没收违法所得，违法所得10万元以上的，并处违法所得1倍以上5倍以下的罚款；违法所得不足 10 万元或者没有违法所得的，并处 10 万元以上 50 万元以下的罚款；情节严重的，吊销旅行社业务经营许可证。

第五十二条　违反本条例的规定，旅行社为旅游者安排或者介绍的旅游活动含有违反有关法律、法规规定的内容的，由旅游行政管理部门责令改正，没收违法所得，并处 2 万元以上 10 万元以下的罚款；情节严重的，吊销旅行社业务经营许可证。

第五十三条　违反本条例的规定，旅行社向旅游者提供的旅游服务信息含有虚假内容或者作虚假宣传的，由工商行政管理部门依法给予处罚。

违反本条例的规定，旅行社以低于旅游成本的报价招徕旅游者的，由价格主管部门依法给予处罚。

第五十四条　违反本条例的规定，旅行社未经旅游者同意在旅游合同约定之外提供其他有偿服务的，由旅游行政管理部门责令改正，处 1 万元以上 5 万元以下的罚款。

第五十五条　违反本条例的规定，旅行社有下列情形之一的，由旅游行政管理部门责令改正，处 2 万元以上 10 万元以下的罚款；情节严重的，责令停业整顿 1 个月至 3 个月：

（一）未与旅游者签订旅游合同；

（二）与旅游者签订的旅游合同未载明本条例第二十八条规定的事项；

（三）未取得旅游者同意，将旅游业务委托给其他旅行社；

（四）将旅游业务委托给不具有相应资质的旅行社；

（五）未与接受委托的旅行社就接待旅游者的事宜签订委托合同。

第五十六条　违反本条例的规定，旅行社组织中国内地居民出境旅游，不为旅游团队安排领队全程陪同的，由旅游行政管理部门责令改正，处 1 万元以上 5 万元以下的罚款；拒不改正的，责令停业整顿 1 个月至 3 个月。

第五十七条　违反本条例的规定，旅行社委派的导游人员和领队人员未持有国家规定的导游证或者领队证的，由旅游行政管理部门责令改正，对旅行社处 2 万元以上 10 万元以下的罚款。

第五十八条　违反本条例的规定，旅行社不向其聘用的导游人员、领队人员支付报酬，或者所支付的报酬低于当地最低工资标准的，按照《中华人民共和国劳动合同法》的有关规定处理。

第五十九条　违反本条例的规定，有下列情形之一的，对旅行社，由旅游行政管理部门或者工商行政管理部门责令改正，处 10 万元以上 50 万元以下的罚款；对导游人员、领队人员，由旅游行政管理部门责令改正，处 1 万元以上 5 万元以下的罚款；情节严重的，吊销旅行社业务经营许可证、导游证或者领队证：

（一）拒不履行旅游合同约定的义务的；

（二）非因不可抗力改变旅游合同安排的行程的；

（三）欺骗、胁迫旅游者购物或者参加需要另行付费的游览项目的。

第六十条　违反本条例的规定，旅行社要求导游人员和领队人员接待不支付接待和服务费用、支付的费用低于接待和服务成本的旅游团队，或者要求导游人员和领队人员承担接待旅游团队的相关费用的，由旅游行政管理部门责令改正，处 2 万元以上 10 万元以下的罚款。

第六十一条　旅行社违反旅游合同约定，造成旅游者合法权益受到损害，不采取必要的补救措施的，由旅游行政管理部门或者工商行政管理部门责令改正，处 1 万元以上 5 万元以下的罚款；情节严重的，由旅游行政管理部门吊销旅行社业务经营许可证。

第六十二条　违反本条例的规定，有下列情形之一的，由旅游行政管理部门责令改正，停业整顿 1 个月至 3 个月；情节严重的，吊销旅行社业务经营许可证：

（一）旅行社不向接受委托的旅行社支付接待和服务费用的；

（二）旅行社向接受委托的旅行社支付的费用低于接待和服务成本的；

（三）接受委托的旅行社接待不支付或者不足额支付接待和服务费用的旅游团队的。

第六十三条 违反本条例的规定，旅行社及其委派的导游人员、领队人员有下列情形之一的，由旅游行政管理部门责令改正，对旅行社处 2 万元以上 10 万元以下的罚款；对导游人员、领队人员处 4000 元以上 2 万元以下的罚款；情节严重的，责令旅行社停业整顿 1 个月至 3 个月，或者吊销旅行社业务经营许可证、导游证、领队证：

（一）发生危及旅游者人身安全的情形，未采取必要的处置措施并及时报告的；

（二）旅行社组织出境旅游的旅游者非法滞留境外，旅行社未及时报告并协助提供非法滞留者信息的；

（三）旅行社接待入境旅游的旅游者非法滞留境内，旅行社未及时报告并协助提供非法滞留者信息的。

第六十四条 因妨害国（边）境管理受到刑事处罚的，在刑罚执行完毕之日起五年内不得从事旅行社业务经营活动；旅行社被吊销旅行社业务经营许可的，其主要负责人在旅行社业务经营许可被吊销之日起五年内不得担任任何旅行社的主要负责人。

第六十五条 旅行社违反本条例的规定，损害旅游者合法权益的，应当承担相应的民事责任；构成犯罪的，依法追究刑事责任。

第六十六条 违反本条例的规定，旅游行政管理部门或者其他有关部门及其工作人员有下列情形之一的，对直接负责的主管人员和其他直接责任人员依法给予处分：

（一）发现违法行为不及时予以处理的；

（二）未及时公告对旅行社的监督检查情况的；

（三）未及时处理旅游者投诉并将调查处理的有关情况告知旅游者的；

（四）接受旅行社的馈赠的；

（五）参加由旅行社支付费用的购物活动或者游览项目的；

（六）通过旅行社为自己、亲友或者其他个人、组织牟取私利的。

第七章 附 则

第六十七条 香港特别行政区、澳门特别行政区和台湾地区的投资者在内地投资设立的旅行社，参照适用本条例。

第六十八条 本条例自 2009 年 5 月 1 日起施行。1996 年 10 月 15 日国务院发布的《旅行社管理条例》同时废止。

《旅行社条例实施细则》

（2009 年 4 月 3 日国家旅游局令第 30 号）

第一章 总 则

第一条 根据《旅行社条例》（以下简称《条例》），制定本实施细则。

第二条 《条例》第二条所称招徕、组织、接待旅游者提供的相关旅游服务，主要包括：

（一）安排交通服务；

（二）安排住宿服务；

（三）安排餐饮服务；

（四）安排观光游览、休闲度假等服务；

（五）导游、领队服务；

（六）旅游咨询、旅游活动设计服务。

旅行社还可以接受委托，提供下列旅游服务：

（一）接受旅游者的委托，代订交通客票、代订住宿和代办出境、入境、签证手续等；

（二）接受机关、事业单位和社会团体的委托，为其差旅、考察、会议、展览等公务活动，代办交通、住宿、餐饮、会务等事务；

（三）接受企业委托，为其各类商务活动、奖励旅游等，代办交通、住宿、餐饮、会务、观光游览、休闲度假等事务；

（四）其他旅游服务。

前款所列出境、签证手续等服务，应当由具备出境旅游业务经营权的旅行社代办。

第三条　《条例》第二条所称国内旅游业务，是指旅行社招徕、组织和接待中国内地居民在境内旅游的业务。

《条例》第二条所称入境旅游业务，是指旅行社招徕、组织、接待外国旅游者来我国旅游，香港特别行政区、澳门特别行政区旅游者来内地旅游，台湾地区居民来大陆旅游，以及招徕、组织、接待在中国内地的外国人，在内地的香港特别行政区、澳门特别行政区居民和在大陆的台湾地区居民在境内旅游的业务。

《条例》第二条所称出境旅游业务，是指旅行社招徕、组织、接待中国内地居民出国旅游，赴香港特别行政区、澳门特别行政区和台湾地区旅游，以及招徕、组织、接待在中国内地的外国人、在内地的香港特别行政区、澳门特别行政区居民和在大陆的台湾地区居民出境旅游的业务。

第四条　对旅行社及其分支机构的监督管理，县级以上旅游行政管理部门应当按照《条例》、本细则的规定和职责，实行分级管理和属地管理。

第五条　鼓励旅行社实行服务质量等级制度；鼓励旅行社向专业化、网络化、品牌化发展。

第二章　旅行社的设立与变更

第六条　《条例》第六条第（一）项规定的经营场所应当符合下列要求：

（一）申请者拥有产权的营业用房，或者申请者租用的、租期不少于1年的营业用房；

（二）营业用房应当满足申请者业务经营的需要。

第七条　《条例》第六条第（二）项规定营业设施应当至少包括下列设施、设备：

（一）2部以上的直线固定电话；

（二）传真机、复印机；

（三）具备与旅游行政管理部门及其他旅游经营者联网条件的计算机。

第八条　申请设立旅行社，应当向省、自治区、直辖市旅游行政管理部门（简称省级旅游行政管理部门，下同）提交下列文件：

（一）设立申请书。内容包括申请设立的旅行社的中英文名称及英文缩写，设立地址，企业形式、出资人、出资额和出资方式，申请人、受理申请部门的全称、申请书名称和申请的时间；

（二）法定代表人履历表及身份证明；

（三）企业章程；

（四）依法设立的验资机构出具的验资证明；

（五）经营场所的证明；

（六）营业设施、设备的证明或者说明；

（七）工商行政管理部门出具的《企业名称预先核准通知书》。

省级旅游行政管理部门可以委托设区的市（含州、盟，下同）级旅游行政管理部门，受理当事人的申请并作出许可或者不予许可的决定。

第九条　受理申请的旅游行政管理部门可以对申请人的经营场所、营业设施、设备进行现场检查，或者委托下级旅游行政管理部门检查。

第十条 旅行社申请出境旅游业务的，应当向国务院旅游行政主管部门提交原许可的旅游行政管理部门出具的，证明其经营旅行社业务满两年、且连续两年未因侵害旅游者合法权益受到行政机关罚款以上处罚的文件。

旅行社取得出境旅游经营业务许可的，由国务院旅游行政主管部门换发旅行社业务经营许可证。旅行社持旅行社业务经营许可证向工商行政管理部门办理经营范围变更登记。

国务院旅游行政主管部门可以委托省级旅游行政管理部门受理旅行社经营出境旅游业务的申请，并作出许可或者不予许可的决定。

旅行社申请经营边境旅游业务的，适用《边境旅游暂行管理办法》的规定。

旅行社申请经营赴台湾地区旅游业务的，适用《大陆居民赴台湾地区旅游管理办法》的规定。

第十一条 旅行社因业务经营需要，可以向原许可的旅游行政管理部门申请核发旅行社业务经营许可证副本。

旅行社业务经营许可证及副本，由国务院旅游行政主管部门制定统一样式，国务院旅游行政主管部门和省级旅游行政管理部门分别印制。

旅行社业务经营许可证及副本损毁或者遗失的，旅行社应当向原许可的旅游行政管理部门申请换发或者补发。

申请补发旅行社业务经营许可证及副本的，旅行社应当通过本省、自治区、直辖市范围内公开发行的报刊，或者省级以上旅游行政管理部门网站，刊登损毁或者遗失作废声明。

第十二条 旅行社名称、经营场所、出资人、法定代表人等登记事项变更的，应当在办理变更登记后，持已变更的《企业法人营业执照》向原许可的旅游行政管理部门备案。

旅行社终止经营的，应当在办理注销手续后，持工商行政管理部门出具的注销文件，向原许可的旅游行政管理部门备案。

外商投资旅行社的，适用《条例》第三章的规定。未经批准，旅行社不得引进外商投资。

第十三条 国务院旅游行政主管部门指定的作为旅行社存入质量保证金的商业银行，应当提交具有下列内容的书面承诺：

（一）同意与存入质量保证金的旅行社签订符合本实施细则第十五条规定的协议；

（二）当县级以上旅游行政管理部门或者人民法院依据《条例》规定，划拨质量保证金后 3 个工作日内，将划拨情况及其数额，通知旅行社所在地的省级旅游行政管理部门，并提供县级以上旅游行政管理部门出具的划拨文件或者人民法院生效法律文书的复印件；

（三）非因《条例》规定的情形，出现质量保证金减少时，承担补足义务。

旅行社应当在国务院旅游行政主管部门指定银行的范围内，选择存入质量保证金的银行。

第十四条 旅行社在银行存入质量保证金的，应当设立独立账户，存期由旅行社确定，但不得少于 1 年。账户存期届满，旅行社应当及时办理续存手续。

第十五条 旅行社存入、续存、增存质量保证金后 7 个工作日内，应当向作出许可的旅游行政管理部门提交存入、续存、增存质量保证金的证明文件，以及旅行社与银行达成的使用质量保证金的协议。

前款协议应当包含下列内容：

（一）旅行社与银行双方同意依照《条例》规定使用质量保证金；

（二）旅行社与银行双方承诺，除依照县级以上旅游行政管理部门出具的划拨质量保证金，或者省级以上旅游行政管理部门出具的降低、退还质量保证金的文件，以及人民法院作出的认定旅行社损害旅游者合法权益的生效法律文书外，任何单位和个人不得动用质量保证金。

第十六条 旅行社符合《条例》第十七条降低质量保证金数额规定条件的，原许可的旅游行政管理部门应当根据旅行社的要求，在 10 个工作日内向其出具降低质量保证金数额的文件。

第十七条　旅行社按照《条例》第十八条规定补足质量保证金后 7 个工作日内，应当向原许可的旅游行政管理部门提交补足的证明文件。

第三章　旅行社的分支机构

第十八条　旅行社分社（简称分社，下同）及旅行社服务网点（简称服务网点，下同），不具有法人资格，以设立分社、服务网点的旅行社（简称设立社，下同）的名义从事《条例》规定的经营活动，其经营活动的责任和后果，由设立社承担。

第十九条　设立社向分社所在地工商行政管理部门办理分社设立登记后，应当持下列文件向分社所在地与工商登记同级的旅游行政管理部门备案：

（一）设立社的旅行社业务经营许可证副本和企业法人营业执照副本；

（二）分社的《营业执照》；

（三）分社经理的履历表和身份证明；

（四）增存质量保证金的证明文件。

没有同级的旅游行政管理部门的，向上一级旅游行政管理部门备案。

第二十条　分社的经营场所、营业设施、设备，应当符合《条例》第六条第（一）项、第（二）项及本实施细则第六条、第七条规定的要求。

分社的名称中应当包含设立社名称、分社所在地地名和"分社"或者"分公司"字样。

第二十一条　服务网点是指旅行社设立的，为旅行社招徕旅游者，并以旅行社的名义与旅游者签订旅游合同的门市部等机构。

设立社设立服务网点的区域范围，应当在设立社所在地的设区的市的行政区划内。

设立社不得在前款规定的区域范围外，设立服务网点。

第二十二条　服务网点应当设在方便旅游者认识和出入的公众场所。

服务网点的名称、标牌应当包括设立社名称、服务网点所在地地名等，不得含有使消费者误解为是旅行社或者分社的内容，也不得作易使消费者误解的简称。

服务网点应当在设立社的经营范围内，招徕旅游者、提供旅游咨询服务。

第二十三条　设立社向服务网点所在地工商行政管理部门办理服务网点设立登记后，应当在 3 个工作日内，持下列文件向服务网点所在地与工商登记同级的旅游行政管理部门备案：

（一）设立社的旅行社业务经营许可证副本和企业法人营业执照副本；

（二）服务网点的《营业执照》；

（三）服务网点经理的履历表和身份证明。

没有同级的旅游行政管理部门的，向上一级旅游行政管理部门备案。

第二十四条　分社、服务网点备案后，受理备案的旅游行政管理部门应当向旅行社颁发《旅行社分社备案登记证明》或者《旅行社服务网点备案登记证明》。

第二十五条　设立社应当与分社、服务网点的员工，订立劳动合同。

设立社应当加强对分社和服务网点的管理，对分社实行统一的人事、财务、招徕、接待制度规范，对服务网点实行统一管理、统一财务、统一招徕和统一咨询服务规范。

第四章　旅行社经营规范

第二十六条　旅行社及其分社、服务网点，应当将《旅行社业务经营许可证》、《旅行社分社备案登记证明》或者《旅行社服务网点备案登记证明》，与营业执照一起，悬挂在经营场所的显要位置。

第二十七条　旅行社业务经营许可证不得转让、出租或者出借。

旅行社的下列行为属于转让、出租或者出借旅行社业务经营许可证的行为：

（一）除招徕旅游者和符合本实施细则第三十四条第一款规定的接待旅游者的情形外，准许或者默许其他企业、团体或者个人，以自己的名义从事旅行社业务经营活动的；

（二）准许其他企业、团体或者个人，以部门或者个人承包、挂靠的形式经营旅行社业务的。

第二十八条　旅行社设立的办事处、代表处或者联络处等办事机构，不得从事旅行社业务经营活动。

第二十九条　旅行社以互联网形式经营旅行社业务的，除符合法律、法规规定外，其网站首页应当载明旅行社的名称、法定代表人、许可证编号和业务经营范围，以及原许可的旅游行政管理部门的投诉电话。

第三十条　《条例》第二十六条规定的旅行社不得安排的活动，主要包括：

（一）含有损害国家利益和民族尊严内容的；

（二）含有民族、种族、宗教歧视内容的；

（三）含有淫秽、赌博、涉毒内容的；

（四）其他含有违反法律、法规规定内容的。

第三十一条　《条例》第三十四条所规定的旅行社不得要求导游人员和领队人员承担接待旅游团队的相关费用，主要包括：

（一）垫付旅游接待费用；

（二）为接待旅游团队向旅行社支付费用；

（三）其他不合理费用。

第三十二条　旅行社招徕、组织、接待旅游者，其选择的交通、住宿、餐饮、景区等企业，应当符合具有合法经营资格和接待服务能力的要求。

第三十三条　在签订旅游合同时，旅行社不得要求旅游者必须参加旅行社安排的购物活动或者需要旅游者另行付费的旅游项目。

同一旅游团队中，旅行社不得由于下列因素，提出与其他旅游者不同的合同事项：

（一）旅游者拒绝参加旅行社安排的购物活动或者需要旅游者另行付费的旅游项目的；

（二）旅游者存在的年龄或者职业上的差异。但旅行社提供了与其他旅游者相比更多的服务，或者旅游者主动要求的除外。

第三十四条　旅行社需要将在旅游目的地接待旅游者的业务作出委托的，应当按照《条例》第三十六条的规定，委托给旅游目的地的旅行社并签订委托接待合同。

旅行社对接待旅游者的业务作出委托的，应当按照《条例》第三十六条的规定，将旅游目的地接受委托的旅行社的名称、地址、联系人和联系电话，告知旅游者。

第三十五条　旅游行程开始前，当发生约定的解除旅游合同的情形时，经征得旅游者的同意，旅行社可以将旅游者推荐给其他旅行社组织、接待，并由旅游者与被推荐的旅行社签订旅游合同。

未经旅游者同意的，旅行社不得将旅游者转交给其他旅行社组织、接待。

第三十六条　旅行社及其委派的导游人员和领队人员的下列行为，属于擅自改变旅游合同安排行程：

（一）减少游览项目或者缩短游览时间的；

（二）增加或者变更旅游项目的；

（三）增加购物次数或者延长购物时间的；

（四）其他擅自改变旅游合同安排的行为。

第三十七条　在旅游行程中，当发生不可抗力、危及旅游者人身、财产安全，或者非旅行社责任造成的意外情形，旅行社不得不调整或者变更旅游合同约定的行程安排时，应当在事前向旅游者作出说明；确因客观情况无法在事前说明的，应当在事后作出说明。

第三十八条 在旅游行程中,旅游者有权拒绝参加旅行社在旅游合同之外安排的购物活动或者需要旅游者另行付费的旅游项目。

旅行社及其委派的导游人员和领队人员不得因旅游者拒绝参加旅行社安排的购物活动或者需要旅游者另行付费的旅游项目等情形,以任何借口、理由,拒绝继续履行合同、提供服务,或者以拒绝继续履行合同、提供服务相威胁。

第三十九条 旅行社及其委派的导游人员、领队人员,应当对其提供的服务可能危及旅游者人身、财物安全的事项,向旅游者作出真实的说明和明确的警示。

在旅游行程中的自由活动时间,旅游者应当选择自己能够控制风险的活动项目,并在自己能够控制风险的范围内活动。

第四十条 为减少自然灾害等意外风险给旅游者带来的损害,旅行社在招徕、接待旅游者时,可以提示旅游者购买旅游意外保险。

鼓励旅行社依法取得保险代理资格,并接受保险公司的委托,为旅游者提供购买人身意外伤害保险的服务。

第四十一条 发生出境旅游者非法滞留境外或者入境旅游者非法滞留境内的,旅行社应当立即向所在地县级以上旅游行政管理部门、公安机关和外事部门报告。

第四十二条 在旅游行程中,旅行社及其委派的导游人员、领队人员应当提示旅游者遵守文明旅游公约和礼仪。

第四十三条 旅行社及其委派的导游人员、领队人员在经营、服务中享有下列权利:

(一)要求旅游者如实提供旅游所必需的个人信息,按时提交相关证明文件;

(二)要求旅游者遵守旅游合同约定的旅游行程安排,妥善保管随身物品;

(三)出现突发公共事件或者其他危急情形,以及旅行社因违反旅游合同约定采取补救措施时,要求旅游者配合处理防止扩大损失,以将损失降低到最低程度;

(四)拒绝旅游者提出的超出旅游合同约定的不合理要求;

(五)制止旅游者违背旅游目的地的法律、风俗习惯的言行。

第四十四条 旅行社应当妥善保存《条例》规定的招徕、组织、接待旅游者的各类合同及相关文件、资料,以备县级以上旅游行政管理部门核查。

前款所称的合同及文件、资料的保存期,应当不少于两年。

旅行社不得向其他经营者或者个人,泄露旅游者因签订旅游合同提供的个人信息;超过保存期限的旅游者个人信息资料,应当妥善销毁。

第五章 监 督 检 查

第四十五条 根据《条例》和本实施细则规定,受理旅行社申请或者备案的旅游行政管理部门,可以要求申请人或者旅行社,对申请设立旅行社、办理《条例》规定的备案时提交的证明文件、材料的原件,提供复印件并盖章确认,交由旅游行政管理部门留存。

第四十六条 县级以上旅游行政管理部门对旅行社及其分支机构实施监督检查时,可以进入其经营场所,查阅招徕、组织、接待旅游者的各类合同、相关文件、资料,以及财务账簿、交易记录和业务单据等材料,旅行社及其分支机构应当给予配合。

县级以上旅游行政管理部门对旅行社及其分支机构监督检查时,应当由两名以上持有旅游行政执法证件的执法人员进行。

不符合前款规定要求的,旅行社及其分支机构有权拒绝检查。

第四十七条 旅行社应当按年度将下列经营和财务信息等统计资料,在次年3月底前,报送原许可的旅游行政管理部门:

(一)旅行社的基本情况,包括企业形式、出资人、员工人数、部门设置、分支机构、网络体系等；

（二）旅行社的经营情况，包括营业收入、利税等；

（三）旅行社组织接待情况，包括国内旅游、入境旅游、出境旅游的组织、接待人数等；

（四）旅行社安全、质量、信誉情况，包括投保旅行社责任保险、认证认可和奖惩等。

对前款资料中涉及旅行社商业秘密的内容，旅游行政管理部门应当予以保密。

第四十八条 《条例》第十七条、第四十二条规定的各项公告，县级以上旅游行政管理部门应当通过本部门或者上级旅游行政管理部门的政府网站向社会发布。

质量保证金存缴数额降低、旅行社业务经营许可证的颁发、变更和注销的，国务院旅游行政主管部门或者省级旅游行政管理部门应当在作出许可决定或者备案后 20 个工作日内向社会公告。

旅行社违法经营或者被吊销旅行社业务经营许可证的，由作出行政处罚决定的旅游行政管理部门，在处罚生效后 10 个工作日内向社会公告。

旅游者对旅行社的投诉信息，由处理投诉的旅游行政管理部门每季度向社会公告。

第四十九条 因下列情形之一，给旅游者的合法权益造成损害的，旅游者有权向县级以上旅游行政管理部门投诉：

（一）旅行社违反《条例》和本实施细则规定的；

（二）旅行社提供的服务，未达到旅游合同约定的服务标准或者档次的；

（三）旅行社破产或者其他原因造成旅游者预交旅游费用损失的。

划拨旅行社质量保证金的决定，应当由旅行社或者其分社所在地处理旅游者投诉的县级以上旅游行政管理部门作出。

第五十条 县级以上旅游行政管理部门，可以在其法定权限内，委托符合法定条件的同级旅游质监执法机构实施监督检查。

第六章 法 律 责 任

第五十一条 违反本实施细则第十二条第三款、第二十三条、第二十六条的规定，擅自引进外商投资、设立服务网点未在规定期限内备案，或者旅行社及其分社、服务网点未悬挂旅行社业务经营许可证、备案登记证明的，由县级以上旅游行政管理部门责令改正，可以处 1 万元以下的罚款。

第五十二条 违反本实施细则第二十二条第三款、第二十八条的规定，服务网点超出设立社经营范围招徕旅游者、提供旅游咨询服务，或者旅行社的办事处、联络处、代表处等从事旅行社业务经营活动的，由县级以上旅游行政管理部门依照《条例》第四十六条的规定处罚。

第五十三条 违反本实施细则第三十二条的规定，旅行社为接待旅游者选择的交通、住宿、餐饮、景区等企业，不具有合法经营资格或者接待服务能力的，由县级以上旅游行政管理部门责令改正，没收违法所得，处违法所得 3 倍以下但最高不超过 3 万元的罚款，没有违法所得的，处 1 万元以下的罚款。

第五十四条 违反本实施细则第三十三条的规定，要求旅游者必须参加旅行社安排的购物活动、需要旅游者另行付费的旅游项目，或者对同一旅游团队的旅游者提出与其他旅游者不同合同事项的，由县级以上旅游行政管理部门责令改正，处 1 万元以下的罚款。

第五十五条 违反本实施细则第三十四条第二款的规定，旅行社未将旅游目的地接待旅行社的情况告知旅游者的，由县级以上旅游行政管理部门依照《条例》第五十五条的规定处罚。

第五十六条 违反本实施细则第三十五条第二款的规定，旅行社未经旅游者的同意，将旅游者转交给其他旅行社组织、接待的，由县级以上旅游行政管理部门依照《条例》第五十五条的规定处罚。

第五十七条 违反本实施细则第三十八条第二款的规定，旅行社及其导游人员和领队人员拒绝继续履行合同、提供服务，或者以拒绝继续履行合同、提供服务相威胁的，由县级以上旅游行政管理部门依照《条例》第五十九条的规定处罚。

第五十八条　违反本实施细则第四十四条的规定，未妥善保存各类旅游合同及相关文件、资料，保存期不够两年，或者泄露旅游者个人信息的，由县级以上旅游行政管理部门责令改正，没收违法所得，处违法所得3倍以下但最高不超过3万元的罚款；没有违法所得的，处1万元以下的罚款。

第五十九条　吊销旅行社业务经营许可证的行政处罚，由原许可的省级以上旅游行政管理部门作出。

对旅行社作出停业整顿行政处罚的，旅行社在停业整顿期间，不得招徕旅游者、签订旅游合同；停业整顿期间，不影响已签订的旅游合同的履行。

第七章　附　则

第六十条　本实施细则由国务院旅游行政主管部门负责解释。

第六十一条　本实施细则自2009年5月3日起施行。2001年12月27日国家旅游局公布的《旅行社管理条例实施细则》同时废止。

《导游人员管理条例》

（1999年5月14日国务院令第263号）

第一条　为了规范导游活动，保障旅游者和导游人员的合法权益，促进旅游业的健康发展，制定本条例。

第二条　本条例所称导游人员，是指依照本条例的规定取得导游证，接受旅行社委派，为旅游者提供向导、讲解及相关旅游服务的人员。

第三条　国家实行全国统一的导游人员资格考试制度。

具有高级中学、中等专业学校或者以上学历，身体健康，具有适应导游需要的基本知识和语言表达能力的中华人民共和国公民，可以参加导游人员资格考试；经考试合格的，由国务院旅游行政部门或者国务院旅游行政部门委托省、自治区、直辖市人民政府旅游行政部门颁发导游人员资格证书。

第四条　在中华人民共和国境内从事导游活动，必须取得导游证。

取得导游人员资格证书的，经与旅行社订立劳动合同或者在导游服务公司登记，方可持所订立的劳动合同或者登记证明材料，向省、自治区、直辖市人民政府旅游行政部门申请领取导游证。

具有特定语种语言能力的人员，虽未取得导游人员资格证书，旅行社需要聘请临时从事导游活动的，由旅行社向省、自治区、直辖市人民政府旅游行政部门申请领取临时导游证。

导游证和临时导游证的样式规格，由国务院旅游行政部门规定。

第五条　有下列情形之一的，不得颁发导游证：

（一）无民事行为能力或者限制民事行为能力的；

（二）患有传染性疾病的；

（三）受过刑事处罚的，过失犯罪的除外；

（四）被吊销导游证的。

第六条　省、自治区、直辖市人民政府旅游行政部门应当自收到申请领取导游证之日起15日内，颁发导游证；发现有本条例第五条规定情形，不予颁发导游证的，应当书面通知申请人。

第七条　导游人员应当不断提高自身业务素质和职业技能。

国家对导游人员实行等级考核制度。导游人员等级考核标准和考核办法，由国务院旅游行政部门制定。

第八条　导游人员进行导游活动时，应当佩戴导游证。

导游证的有效期限为3年。导游证持有人需要在有效期满后继续从事导游活动的，应当在有效期限届满 3 个月前，向省、自治区、直辖市人民政府旅游行政部门申请办理换发导游证手续。

临时导游证的有效期限最长不超过 3 个月，并不得展期。

第九条 导游人员进行导游活动，必须经旅行社委派。导游人员不得私自承揽或者以其他任何方式直接承揽导游业务，进行导游活动。

第十条 导游人员进行导游活动时，其人格尊严应当受到尊重，其人身安全不受侵犯。

导游人员有权拒绝旅游者提出的侮辱其人格尊严或者违反其职业道德的不合理要求。

第十一条 导游人员进行导游活动时，应当自觉维护国家利益和民族尊严，不得有损害国家利益和民族尊严的言行。

第十二条 导游人员进行导游活动时，应当遵守职业道德，着装整洁，礼貌待人，尊重旅游者的宗教信仰、民族风俗和生活习惯。

导游人员进行导游活动时，应当向旅游者讲解旅游地点的人文和自然情况，介绍风土人情和习俗；但是，不得迎合个别旅游者的低级趣味，在讲解、介绍中掺杂庸俗下流的内容。

第十三条 导游人员应当严格按照旅行社确定的接待计划，安排旅游者的旅行、游览活动，不得擅自增加、减少旅游项目或者中止导游活动。

导游人员在引导旅游者旅行、游览过程中，遇有可能危及旅游者人身安全的紧急情形时，经征得多数旅游者的同意，可以调整或者变更接待计划，但是应当立即报告旅行社。

第十四条 导游人员在引导旅游者旅行、游览过程中，应当就可能发生危及旅游者人身、财物安全的情况，向旅游者作出真实说明和明确警示，并按照旅行社的要求采取防止危害发生的措施。

第十五条 导游人员进行导游活动，不得向旅游者兜售物品或者购买旅游者的物品，不得以明示或者暗示的方式向旅游者索要小费。

第十六条 导游人员进行导游活动，不得欺骗、胁迫旅游者消费或者与经营者串通欺骗、胁迫旅游者消费。

第十七条 旅游者对导游人员违反本条例规定的行为，有权向旅游行政部门投诉。

第十八条 无导游证进行导游活动的，由旅游行政部门责令改正并予以公告，处 1000 元以上 3 万元以下的罚款；有违法所得的，并处没收违法所得。

第十九条 导游人员未经旅行社委派，私自承揽或者以其他任何方式直接承揽导游业务，进行导游活动的，由旅游行政部门责令改正，处 1000 元以上 3 万元以下的罚款；有违法所得的，并处没收违法所得；情节严重的，由省、自治区、直辖市人民政府旅游行政部门吊销导游证并予以公告。

第二十条 导游人员进行导游活动时，有损害国家利益和民族尊严的言行的，由旅游行政部门责令改正；情节严重的，由省、自治区、直辖市人民政府旅游行政部门吊销导游证并予以公告；对该导游人员所在的旅行社给予警告直至责令停业整顿。

第二十一条 导游人员进行导游活动时未佩戴导游证的，由旅游行政部门责令改正；拒不改正的，处 500 元以下的罚款。

第二十二条 导游人员有下列情形之一的，由旅游行政部门责令改正，暂扣导游证 3 至 6 个月；情节严重的，由省、自治区、直辖市人民政府旅游行政部门吊销导游证并予以公告：

（一）擅自增加或者减少旅游项目的；

（二）擅自变更接待计划的；

（三）擅自中止导游活动的。

第二十三条 导游人员进行导游活动，向旅游者兜售物品或者购买旅游者的物品的，或者以明示或者暗示的方式向旅游者索要小费的，由旅游行政部门责令改正，处 1000 元以上 3 万元以下的罚款；有违法所得的，并处没收违法所得；情节严重的，由省、自治区、直辖市人民政府旅游行政部门吊销导游证并予以公告；对委派该导游人员的旅行社给予警告直至责令停业整顿。

第二十四条　导游人员进行导游活动，欺骗、胁迫旅游者消费或者与经营者串通欺骗、胁迫旅游者消费的，由旅游行政部门责令改正，处 1000 元以上 3 万元以下的罚款；有违法所得的，并处没收违法所得；情节严重的，由省、自治区、直辖市人民政府旅游行政部门吊销导游证并予以公告；对委派该导游人员的旅行社给予警告直至责令停业整顿；构成犯罪的，依法追究刑事责任。

第二十五条　旅游行政部门工作人员玩忽职守、滥用职权、徇私舞弊，构成犯罪的，依法追究刑事责任；尚不构成犯罪的，依法给予行政处分。

第二十六条　景点景区的导游人员管理办法，由省、自治区、直辖市人民政府参照本条例制定。

第二十七条　本条例自 1999 年 10 月 1 日起施行。1987 年 11 月 14 日国务院批准、1987 年 12 月 1 日国家旅游局发布的《导游人员管理暂行规定》同时废止。

《导游人员管理实施办法》

（2001 年 12 月 27 日国家旅游局令第 15 号，2005 年 6 月 3 日国家旅游局第 21 号令修订）

第一章　总　　则

第一条　为了加强导游队伍建设，维护旅游市场秩序和旅游者的合法权益，依据《导游人员管理条例》和《旅行社管理条例》，制定本办法。

第二条　旅游行政管理部门对导游人员实行分级管理。

第三条　旅游行政管理部门对导游人员实行资格考试制度和等级考核制度。

第四条　旅游行政管理部门对导游人员实行计分管理制度和年度审核制度。

第二章　导游资格证和导游证

第五条　国家实行统一的导游人员资格考试制度。经考试合格者，方可取得导游资格证。

第六条　国务院旅游行政管理部门负责制定全国导游人员资格考试的政策、标准和对各地考试工作的监督管理。

省级旅游行政管理部门负责组织、实施本行政区域内导游人员资格考试工作。

直辖市、计划单列市、副省级城市负责本地区导游人员的考试工作。

第七条　坚持考试和培训分开、培训自愿的原则，不得强迫考生参加培训。

第八条　经考试合格的，由组织考试的旅游行政管理部门在考试结束之日起 30 个工作日内颁发《导游人员资格证》。

获得资格证 3 年未从业的，资格证自动失效。

第九条　获得导游人员资格证、并在一家旅行社或导游管理服务机构注册的，持劳动合同或导游管理服务机构登记证明材料向所在地旅游行政管理部门申请办理导游证。

所在地旅游行政管理部门是指直辖市、计划单列市、副省级旅游行政管理部门以及有相应的导游规模、有相应的导游管理服务机构、有稳定的执法队伍的地市级以上旅游行政管理部门。

第十条　取得《导游人员资格证》的人员申请办理导游证，须参加颁发导游证的旅游行政管理部门举办的岗前培训考核。

第十一条　《导游人员资格证》和导游证由国务院旅游行政管理部门统一印制，在中华人民共和国全国范围内使用。

任何单位不得另行颁发其他形式的导游证。

第三章　导游人员的计分管理

第十二条　国家对导游人员实行计分管理。

国务院旅游行政管理部门负责制定全国导游人员计分管理政策并组织实施、监督检查。

省级旅游行政管理部门负责本行政区域内导游人员计分管理的组织实施和监督检查。

所在地旅游行政管理部门在本行政区域内负责导游人员计分管理的具体执行。

第十三条 导游人员计分办法实行年度 10 分制。

第十四条 导游人员在导游活动中有下列情形之一的，扣除 10 分：

（一）有损害国家利益和民族尊严的言行的；

（二）诱导或安排旅游者参加黄、赌、毒活动项目的；

（三）有殴打或谩骂旅游者行为的；

（四）欺骗、胁迫旅游者消费的；

（五）未通过年审继续从事导游业务的；

（六）因自身原因造成旅游团重大危害和损失的。

第十五条 导游人员在导游活动中有下列情形之一的，扣除 8 分：

（一）拒绝、逃避检查，或者欺骗检查人员的；

（二）擅自增加或者减少旅游项目的；

（三）擅自终止导游活动的；

（四）讲解中掺杂庸俗、下流、迷信内容的；

（五）未经旅行社委派私自承揽或者以其他任何方式直接承揽导游业务的。

第十六条 导游人员在导游活动中有下列情形之一的，扣除 6 分：

（一）向旅游者兜售物品或购买旅游者物品的；

（二）以明示或者暗示的方式向旅游者索要小费的；

（三）因自身原因漏接漏送或误接误送旅游团的；

（四）讲解质量差或不讲解的；

（五）私自转借导游证供他人使用的；

（六）发生重大安全事故不积极配合有关部门救助的。

第十七条 导游人员在导游活动中有下列情形之一的，扣除 4 分：

（一）私自带人随团游览的；

（二）无故不随团活动的；

（三）在导游活动中未佩带导游证或未携带计分卡；

（四）不尊重旅游者宗教信仰和民族风俗。

第十八条 导游人员在导游活动中有下列情形之一的，扣除 2 分：

（一）未按规定时间到岗的；

（二）10 人以上团队未打接待社社旗的；

（三）未携带正规接待计划；

（四）接站未出示旅行社标识的；

（五）仪表、着装不整洁的；

（六）讲解中吸烟、吃东西的。

第十九条 导游人员 10 分分值被扣完后，由最后扣分的旅游行政执法单位暂时保留其导游证，并出具保留导游证证明，并于 10 日内通报导游人员所在地旅游行政管理部门和登记注册单位。正在带团过程中的导游人员，可持旅游执法单位出具的保留证明完成团队剩余行程。

第二十条 对导游人员的违法、违规行为除扣减其相应分值外，依法应予处罚的，依据有关法律给予处罚。

导游人员通过年审后，年审单位应核消其遗留分值，重新输入初始分值。

第二十一条 旅游行政执法人员玩忽职守、不按照规定随意进行扣分或处罚的，由上级旅游行政管理部门提出批评和通报，本级旅游行政管理部门给予行政处分。

第四章　导游人员的年审管理

第二十二条　国家对导游人员实行年度审核制度。导游人员必须参加年审。

国务院旅游行政管理部门负责制定全国导游人员年审工作政策，组织实施并监督检查。

省级旅游行政管理部门负责组织、指导本行政区域内导游人员年审工作并监督检查。

所在地旅游行政管理部门具体负责组织实施对导游人员的年审工作。

第二十三条　年审以考评为主，考评的内容应包括：当年从事导游业务情况、扣分情况、接受行政处罚情况、游客反映情况等。考评等级为通过年审、暂缓通过年审和不予通过年审三种。

第二十四条　一次扣分达到 10 分，不予通过年审。

累计扣分达到 10 分的，暂缓通过年审。

一次被扣 8 分的，全行业通报。

一次被扣 6 分的，警告批评。

暂缓通过年审的，通过培训和整改后，方可重新上岗。

第二十五条　导游人员必须参加所在地旅游行政管理部门举办的年审培训。培训时间应根据导游业务需要灵活安排。每年累计培训时间不得少于 56 小时。

第二十六条　旅行社或导游管理服务机构应为注册的导游人员建立档案，对导游人员进行工作培训和指导，建立对导游人员工作情况的检查、考核和奖惩的内部管理机制，接受并处理对导游人员的投诉，负责对导游人员年审的初评。

第五章　导游人员的等级考核

第二十七条　国家对导游人员实行等级考核制度。导游人员分为初级、中级、高级、特级四个等级。

第二十八条　国家旅游局组织设立全国导游人员等级考核评定委员会。全国导游人员等级考核评定委员会负责全国导游人员等级考核评定工作的组织实施。

省、自治区、直辖市和新疆生产建设兵团旅游行政部门组织设立导游人员等级考核评定办公室，在全国导游人员等级考核评定委员会的授权和指导下开展相应的工作。

第二十九条　参加省部级以上单位组织的导游技能大赛获得最佳名次的导游人员，报全国导游人员等级考核评定委员会批准后，可晋升一级导游人员等级。一人多次获奖只能晋一次，晋升的最高等级为高级。

第六章　附　　则

第三十条　本办法自 2002 年 1 月 1 日起施行。

第三十一条　本办法由国家旅游局负责解释。

导游人员等级考核评定管理办法（试行）

（2005 年 6 月 3 日国家旅游局令第 22 号）

第一条　为加强导游队伍建设，不断提高导游人员的业务素质，根据《导游人员管理条例》，制定本办法。

第二条　导游人员等级考核评定工作，遵循自愿申报、逐级晋升、动态管理的原则。

第三条　凡通过全国导游人员资格考试并取得导游员资格证书，符合全国导游人员等级考核评定委员会规定报考条件的导游人员，均可申请参加相应的等级考核评定。

第四条　国家旅游局负责导游人员等级考核评定标准、实施细则的制定工作，负责对导游人员等级考核评定工作进行监督检查。

第五条 国家旅游局组织设立全国导游人员等级考核评定委员会。

第六条 全国导游人员等级考核评定委员会组织实施全国导游人员等级考核评定工作。省、自治区、直辖市和新疆生产建设兵团旅游行政管理部门组织设立导游人员等级考核评定办公室，在全国导游人员等级考核评定委员会的授权和指导下开展相应的工作。

第七条 导游人员等级分为初级、中级、高级、特级四个等级。导游员申报等级时，由低到高，逐级递升，经考核评定合格者，颁发相应的导游员等级证书。

第八条 导游人员等级考核评定工作，按照"申请、受理、考核评定、告知、发证"的程序进行。

中级导游员的考核采取笔试方式。其中，中文导游人员考试科目为"导游知识专题"和"汉语言文学知识"；外语导游人员考试科目为"导游知识专题"和"外语"。高级导游员的考核采取笔试方式，考试科目为"导游案例分析"和"导游词创作"。特级导游员的考核采取论文答辩方式。

第九条 参加省部级以上单位组织的导游技能大赛获得最佳名次的导游人员，报全国导游人员等级考核评定委员会批准后，可晋升一级导游人员等级。一人多次获奖只能晋升一次，晋升的最高等级为高级。

第十条 旅行社和导游管理服务机构应当采取有效措施，鼓励导游人员积极参加导游人员等级考核评定。

第十一条 参与导游人员等级考核评定的命题和考核员必须是经全国导游人员等级考核评定委员会进行资格认定。命题员和考核员接受全国导游人员等级考核评定委员会的委派，承担导游人员等级考核评定相关工作。

第十二条 参与考核评定的命题员和考核员不得徇私舞弊。全国导游人员等级考核评定委员会要加强对考核人员的监督管理，对有违规行为的要从严处理，撤销其资格。

第十三条 导游员等级证书由全国导游人员等级考核评定委员会统一印制。

第十四条 导游人员获得导游员资格证书和中级、高级、特级导游员证书后，可通过省、自治区、直辖市和新疆生产建设兵团旅游行政管理部门申请办理相应等级的导游证。

第十五条 导游人员等级考核评定的收费标准按照国家有关部门审批的标准执行。

第十六条 本办法由国家旅游局负责解释。

第十七条 本办法由 2005 年 7 月 3 日起施行。原有政策、规定与本办法不符的，以本办法为准。

《导游证管理办法》

（国家旅游局 2002 年 3 月 18 日公布）

一、为进一步规范导游证管理，依据《导游人员管理条例》和《导游人员管理实施办法》（国家旅游局第 15 号局令），制定本办法。

二、导游证是持证人已依法进行中华人民共和国导游注册、能够从事导游活动的法定证件。

三、导游证版式。导游证实行统一版式。新版导游证（2002 年版）为 IC 卡形式，可借助读卡机查阅卡中储存的导游基本情况和违规计分情况等内容，导游证的正面设置中英文对照的"导游证（CHINA TOUR GUIDE）"、导游证等级、编号、姓名、语种等项目，中间为持证人近期免冠 2 寸正面照片，导游证等级以 4 种不同的颜色加以区分：初级为灰色、中级为粉米色、高级为淡黄色、特级为金黄色；背面印有注意事项和卡号。

四、导游证编号。其规则为"D-0000-000000"，英文字母"D"为"导"字的拼音字母的缩写，代表导游，前4位数字为省、城市、地区的标准国标代码，后6位数字为计数编码。不同等级的导游证卡号依各自顺序编号。

五、导游证的领取。领取人须持以下材料向所在地旅游行政管理部门提出申请：

（一）申请人的《导游人员资格证书》及其复印件、《导游员等级证书》及其复印件（原件仅供交验）；

（二）与旅行社订立的劳动合同及其复印件，或在导游服务中心登记的证明文件及其复印件（原件仅供交验）；

（三）身份证及其复印件；

（四）按规定填写的《申请导游证登记表》。

六、导游证的发放。接受申请的所在地旅游行政管理部门通过导游管理网络核查申领人"导游资格证"、所服务旅行社和导游机构的合法性，核查申领人的导游执业档案有无违规记录；核查所提供劳动合同及其他证明的合法性。

经审核，发证机关应向符合规定条件的申请人颁发导游证，对不符合颁证条件的，要当面或以书面形式通知申请人；对材料不符合条件的，要求申请人进行补充和完善。

七、导游证的变更和换发。导游跨省或跨城市调动、姓名变更、等级变更，需更换导游证，原导游证作废。其他变更需更改导游证的相关内容，原导游证可继续使用。

持证人原导游证作废，须办理变更、换发手续。

（一）导游跨省或跨城市调动

导游跨省或跨城市调动，涉及发证机关和导游证编号的变更。原发证机关还须收回变更人原导游证、打孔作废，并在《申请导游证登记表》中注明"原证已收回"、"跨地变更、换发"字样。持原发证机关的证明和本办法第五条所要求的四项材料，到新单位所在地旅游行政管理部门换领导游证。变更人的新导游证编号应按新单位所属地区编码和该地区导游排序重新编排、建档、登记。

（二）等级调整

持原导游证和身份证、导游员等级证书（原件及其复印件）、《申请导游证登记表》（一式三份须注明"等级变更换发"字样）到原发证机关办理换领手续。

（三）调动所属单位的变更：

在本地区内的所属单位变更，持原单位同意调出或解聘关系的证明材料、身份证、原导游证到原发证机关办理导游证变更手续，领取、填报《申请导游证登记表》（一式三份、须注明"单位变更"字样），同时持本办法第五条中所要求的四项材料，办理导游证。

（四）其他变更

其他变更程序可参照以上内容执行。

八、导游证的遗失、补发。持证人发现导游证遗失须立即办理挂失、补办手续。

（一）持证人带团时发生遗失

持证人发现导游证遗失，应及时与原单位或委托旅行社联系，取得其单位开具的身份及遗失证明或复印件，并凭团队计划和日程表、遗失证件简要说明等材料完成行程。

（二）申请补发导游证

持证人应及时向所在单位报告、递交遗失证件简要情况，并持所属单位出具的遗失证明、身份证（及其复印件）、《导游人员资格证书》及其复印件、《导游员等级证书》及其复印件到发证机关办理遗失补办手续；填写《申请导游登记表》（一式三份），注明"遗失补发"字样。持证人凭此《申请导游登记表》到《中国旅游报》、省级日报联系办理登载"证件遗失作废声明"（内容包括导游证编号、姓名、卡号）事宜，自证件遗失作废声明登载之日起的1个月后，持登报启事、导游资格证、身份证、所在单位开具的证件丢失证明，到原发证机关补办导游证。

在申请补办期间，申请人不得从事导游活动。

导游证损坏的，持证人应持身份证（原件及复印件）、原导游证、导游资格（等级）证书和填妥的《申请导游登记表》（一式三份，须注明"损坏换发"字样），向原发证机关申请换发。

九、导游证的监督检查。持证人应接受旅游行政管理部门的检查，出示和提供有关材料。

持证人违规使用导游证，旅游行政管理部门依据《导游人员管理条例》、《导游人员管理实施办法》的规定作出相关处罚。其他组织和个人不得擅自扣留、销毁、吊销导游证。

十、本办法由国家旅游局负责解释。

十一、本办法自 2002 年 4 月 1 日试行，国家旅游局 1999 年 10 月 1 日实施的《导游证管理办法》和 1999 年 8 月 27 日发布的《关于改版和换发导游证的通知》到 2003 年 4 月 1 日废止。

《中国公民出国旅游管理办法》

（2002 年 5 月 27 日国务院令第 354 号）

第一条 为了规范旅行社组织中国公民出国旅游活动，保障出国旅游者和出国旅游经营者的合法权益，制定本办法。

第二条 出国旅游的目的地国家，由国务院旅游行政部门会同国务院有关部门提出，报国务院批准后，由国务院旅游行政部门公布。

任何单位和个人不得组织中国公民到国务院旅游行政部门公布的出国旅游的目的地国家以外的国家旅游；组织中国公民到国务院旅游行政部门公布的出国旅游的目的地国家以外的国家进行涉及体育活动、文化活动等临时性专项旅游的，须经国务院旅游行政部门批准。

第三条 旅行社经营出国旅游业务，应当具备下列条件：

（一）取得国际旅行社资格满 1 年；

（二）经营入境旅游业务有突出业绩；

（三）经营期间无重大违法行为和重大服务质量问题。

第四条 申请经营出国旅游业务的旅行社，应当向省、自治区、直辖市旅游行政部门提出申请。省、自治区、直辖市旅游行政部门应当自受理申请之日起 30 个工作日内，依据本办法第三条规定的条件对申请审查完毕，经审查同意的，报国务院旅游行政部门批准；经审查不同意的，应当书面通知申请人并说明理由。

国务院旅游行政部门批准旅行社经营出国旅游业务，应当符合旅游业发展规划及合理布局的要求。

未经国务院旅游行政部门批准取得出国旅游业务经营资格的，任何单位和个人不得擅自经营或者以商务、考察、培训等方式变相经营出国旅游业务。

第五条 国务院旅游行政部门应当将取得出国旅游业务经营资格的旅行社（以下简称组团社）名单予以公布，并通报国务院有关部门。

第六条 国务院旅游行政部门根据上年度全国入境旅游的业绩、出国旅游目的地的增加情况和出国旅游的发展趋势，在每年的 2 月底以前确定本年度组织出国旅游的人数安排总量，并下达省、自治区、直辖市旅游行政部门。

省、自治区、直辖市旅游行政部门根据本行政区域内各组团社上年度经营入境旅游的业绩、经营能力、服务质量，按照公平、公正、公开的原则，在每年的 3 月底以前核定各组团社本年度组织出国旅游的人数安排。

国务院旅游行政部门应当对省、自治区、直辖市旅游行政部门核定组团社年度出国旅游人数安排及组团社组织公民出国旅游的情况进行监督。

第七条　国务院旅游行政部门统一印制《中国公民出国旅游团队名单表》(以下简称《名单表》)，在下达本年度出国旅游人数安排时编号发放给省、自治区、直辖市旅游行政部门，由省、自治区、直辖市旅游行政部门核发给组团社。

组团社应当按照核定的出国旅游人数安排组织出国旅游团队，填写《名单表》。旅游者及领队首次出境或者再次出境，均应当填写在《名单表》中，经审核后的《名单表》不得增添人员。

第八条　《名单表》一式四联，分为：出境边防检查专用联、入境边防检查专用联、旅游行政部门审验专用联、旅行社自留专用联。

组团社应当按照有关规定，在旅游团队出境、入境时及旅游团队入境后，将《名单表》分别交有关部门查验、留存。

出国旅游兑换外汇，由旅游者个人按照国家有关规定办理。

第九条　旅游者持有有效普通护照的，可以直接到组团社办理出国旅游手续；没有有效普通护照的，应当依照《中华人民共和国公民出境入境管理法》的有关规定办理护照后再办理出国旅游手续。

组团社应当为旅游者办理前往国签证等出境手续。

第十条　组团社应当为旅游团队安排专职领队。

领队应当经省、自治区、直辖市旅游行政部门考核合格，取得领队证。

领队在带团时，应当佩戴领队证，并遵守本办法及国务院旅游行政部门的有关规定。

第十一条　旅游团队应当从国家开放口岸整团出入境。

旅游团队出入境时，应当接受边防检查站对护照、签证、《名单表》的查验。经国务院有关部门批准，旅游团队可以到旅游目的地国家按照该国有关规定办理签证或者免签证。

旅游团队出境前已确定分团入境的，组团社应当事先向出入境边防检查总站或者省级公安边防部门备案。

旅游团队出境后因不可抗力或者其他特殊原因确需分团入境的，领队应当及时通知组团社，组团社应当立即向有关出入境边防检查总站或者省级公安边防部门备案。

第十二条　组团社应当维护旅游者的合法权益。

组团社向旅游者提供的出国旅游服务信息必须真实可靠，不得作虚假宣传，报价不得低于成本。

第十三条　组团社经营出国旅游业务，应当与旅游者订立书面旅游合同。

旅游合同应当包括旅游起止时间、行程路线、价格、食宿、交通以及违约责任等内容。旅游合同由组团社和旅游者各持一份。

第十四条　组团社应当按照旅游合同约定的条件，为旅游者提供服务。

组团社应当保证所提供的服务符合保障旅游者人身、财产安全的要求；对可能危及旅游者人身安全的情况，应当向旅游者作出真实说明和明确警示，并采取有效措施，防止危害的发生。

第十五条　组团社组织旅游者出国旅游，应当选择在目的地国家依法设立并具有良好信誉的旅行社（以下简称境外接待社），并与之订立书面合同后，方可委托其承担接待工作。

第十六条　组团社及其旅游团队领队应当要求境外接待社按照约定的团队活动计划安排旅游活动，并要求其不得组织旅游者参与涉及色情、赌博、毒品内容的活动或者危险性活动，不得擅自改变行程、减少旅游项目，不得强迫或者变相强迫旅游者参加额外付费项目。

境外接待社违反组团社及其旅游团队领队根据前款规定提出的要求时，组团社及其旅游团队领队应当予以制止。

第十七条　旅游团队领队应当向旅游者介绍旅游目的地国家的相关法律、风俗习惯以及其他有关注意事项，并尊重旅游者的人格尊严、宗教信仰、民族风俗和生活习惯。

第十八条　旅游团队领队在带领旅游者旅行、游览过程中，应当就可能危及旅游者人身安全的情况，向旅游者作出真实说明和明确警示，并按照组团社的要求采取有效措施，防止危害的发生。

第十九条　旅游团队在境外遇到特殊困难和安全问题时，领队应当及时向组团社和中国驻所在国家使领馆报告；组团社应当及时向旅游行政部门和公安机关报告。

第二十条　旅游团队领队不得与境外接待社、导游及为旅游者提供商品或者服务的其他经营者串通欺骗、胁迫旅游者消费，不得向境外接待社、导游及其他为旅游者提供商品或者服务的经营者索要回扣、提成或者收受其财物。

第二十一条　旅游者应当遵守旅游目的地国家的法律，尊重当地的风俗习惯，并服从旅游团队领队的统一管理。

第二十二条　严禁旅游者在境外滞留不归。

旅游者在境外滞留不归的，旅游团队领队应当及时向组团社和中国驻所在国家使领馆报告，组团社应当及时向公安机关和旅游行政部门报告。有关部门处理有关事项时，组团社有义务予以协助。

第二十三条　旅游者对组团社或者旅游团队领队违反本办法规定的行为，有权向旅游行政部门投诉。

第二十四条　因组团社或者其委托的境外接待社违约，使旅游者合法权益受到损害的，组团社应当依法对旅游者承担赔偿责任。

第二十五条　组团社有下列情形之一的，旅游行政部门可以暂停其经营出国旅游业务；情节严重的，取消其出国旅游业务经营资格：

（一）入境旅游业绩下降的；

（二）因自身原因，在 1 年内未能正常开展出国旅游业务的；

（三）因出国旅游服务质量问题被投诉并经查实的；

（四）有逃汇、非法套汇行为的；

（五）以旅游名义弄虚作假，骗取护照、签证等出入境证件或者送他人出境的；

（六）国务院旅游行政部门认定的影响中国公民出国旅游秩序的其他行为。

第二十六条　任何单位和个人违反本办法第四条的规定，未经批准擅自经营或者以商务、考察、培训等方式变相经营出国旅游业务的，由旅游行政部门责令停止非法经营，没收违法所得，并处违法所得 2 倍以上 5 倍以下的罚款。

第二十七条　组团社违反本办法第十条的规定，不为旅游团队安排专职领队的，由旅游行政部门责令改正，并处 5000 元以上 2 万元以下的罚款，可以暂停其出国旅游业务经营资格；多次不安排专职领队的，并取消其出国旅游业务经营资格。

第二十八条　组团社违反本办法第十二条的规定，向旅游者提供虚假服务信息或者低于成本报价的，由工商行政管理部门依照《中华人民共和国消费者权益保护法》、《中华人民共和国反不正当竞争法》的有关规定给予处罚。

第二十九条　组团社或者旅游团队领队违反本办法第十四条第二款、第十八条的规定，对可能危及人身安全的情况未向旅游者作出真实说明和明确警示，或者未采取防止危害发生的措施的，由旅游行政部门责令改正，给予警告；情节严重的，对组团社暂停其出国旅游业务经营资格，并处 5000 元以上 2 万元以下的罚款，对旅游团队领队可以暂扣直至吊销其领队证；造成人身伤亡事故的，依法追究刑事责任，并承担赔偿责任。

第三十条　组团社或者旅游团队领队违反本办法第十六条的规定，未要求境外接待社不得组织旅游者参与涉及色情、赌博、毒品内容的活动或者危险性活动，未要求其不得擅自改变行程、减少旅游项目、强迫或者变相强迫旅游者参加额外付费项目，或者在境外接待社违反前述要求时未制止的，由旅游行政部门对组团社处组织该旅游团队所收取费用 2 倍以上 5 倍以下的罚款，并暂停其出国旅游业务经营资格，对旅游团队领队暂扣其领队证；造成恶劣影响的，对组团社取消其出国旅游业务经营资格，对旅游团队领队吊销其领队证。

第三十一条　旅游团队领队违反本办法第二十条的规定，与境外接待社、导游及为旅游者提供商品或者服务的其他经营者串通欺骗、胁迫旅游者消费或者向境外接待社、导游和其他为旅游者提供商品或者服务的经营者索要回扣、提成或者收受其财物的，由旅游行政部门责令改正，没收索要的回扣、提成或者收受的财物，并处索要的回扣、提成或者收受的财物价值 2 倍以上 5 倍以下的罚款；情节严重的，并吊销其领队证。

第三十二条　违反本办法第二十二条的规定，旅游者在境外滞留不归，旅游团队领队不及时向组团社和中国驻所在国家使领馆报告，或者组团社不及时向有关部门报告的，由旅游行政部门给予警告，对旅游团队领队可以暂扣其领队证，对组团社可以暂停其出国旅游业务经营资格。

旅游者因滞留不归被遣返回国的，由公安机关吊销其护照。

第三十三条　本办法自 2002 年 7 月 1 日起施行。国务院 1997 年 3 月 17 日批准，国家旅游局、公安部 1997 年 7 月 1 日发布的《中国公民自费出国旅游管理暂行办法》同时废止。

参考文献

[1] 王树义．可持续发展与环境法治［M］．北京：科学出版社，2005．

[2] 周佑勇．行政法原论［M］．北京：中国方正出版社，2003．

[3] 赵利民．旅游法规教程［M］．北京：科学出版社，2008．

[4] 杨国堂，洪帅．旅游法规与政策［M］．上海：上海交通大学出版社，2010．

[5] 王世瑛．旅游政策与法规［M］．北京：旅游教育出版社，2011．

[6] 向三久．导游执业规范［M］．北京：旅游教育出版社，2009．

[7] 李龙，汪习根．法理学［M］．北京：人民法院出版社，2003．

[8] 中央人民政府网站（http：//www. gov. cn/）

[9] 国家旅游局网站（http：//www. cnta. com/）

[10] 北大法律信息网（http：//vip. chinalawinfo. com/）

本书编写分工

绪论由湖北省旅游学校周密编写；

第一章由武汉工业学院程丛喜编写；

第二章由武汉民政职业学院陈明、刘晓编写；

第三章由咸宁职业技术学院龚小龙编写；

第四章由武汉铁路职业技术学院吴筠编写；

第五、六、七、八、九章由武汉铁路职业技术学院魏日编写；

第十章武汉商业服务学院张红云编写；

第十一章由武汉航海职业技术学院刘小红编写；

第十二章由长江职业学院吕建东编写；

附录的法律文件由海南科技职业学院吴磊、吴凯负责整理。